豊かな住生活を考える――住居学

第三版

小澤紀美子 編

小澤紀美子・荒川千恵子・川島平七郎
渡辺彩子・妹尾理子 著

彰国社

まえがき

　人間は環境を制御しながら居住空間の拡大をはかり，さらにその環境に適応しながら，その地域の人間集団固有の居住システムとしての住生活文化を形成してきた。しかし，そのような居住システムは技術の進展や生活の近代化とともに分解し，一方，生活を支える地域の相互扶助としての共同性も喪失してきており，われわれの住生活を取り巻く問題はさまざまな様相を呈してきている。

　われわれの住生活は気候風土や社会・経済環境と深く結びついているだけではなく，それぞれの家族関係や集住関係において，独自の生活の論理をもっているので，住居学は〈総合的〉な視点から問題をとらえていくことが求められている。

　このような観点から，本書は〈住むこと〉を住む人間の発想から展開できるように，住まいを取り巻く基本的問題について，新しい枠組みで構成した住居学の概説書である。

　本書は6章と資料編で構成されている。第1章は家族の住要求と住まい方について，第2章は日本の住宅事情と住環境改善の方向について，第3章は住空間の認識とその構成，および住まいの設計について，第4章は安全で健康に住むために必要な住宅構造と室内環境について，第5章は住まいの物的維持管理と生活管理について述べている。第6章は，わが国の住生活や住環境の改善，向上には住み手の住意識の変革が必要であるという観点から，住環境教育のあり方について述べている。資料編は，住まいにかかわる法律や基準，設計に必要な製図に関する約束事や製図方法，室内環境の計測に関する計算方法などを参考にできるように配した。

　特に，本書では居住水準を客観的に判断できるように，統計資料を豊富に用いている。

　本書の内容は，①何が問題か，その実態を知る，②歴史的視点もふまえて問題の背景を探る，③問題への対応（解決方法）を考える，④今後の望ましい方向（可能性）を考える，という段階をおって展開されている。したがって，このような形で現代の住生活をとりまく基本問題を整理することにより，住居学の学問体系としての新しい展開を期待するものである。

　本書は，小・中・高校の家庭科教員を志す学生，および大学または短大の家政学・生活科学系の住居学科の学生を対象に編集したものであるが，建築学科の学生も住居学を考えていく上で読まれることを期待したい。また住生活や住環境の改善，向上には生活を営んでいる人々の主体的実践力が不可欠であるので，一般の方が豊かな住生活を考えていく参考として読まれることも期待したい。

　本書が広く活用され，わが国の住生活の向上や住環境の改善にお役に立てば幸いである。

1987年7月

小澤紀美子

第三版にあたって

　今回の第三版改訂に際しては，章の構成は変えずに各章の内容の全面訂正と一部加筆を行い，さらに統計資料も最新版を用いて図表の作成にあたった。

　第1章の「人と住まい」では，少子高齢社会における住生活の課題を中心に日本の風土と住生活様式を考え，家族のライフスタイルの多様性への配慮，子どもの発達と住環境の課題，高齢者の新しい居住への視点など，関連資料も充実させた。

　第2章の「住まいと社会」では，良質な住宅ストックの形成と有効利用の住宅政策の重要性に鑑み，内容の充実と資料，統計データの更新をはかった。さらに豊かな住環境づくりの主体は居住者自身にあるので，住まいとまちづくりの仕組みなどへも配慮した内容となっている。

　第3章の「住空間の形態と構成」では，住生活の充実に伴うインテリア関係の内容を充実させるとともに最新の資料に基づいて加筆訂正した。

　第4章の「住宅構造と室内環境」では，よりわかりやすい資料を用いて解説するとともに，良質な住宅ストックの形成，利用の視点から設備関係や100年住宅の考え方の内容も加筆している。

　第5章の「住まいと管理」では，住宅ストックの維持管理の重要性を認識し，実践化できる視点から内容の充実をはかった。

　第6章の「住環境教育」では，平成14年4月（小・中学校）と平成15年4月（高等学校）からの学習指導要領の改訂に伴う内容変更と諸外国の新しい動きも紹介することにした。

　住文化という言葉が示すように，住まいやまちは文化の所産である。文化を受け継いでいくためには，子どもも大人も豊かな想像力と創造性が必要であり，さらに豊かさの意味を問い続ける努力が必要であろう。本書では，住生活や住文化を豊かにしていくための視点を盛り込むよう内容を充実させているが，さらなる学習のためには，国内外の絵本や諸外国の住生活や住建築に関連する文献も教材としていただきたい。また明治村，江戸東京たてもの園，深川江戸資料館をはじめとする日本の各地の民家園や博物館などで住建築や住生活を体験型で学習，活用していただき，次世代に誇れる日本の豊かな住文化を創りたいと願っている。

2002年2月

小澤紀美子

目　次

1　人と住まい
1-1　住生活の諸問題――――8
- 1-1-1　住生活の多様化――――8
- 1-1-2　住宅の消費者問題――――10
- 1-1-3　集住生活の問題――――12

1-2　住生活と住まいの変遷――――14
- 1-2-1　気候風土と住まい――――14
- 1-2-2　家族と住まいの変遷――――16
- 1-2-3　起居様式の変遷――――18

1-3　家族と住要求――――20
- 1-3-1　生活の秩序化――――20
- 1-3-2　団らんとプライバシー――――22
- 1-3-3　子どもと住環境――――24
- 1-3-4　高齢者と住環境――――26

2　住まいと社会
2-1　日本の住宅事情――――30
- 2-1-1　都市化と住宅問題――――30
- 2-1-2　わが国の居住水準――――32
- 2-1-3　住居費問題――――34

2-2　これからの課題――――36
- 2-2-1　住環境の質――――36
- 2-2-2　住宅政策の課題――――38
- 2-2-3　住まい・まちづくりと市民参加――――40

3　住空間の形態と構成
3-1　人と空間――――44
- 3-1-1　生活行為とスケール――――44
- 3-1-2　光および色彩とテクスチャー――――46
- 3-1-3　形態の造形原理――――48

3-2　内部空間の構成――――50
- 3-2-1　間取りの基本――――50
- 3-2-2　間取りの類型と展開――――52
- 3-2-3　インテリア―内装仕上げとカラースキーム――――54
- 3-2-4　インテリア―室礼と住まい方――――56

3-3　外部空間――――58
- 3-3-1　戸建住宅回りの空間――――58
- 3-3-2　住戸の集合構成――――60

3-4 住まいの設計────62
   3-4-1 設計の進め方────62
   3-4-2 各室,各部位の構成────64

4 住宅構造と室内環境

4-1 住宅と暮らし────68
   4-1-1 住宅の性能────68
4-2 安全な住宅────70
   4-2-1 住宅と災害────70
   4-2-2 住宅と日常災害────72
4-3 健康な住宅────74
   4-3-1 住宅と明るさ────74
   4-3-2 住宅と静かさ────76
   4-3-3 住宅と空気────78
   4-3-4 住宅と暖かさ,涼しさ(1)────80
   4-3-5 住宅と暖かさ,涼しさ(2)────82
   4-3-6 住宅と衛生────84
4-4 経済的な住宅────86
   4-4-1 経済的な住まい────86

5 住まいと管理

5-1 住まいの維持管理────90
5-2 住まいの日常的管理────92
5-3 住まいとモノ────94
5-4 集合住宅の管理────96

6 住環境教育

6-1 はじめに────100
6-2 住環境教育の現状と課題────100
   6-2-1 住環境教育と学校教育────100
   6-2-2 住環境教育と社会教育────102
6-3 海外の住環境教育────103
   6-3-1 イギリスの住環境教育────103
   6-3-2 アメリカの住環境教育────104
6-4 これからの住環境教育────105

資料────109
索引────133

執筆分担

小澤紀美子   1章,2章,6章,資料
荒川千恵子   3章
川島平七郎   3章,4章,資料
渡辺 彩子   5章
妹尾 理子   6章

1 人と住まい

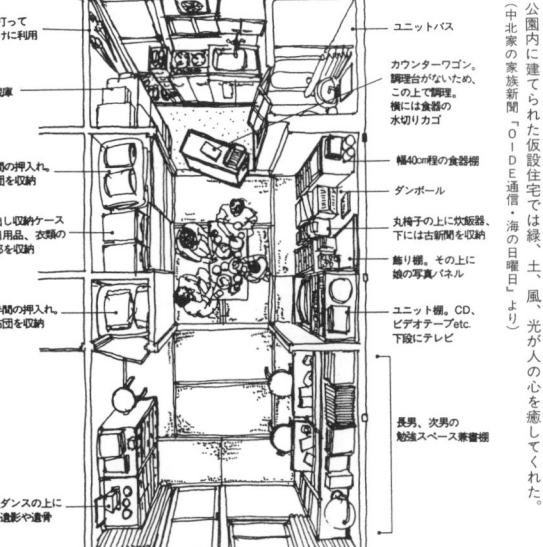

- 釘を打って傘掛けに利用
- 冷蔵庫
- 1間の押入れ。布団を収納
- 引出し収納ケースに日用品、衣類の一部を収納
- 半間の押入れ。布団を収納
- 整理ダンスの上に娘の遺影や遺骨
- ユニットバス
- カウンターワゴン。調理台がないため、この上で調理。横には食器の水切りカゴ
- 幅40cm程の食器棚
- ダンボール
- 丸椅子の上に炊飯器、下には古新聞を収納
- 飾り棚。その上に娘の写真パネル
- ユニット棚。CD、ビデオテープetc. 下段にテレビ
- 長男、次男の勉強スペース兼書棚

● 阪神・淡路大震災による仮設住宅での暮らし 公園内に建てられた仮設住宅では緑、土、風、光が人の心を癒してくれた。
(中北家の家族新聞「OIDE通信・海の日曜日」より)

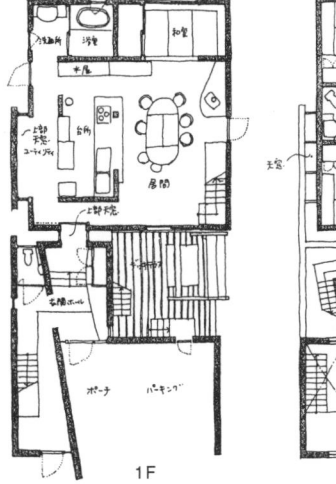
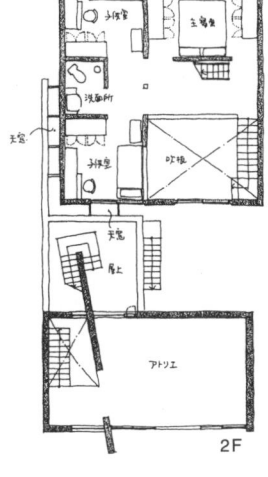

1F　　2F

● 住まいは家族の命を守り、自然のいとなみを受けとる器──自然のいとなみと人間のかかわりに目を向けていきたい。
(設計　中北幸　環境・建築研究所)

1-1 住生活の諸問題

1-1-1 住生活の多様化

住まいの役割／住まいの原型は「ねぐら」であった。雨露，風雪，寒暑，猛獣などの外界の脅威から，人間の生命の安全を守る場所として発生した。時代の移り変わりとともに人間の欲求や生活技術が進展し，住まいを基盤とする生活は大きく変化してきた。自給自足的な生活が営まれていた時代には，住まいの中では生産をはじめとするあらゆる機能が未分化に包含されていた。時代とともに生産の場が住まいから分離していき，冠婚葬祭や人の集まり，行事，娯楽などが社会的に分業されるようになり，住まいは家族の日常の生活を中心とする居住の場に変化してきた。

　豊かな住生活は，人間の生理的欲求や精神的欲求をみたす物的・質的条件を備えた住まいとそれを取り囲む環境を基盤として営まれる。住生活様式は風土，地理的条件，社会的・文化的条件，経済的条件，家族条件などが複雑に絡み合い，さらに家族の生活要求の進展に伴って変化してきている。

家族形態の多様化／都市化の進展に伴い家族形態は，世帯規模の縮小化，核家族化と進行してきたが，夫婦と子どもからなる核家族世帯が減少し，夫婦のみ世帯が増えるなど，家族構成の多様化が進み，夫婦と子どもからなる核家族は家族構成の典型ではなくなりつつある。住居と家計を共にする人々の集団を世帯といい，これまでは家族と世帯が一致する場合が多かったが，各人の生き方(ライフスタイル)の多様化や死別による高齢単身者の増加や未婚者同士の共同生活，一人暮らしの高齢者が集まって共同生活するなど，血縁や婚姻関係に基礎を置かない「家族」が増加するなど，現代家族の形態は，「関係」「集団」「ライフスタイル」「制度」「過程」などの視点から多面的にとらえていかなければならない。

　核家族の変化の過程（ライフサイクル）からみると，各ライフステージに対応して固有の住要求がみられ，各ステージと各家族の生活様式を組み合わせると，多様な住要求が浮かび上がる。

家庭機能の変化への対応／出生児数の減少，平均寿命の伸び，女性の高学歴化，家庭機能の外部化や社会化の進展による家事，育児時間の相対的減少，女性自身の能力発揮，意欲の高揚などによって就労や社会参加する主婦が増え，昭和59年には，主婦の半数以上が就労するようになった。このことは，「男は仕事，女は家庭」という，女性が家庭内にとどまって生活を守ることを前提でつくられていた住まいや環境が，このような変化に対応していくことを求められているといえる。さらに自由時間の増加や余暇活動の多様化，余暇生活を重視したいという意識の変化等も考慮されなければならない。

　一方，情報化社会の進展に対応して，さまざまな機器が住まいの中に導入される可能性が予測されているが，豊かな住生活を設計していくためには，これらの変化に対応した課題を考慮していかなければならない。

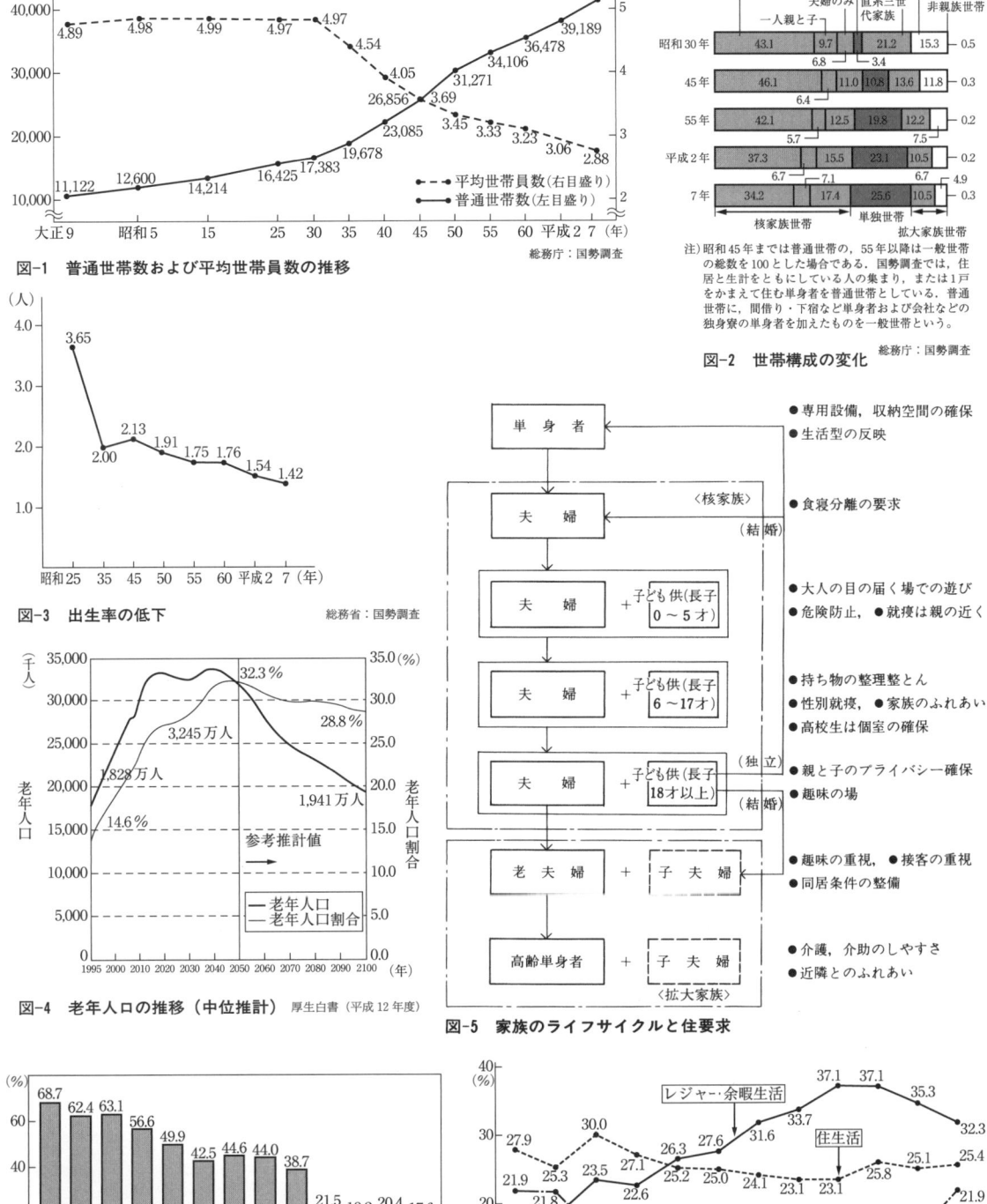

1-1-2　住宅の消費者問題

消費者の被害／住宅を新築・購入して居住していく過程において居住者（消費者）が被害をこうむる割合が増えてきている。国民生活センターがとりまとめている全国消費生活相談の資料によると，従来，相談と苦情の内容は住居品については「品質，機能」に関するものが多かったが，最近は「販売方法，契約，サービス」に関するものが最も多くなってきている。住宅や土地については，「販売方法，契約，サービス」に関するものが最も多く，次いで「品質，機能」となっている。このような被害が発生する背景には，住宅に欠陥がある場合，業者の販売姿勢にかかわる場合，消費者側に問題がある場合などが考えられる。

住宅の瑕疵（かし），広告・表示の問題／瑕疵とは欠陥，傷の総称をいうが，その範囲は非常に不明確である。設計ミス，施工ミス，材料選定ミス等によって，雨もり，柱の傾き，タイルのはがれ，建物のゆれ等，住宅の品質，性能，安全が不十分な状態のものをいう。生命，財産を直接的に脅かす建築構造上の瑕疵や雨もりや水の浸入等の瑕疵は，定量的にとらえることが可能なので修理や補償は直ちに行われるべきである。しかし，結露の原因となる断熱性能の不足や内外装のひび割れ，建具の歪み等は定量的にとらえることが困難で，かつ瑕疵担保責任の対象となるかどうかの判断も困難である。欠陥住宅の社会化，震災等を契機として，住宅性能に対する関心の高まりを受けて，「住宅の品質確保の促進等に関する法律」（平成12年4月）が施行された。住宅性能表示，住宅紛争処理体制の整備，瑕疵担保責任の特例を主な内容とする法律である。

一方，消費者が住宅の購入等において適正な選択ができるように不動産広告，表示を規制する法令が決められているが，現行基準を守らない業者による誇大広告，不当表示は多い。

たとえば，畳は短辺と長辺の比がほぼ1：2であるのに対し，表示の基準は1畳を$1.5 m^2$以上として換算することになっている。しかし実際の広告では住宅全体の面積表示があるのみで各部屋ごとの寸法が表示されていないので，空間の形態を正確に把握することが困難な場合が多い。さらに平面図や住宅内鳥瞰図では，鳥瞰図の切断面のレベルを低く，床面を広く表わして住宅面積を広くみせる表示が行われている場合もある。

消費者の対応／住宅の新築や購入において消費者が行う情報収集は，新聞広告やちらし，建売住宅を見る等，身近な媒体によるものが多い。トラブルの解決行動としては，大工，建築士に相談したり消費生活センターや都道府県土木建築課等の相談機関を利用しているが，その対応の方法を知らない消費者が多いのが実態である。さらに分譲マンションの購入にあたって消費者が，事前に住宅の品質と性能を十分に検討しない，あるいは知識がないために検討できない消費者側の問題が浮かび上がり，消費者啓発，消費者教育が必要といえる。

課　題／新聞紙上に掲載された住宅広告や折込み広告を用いて，広告の内容の妥当性を検討しなさい。

表-1　全国消費生活相談件数の推移　　　　　　　　　　(%)

商品別＼年度	1985	1990	1995	1999
商品一般	1.1	1.8	3.4	4.2
食料品	16.0	13.1	10.4	9.3
住居品	26.0	22.5	19.2	19.8
光熱水品	1.9	3.3	1.5	1.4
被服品	10.5	13.1	12.6	12.3
保健衛生品	11.4	14.3	10.5	10.7
教養娯楽品	20.9	20.1	28.6	28.6
車両，乗り物	3.5	5.4	6.3	6.0
土地，建物，設備	8.3	6.1	7.3	7.5
他の商品	0.3	0.2	0.3	0.3
合計	214,722	187,322	247,981	300,937

国民生活センター：消費生活年報2000

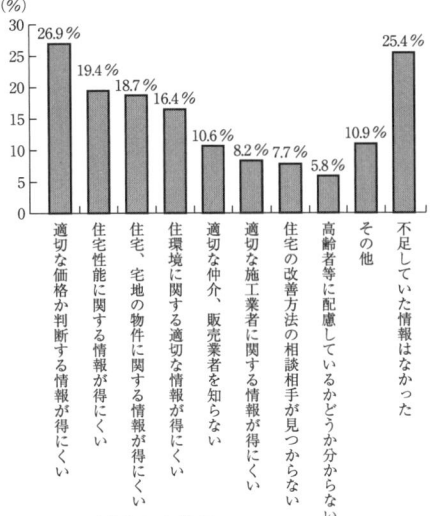

図-1　居住状況が変化した世帯で不足していた情報　　平成10年　住宅需要実績調査

表-2　瑕疵担保期間

法律・約款	条文	期間	
		主体構造	その他(内装設備等)
民法	売買 570条	瑕疵を知った時から1年	
	請負 638条	引渡後　5年(木造) 10年(非木造)	
宅地建物取引業法 (売買)	40条	引渡後2年以上とする契約を結ばなければ，民法570条の緩和不可	
中央建設業審議会 民間建設工事標準請負契約約款	20条 12条	引渡後 1年(木造) 2年(非木造) 地盤	内装・家具は引渡時に請求がなければ責任なし ただし，隠れた瑕疵については引渡後6ヵ月
四会連合協定工事請負契約約款	23条	引渡後 1年(木造) 2年(非木造) 地盤 ただし，請負人の故意または重大な過失の場合 5年(木造) 10年(非木造)	設備・内装・家具は引渡時に請求がなければ責任なし ただし，隠れた瑕疵については引渡後1年
性能保証住宅登録機構保証約款	2条 3条	引渡後　10年	引渡後 雨もり　5～10年 その他　1～2年
日本高層住宅協会 高層住宅アフターサービス規準		引渡後　2年	雨もり 建物完成後 3年～5年 その他 引渡後 1年～2年
日本高層住宅協会 戸建住宅・宅地アフターサービス規準		引渡後　2年	戸建住宅 引渡後 6ヵ月～2年
プレハブ建築協会 プレハブ住宅の供給業務に関する自主管理規準，営業業務管理規準	VIII	引渡後　10年	引渡後 雨もり　10年 白蟻　5年 その他　2年
住宅金融公庫制定工事請負契約約款	15条	引渡後　木造　1年，その他，木造・土地工作物・地盤　3年	

表-3　新築マンション購入者の不満
新築マンション購入者の具体的不満ベスト10

			不満ポイント
1	遮音性	31.9%	外からの音，隣上下からの音がうるさい
2	道路	25.0%	
3	収納	23.6%	全体の収納，各室内の収納不足
	生活利便性	23.6%	
	駐車場	23.6%	
6	駐輪場	22.2%	
7	結露	15.3%	通風や断熱不足から結露発生
8	広さ	15.3%	実際に使える広さが狭い
9	柱や梁の出っ張り	15.3%	家具の配置の失敗や狭さの原因が柱や梁
10	管理状況	13.9%	長期修繕計画や管理費があいまい，管理形態や状況があいまい

リクルート：1997年2月新築マンション購入者150名へのアンケートより

表-4　新築一戸建て購入者の不満
新築一戸建て購入者の具体的不満ベスト10

			不満ポイント
1	間取り，プラン(特に水回り)	56.4%	狭い，使いにくい
2	収納	29.1%	全体の収納，各室内の収納不足
3	アフターサービス	23.7%	保証の内容，責任の所在が明確でない
4	生活利便性	20.0%	
5	日当たり	16.4%	日照時間が少ない。屋根の断熱効果が悪く，温度差が激しい
	道路	16.4%	
	電車，バスの本数	16.4%	
8	結露	14.6%	とくに夏，冬にトラブル発生
	駐車場	14.6%	
	テレビ，電話端子	14.6%	
	近所づきあい	14.6%	

リクルート：1997年2月新築一戸建て購入者100名へのアンケートより

表-5　室内スペースにおける家具の大きさ
上野勝代：住宅の消費者情報と消費者教育（消費者教育，1985）

項目 家具名	標準の家具の寸法	小さく書かれている広告数	最も小さく書かれた寸法
食卓	120cm 80cm	17件(60%)[*1] 17件(60%)	72cm(60%)[*2] 42cm(53%)
座ぶとん	50cm 50cm	20件(83%) 20件(83%)	27cm(49%) 27cm(49%)
ベッド	200cm 100cm	20件(87%) 15件(65%)	101cm(50%) 51cm(51%)
応接用テーブル	75cm 50cm	14件(70%) 14件(70%)	39cm(52%) 36cm(72%)
座敷づくえ	120cm 80cm	20件(80%) 17件(68%)	58cm(48%) 55cm(69%)

[*1] ％は全体に対する割合　　[*2] 標準寸法に対する割合

1-1-3　集住生活の問題

共同性の喪失／住むということは集住を前提としている。集まり方には，庭付き一戸建て，長屋建て，共同住宅などさまざまな形態があり，集住の基本原理は「共同性」にあるといえる。狭い土地に集住していくためには，地域で共同で生活していくための相互扶助システムや近隣に迷惑をかけないように心くばりをするという生活の作法が求められる。古く集住生活においては，相互に私的領域を侵略しないように隣家とのプライバシーの確保，日照阻害，道路の管理のやり方を慣習によって取り決めるなど，良好な地域共同社会が形成されていた。

共同的居住様式は，江戸時代の長屋や明治期における下宿屋と旅館下宿に始まったが，これらの居住形態には地縁的共同性があり，さらに大正～昭和前期のアパートには空間的共同性があった。炊事，洗濯，便所などの共同設備のほかに娯楽室などの共同空間をもっていた。関東大震災を契機として建てられた同潤会のアパートにはロビーや共同浴場などが設けられており，住棟単位の共同生活が行われるよう配慮されていた。

しかし戦後，現在の集合住宅に一般的にみられるような外廊型共同住宅が出現して，孤立化した住戸が廊下で連なっているという造りとなり，かつてあった住棟単位のように一個の共同の「イエ」としての性格は消失してしまった。扉一枚で都市機能と結びついている「ヘヤ」の集合で，共同性が全く排除されている集合住宅といえる。共同性の喪失は集合住宅だけでなく，郊外の戸建住宅地においても，都市化の進展による流動層の大量流入や新住民によって引き起こされている。

相隣苦情の種類／集住生活における相隣苦情は多種多様であり，近隣にさまざまな影響を及ぼす。相隣苦情とは，住棟内あるいは近隣住宅との間の相隣関係においておこる日常生活面でのトラブルおよび苦情，不満をいう。相隣苦情で最も多いのは生活音（水洗便所等の排水音，ドアの開閉音，階上での子供の暴れる音，ピアノ等の楽器音など）である。つづいて水もれ，ほこり，におい，煙，視線によるプライバシー侵害の順となっている。これらの相隣苦情の性質は，自ら苦情を出しているという意識より迷惑を受けたという被害者意識の方が強いが，自治会役員などの経験があったり，年齢が上の人ほど迷惑をかけているという意識を強くもつという特徴がある（77頁　図-4参照）。

集住生活のルールづくり／住宅地にはさまざまな家族構成，生活様式をもつ居住者が住んでおり，それぞれの勝手気ままな住生活は隣を侵入し，逆に，同じような隣の力が侵入してくるという相互関係にある。したがって，相互に生活を侵さないようにしていく「集住生活のルール」の確立が必要となる。居住者各人が生活拠点に対して責任をもつためには，住み方のルール，共同空間の利用ルール，居住地の維持管理ルールづくりを自発的に行うことが重要である。

課　題／外国の集住生活のルールと日本のルールとを比較しなさい。

表-1 「マンション」の居住性能についての不満

区分	各区分ごとの有効回答者数	不満の程度		
		かなりある,気になる(補修済みを含む)	少しある,気にならない	ない
	人　％			
① 上下階の物音	1,716 (100)	577(33.6)	882 (51.4)	257 (15.0)
② 床のきしみ	1,714 (100)	310(18.1)	613 (35.8)	791 (46.1)
③ 隣戸の物音	1,714 (100)	265(15.5)	849 (49.5)	600 (35.0)
④ 天井からの雨漏り等	1,712 (100)	252(14.7)	151 (8.8)	1,309 (76.5)
⑤ 天井・壁のひび割れ	1,695 (100)	229(13.5)	609 (35.9)	857 (50.6)
⑥ 天井・壁の塗装はく離	1,691 (100)	223(13.2)	607 (35.9)	861 (50.9)
⑦ 外壁からの漏水	1,714 (100)	143(8.3)	113 (6.6)	1,458 (85.1)
⑧ 結露	1,697 (100)	124(7.3)	214 (12.6)	1,359 (80.1)
⑨ 排気・排煙不良	1,705 (100)	502(29.4)	—	1,203 (70.6)
⑩ 排水不良	1,698 (100)	226(13.3)	—	1,472 (86.7)
⑪ 浴室からの漏水	1,711 (100)	118(6.9)	—	1,593 (93.1)

注) 1. 行政管理庁のアンケート調査結果による
2. 区分⑨,⑩および⑪については「不満の程度」は「不良箇所の有無」に,「かなりある,気になる」は「あり」にそれぞれ読み替える
行政管理庁行政監督局:民間分譲中高層共同住宅に関する行政監察結果報告書,1979年3月より

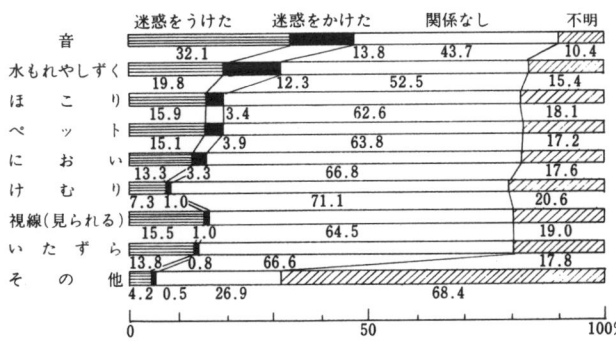

今井範子:居住環境の経営・管理のシステムに関する研究,1980年

図-1 住戸相互間における近所迷惑

表-2 壁の遮音等級と生活実感

遮音等級	D-60	D-55	D-50	D-45	D-40	D-35
ピアノ等とくに大きい音	ほとんど聞こえない	静かなと聞こえる	小さく聞こえる	かなり聞こえる	曲がはっきり分かる	よく聞こえる
TV,ラジオ,会話等	全く聞こえない	全く聞こえない	通常では聞こえない	ほとんど聞こえない	小さく聞こえる	かなり聞こえる
生活感,プライバシーの程度	カラオケで歌ってもよい	夫婦喧嘩もよい	日常生活で気にならない	在宅の有無が分かる	生活がある程度分かる	生活がよく分かる

小菊豊久:マンションは大丈夫か,文芸春秋

表-3 コンクリート・スラブ(床)の遮音等級と生活実感

遮音等級	L-60	L-55	L-50	L-45	L-40
走り回り,足音など	やや気になる	少し気にならない	ほとんど気にならない	聞こえるが気にならない	遠くから聞こえる感じ
椅子,物の落下音など	箸を落とすと聞こえる	スリッパでも聞こえる	ナイフなどは聞こえる	サンダル音は聞こえる	ほとんど聞こえない
生活感,プライバシーの程度	お互いに我慢できる限界	注意すれば問題ない	やや注意して生活する	少し気をつける	気がねなく生活できる

出典:表-2に同じ

表-4 「集団生活のルール」参考例
〇〇団地自治会居住者の申し合わせ事項

1 騒音等について	・楽器演奏時間は,午前9時~午後9時まで,日曜日は午前10時~午後9時までとすること ・ピアノ・エレクトーンなどの長時間使用にはヘッドホーンを使用すること ・テレビ・ステレオなどは,あまり大きな音でかけないこと ・ルームクーラーの使用は夜12時までとし,新しく取り付けるときは,低音型とすること ・徹夜マージャンは自粛すること ・ふとんたたきは,四方に大きく反響するので厳禁のこと ・風鈴は強い風では騒音となるので,夜間は室内に入れるか鈴を取りはずすこと
2 ごみ等の回収について	・燃えるごみの回収日は,火・木・土曜日です。前日からは出さないこと,また,袋で出す場合には口元をしっかり締めること ・個人で植えた樹木の手入れは各自で行うこと。枝は30cmくらいに切って束ね,草はよく土を落とし袋に入れて出すこと。また,大きな木は1mくらいに切って大型ごみ回収日に出すこと ・ガラス瓶は毎月11日に回収するので,団地内の所定のドラム缶内に,ふたを取り中を洗ってから色分けして入れること ・アルミ缶は所定のカゴに入れること ・新聞,雑誌,衣料は毎月20日に回収車が来るので所定の場所に出しておくこと ・廃油は3ヵ月に1回,食用油の使い古しを回収するので,連絡した時々に近所の役員宅のポリ容器に入れること。また,流しに捨てますと排水管の流れが悪くなるので,捨てる時は新聞紙などに含ませて捨てること ・粗大ごみは2ヵ月に1回の回収ですので,前日の夜か当日の朝出すこと

注) 表-2,3について
1. 遮音等級(遮音性能)はDで表示され,数値が大きいほど遮音性能は高い。
2. 床衝撃音(重量床衝撃音と軽量衝撃音)に対する遮音性能はLで表示され,数値が小さいほど遮音性能は高い。

1-2 住生活と住まいの変遷

1-2-1 気候風土と住まい

日本の風土的特徴／日本はアジアモンスーン地域に位置し，亜寒帯から熱帯までの気候区が分布し南北差が大きいのが特徴である。また日本の気候は全体的にみると，夏と冬の温度差が大きい，夏は高温，多雨，多湿で蒸し暑い，冬は北日本は厳しい寒さであるが他は中ぐらいの寒さで日照時間が長い，一年は四季でほぼ四等分されている，といった特徴をもっている。したがって古くから日本の住まいは，夏を旨として建てられてきており，ヨーロッパの夏が気温や湿度ともに低くてしのぎやすいために，冬の寒さに対処する造りであるのと対照的である。

気候風土と住まいの形態／湿潤で蒸し暑い気候風土に適するために古くから住まいは，まず第一に通風と換気が十分であること，すなわち室内の壁が少なく外側の開口部が多い開放的な造りであった。第二に，夏に外壁への日射を防ぎまた室内への直射日光の入るのを防ぐために，深い軒の出や開口部に庇(ひさし)がつけられていた。軒や庇は梅雨期に窓や出入口を開けるのにも必要であった。第三に，住まいの床を高くして床下の通風をよくして大地からの湿気を防ぐ造りとなっていた。

　開放性の高い形式であったために自然とのかかわりが深く，季節の移り変わりや一日の環境の変化を生活のふるまいに取り入れて，自然の秩序にもとづく生活のリズムをつくり上げてきた。さらに住まいの開放性は，家族の人間関係や精神生活にも影響を与えてきた。壁の少ない住まいは，日本独特の襖(ふすま)，障子といった不完全な間仕切りで空間は分割されていたが，これらの間仕切りはその内の様子を手にとるように伝えてしまう。人の動き，音などを容易に伝えてしまう構造はお互いに人に迷惑をかけないように心くばりをするという，生活の作法が求められてきた。気候風土の違いは，住まいの形態だけでなく，起居様式にも影響を与えている。

地域性と住まい／南北に弓形に細長く横たわる日本列島の気象条件はかなり地域差があり，その風土的違いも著しく住居家構は一様ではない。たとえば屋根型は気候風土と生活様式によって地域性がみられる。日本の民家の屋根型の基本形は，寄棟(よせむね)，入母屋(いりもや)，切妻(きりづま)，片流れであるが，地域によってその分布には差がある。また屋根葺材にも地域性がみられる。

　日本の気候分布は少雪寒冷地域，深雪地域，温暖地域，多雨地域に大別されている。同じ雪国でも少雪寒冷地域では雪に対する防備より，防寒を主として住まいをつくり，深雪地域では，防寒対策とともに雪に埋もれた時のために，二階に居住部分や出入口を設けるよう工夫されていたり，雁木が設けられている。多雨地域では台風や強風が多いために，住居家構だけでなく，敷地の周りに防風林や石垣の工夫，あるいは防火壁の工夫がなされている。

課　題／日本，アジア諸国，欧米の住まいをみて(写真などにより)，気候風土の違いによる住まいの形態を比較しなさい。

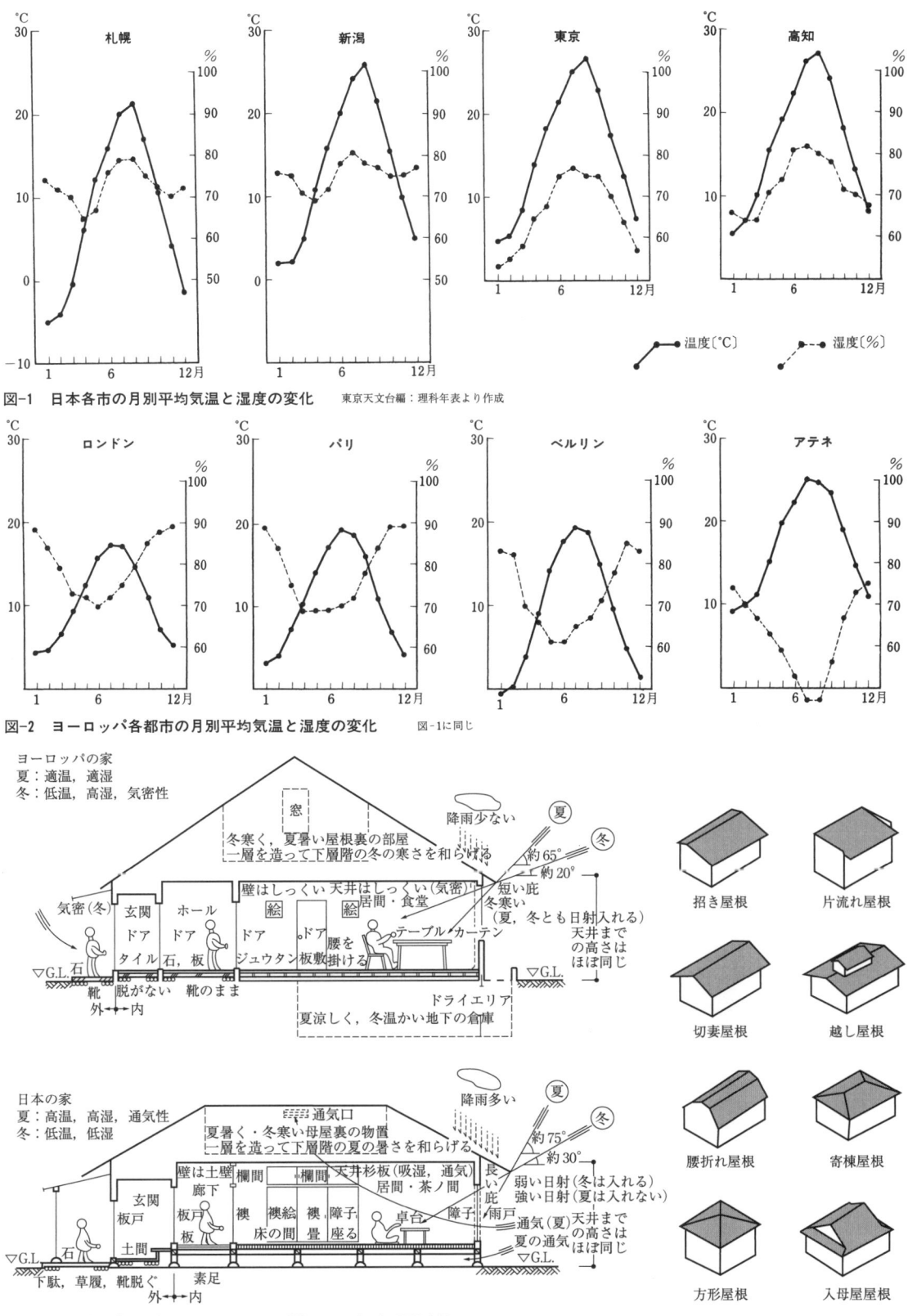

図-1 日本各市の月別平均気温と湿度の変化　東京天文台編：理科年表より作成

図-2 ヨーロッパ各都市の月別平均気温と湿度の変化　図-1に同じ

葉山成三：「日本の住まいはどうあるべきか」（『住のエコロジー』），NHK出版
図-3 日本とヨーロッパの気候風土と住生活様式

図-4 屋根の形

1-2-2　家族と住まいの変遷

　現在の住まいの構造や形式は非常に多様であるが，住まいの変遷をたどると各時代の家族観がその平面構成に反映されている。さらに住まいの原型は町家，農家，武家であり，これらの住まいの伝統的様式は現代の住まいにも受け継がれている。

家長制度と住まい／明治から大正にかけての給与生活者の住まいの大半は，江戸時代の中・下層程度の武家が住んでいた書院造りの形式の流れをくんでいた。武家住宅は，ハレ(外向き)とケ(内向き)に分ける空間構成の原理に基づいてつくられていた。床の間を備えた座敷は，玄関―次の間―座敷と連結され，住まいの中でも南側の庭に面した最良の所に位置し，一家の主，家長の場であり，接客のための重要な空間であった。家族の内向きの生活は台所に近い茶の間が中心で，それは住まいの北側に位置していた。子どものための固定した空間はなく，家族の序列や秩序が重んじられる空間構成となっていた。

家族中心の住まい／接客を重視し，個人生活の確立度の低い明治期の伝統的住宅は，明治30年頃から住宅改良の社会的気運の盛り上がりによって，家族の団らんの重視，住まいの中のプライバシーと主婦の労働軽減が配慮されるようになり，中廊下型住宅様式が成立した。ここでプライバシーの問題は，第一に，家族と使用人の領域を別にすることであり，他は夫婦の就寝の場の確立であった。使用人から家族の生活領域を侵されぬようにするために中廊下が設けられ，夫婦の就寝の場の重視は子どもを夫婦の寝室から隔離する空間構成へと変化していく要因となっていた。さらに家族中心の住居観は大正期に入って住宅改良運動によって強く推進され，居間中心型住宅を生み出した。この住宅は昭和期に入って広く中流住宅の住宅形式として定着していった。

食寝分離から公私室分離へ／戦後の住宅の平面構成の原理として取り入れられたのは，住まい方の調査結果から導かれた「食寝分離論」である。これは住生活の質の確保のためには，就寝の場とは別に，小さい面積でも食事のための専用の部屋を充てる住まい方が一般的であり，基本的な住要求であるとする原則である。この原則は昭和26年の公営住宅標準設計に「食べられる台所」として登場し，さらに昭和31年の住宅公団の標準設計に受け継がれ，ダイニングキッチン(DK)型住宅として普及した。さらに小住宅の生活の秩序化として出発したDK型住宅は，その後，高度経済成長期を経て，家族の生活の場としての公室と個人の生活の場としての私室に分けて考える「公私室分離」の原則の導入によって，LDK型住宅すなわち，家族の団らんの場の居間が住宅の中の中心的な位置を占める住宅が普及した。生活水準の上昇に伴い，地方において続き間をもつ住宅が出現してきている。続き間型住宅が出てくる背景には，地域社会の付き合いのための専用の接客用空間や日本の気候風土に対応した開放性の高い住要求が働いていると思われる。一方，LDK型住宅においても接客を家族のくつろぎの場で行うのではなく，接客のための空間を整えておきたいという要求が出てきている。

図-1 農家
図-2 農家の間取り類型
図-3 町家
図-4 中級武士の住宅
図-5 明治中期の住宅
図-6 中廊下住宅
図-7 居間中心型住宅(大正時代)
図-8 戦後初の都営住宅(43.8 m²)
図-9 公営住宅標準設計51C型 (40.2 m²)
図-10 戸建住宅の公私室型住宅平面
図-11 公共住宅のプランの展開(食寝分離から公室確保へ)

1-2-3 起居様式の変遷

住空間の洋風化／畳あるいは板の床の上に直接座る形式の日本の伝統的住宅に洋風の空間が導入されたのは，明治期に入って文明開化に伴う上層住宅における洋風の接客空間が始まりであった。この上層住宅の傾向は洋服の普及とともに，洋風応接間として中流都市住宅にも波及し，続き間あるいは座敷をもつ和風部分と洋風の接客空間で構成された住宅が現れた。しかし家族の日常生活は和風部分で行われており，日常生活の空間が洋風化していたわけではなかった。

　日本の伝統的な住まいは壁が少なく，襖や障子といった不完全な間仕切りで空間は分割されていたが，明治期後半から大正期にかけての住宅改良運動を通して，プライバシーが重視されるようになり，部屋の独立性や専用性を確保するための固い壁がつくられ，他の部屋との連結はドアによる造りとなった。戦後，イス坐の起居様式の普及とともに，住まいの洋風化は一層促進された。

起居様式の変化／住生活面における生活様式の中で，立居ふるまいに関するものを「起居様式」という。これには，畳に正座したり，あぐらや立膝をする姿勢の動作様式としてのユカ坐と，椅子やソファ，ベッドなどの家具に腰掛けたり，横臥したりする動作様式としてのイス坐に分けられる。

　畳という言葉はすでに古事記にも出ているが，現在の畳が現れたのは平安時代のことである。当時は貴族の住宅である寝殿造りの板の間に置畳といって，必要に応じて畳をならべて寝具として使っていたのである。現在の住まいのように部屋中に畳が敷きつめられるのは室町時代以降であり，一般に広く普及したのは明治以降である。しかし農村部では，昭和に入っても畳は貴重なもので「ハレ」の時だけ敷かれ，普段は使用せずに積んであったといわれている。なお，畳の敷き方には注意を要する。畳の角を四つ合わせる敷き方は避けなければならない。

　イス坐の起居様式は大正時代の洋風応接間に始まり，子どもの勉強机と椅子，食事室(DK)，子ども室(ベッド)，リビングルーム，夫婦寝室の順に普及してきているが，ユカ坐とイス坐の折衷様式を好む者は若い層にも多い。

起居様式と地域性／イス坐の起居様式が浸透しているとはいえ，日本の気候風土を反映してユカ坐の生活は多い。日本人は，畳の敷いていない部屋まで畳数に換算して部屋の広さを言い表すほど，畳による空間感覚が身についているといえる。しかし生活行為別にその起居様式をみると，経済的条件，伝統的生活様式，設備条件によって，起居様式には地域差があるといえる(表-2)。「団らん」においては，伝統的な生活様式を反映して北陸のユカ坐が最も多く，逆に北海道では折衷を加えると8割近くをイス坐が占めている。北海道は北陸と同様に積雪寒冷地域ではあるが，暖房器具の発達がイス坐を普及させていると考えられる。「食事」においては，都市型生活様式が多いと思われる東京において最もイス坐の普及率が低いのは，東京における住宅事情の厳しさを反映しているといえる。

課　題／明治から第二次世界大戦前までの時期を対象とした日本の小説を読み，現代との住生活を比較しなさい。

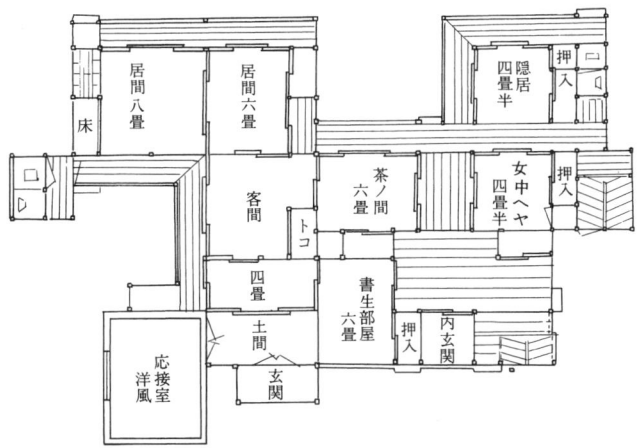

図-1　洋風応接室付和風住宅（明治時代）井上繁次郎：通俗家屋改良 建築法，明治35年

藤井厚二は大正から昭和の初めにかけて5回にわたる自邸の実験住宅やその他の住宅設計を通じて，〈わが国固有の環境に調和し，その生活に適応すべき真の日本文化住宅〉（『日本の住宅』岩波書店）の創成をめざした。高温多湿という日本の気候風土への配慮から，板敷と畳敷との高低差を利用した換気孔による通風などを取入れて，坐式と椅子式の平面構成としている。

図-2　藤井厚二の第4回実験住宅（1925年）

くつろぎの時の楽な姿勢は足を投げ出すことである。そのため，イス坐の生活ではオットマンを用いる。

図-3　オットマンの組合せの椅子

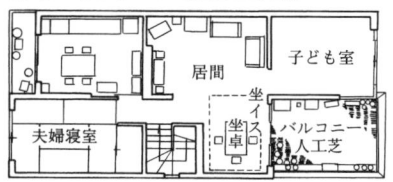

図-4　居間にイス坐とユカ坐の二つの場をもつ例

表-1　ユカ坐とイス坐の長所と短所

	ユ カ 坐	イ ス 坐
長所	・畳床は熱遮断がよいので保温性に富み，防音性もよい ・板敷より弾力性があるので疲労が少ない ・転用性・融通性があり，部屋の使途を広くする ・感触がよい ・ほこりが目立たずほこりがとりやすい ・家具が不要で経済的である	・休息が容易にできる ・休息姿勢より立つ姿勢への動作の移動が容易である ・膝を曲げる窮屈さがないので，脚部の発育によい ・就寝時の呼吸面が高いので，じん埃の影響を受けることが少ない
短所	・起居が不活発になりやすい ・畳は耐久力が乏しいので，維持の費用がかかる ・畳は含水率が高くなるとカビが発生したり，ダニが発生することがある	・家具を使用するので広い空間を必要とする ・空間の用途を固定し，融通転用が難しい ・暖房が十分でないと足もとが冷える

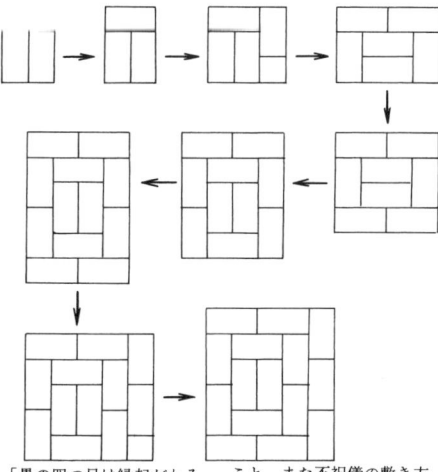

「畳の四つ目は縁起がわるい」（四枚の畳の角を一点に合わせて，卍形をつくる敷き方）ということわざがある。これは畳の角を四つ正確に合わす仕事が難しいこと，また不祝儀の敷き方のために言われている。図に示すのは祝儀の敷き方であり，いまは一般的に敷かれている。

図-5　畳の敷き方図

表-2　起居様式と地域性（％）

小澤：全国6地区小・中・高・大学生5,390人の住環境意識調査より，昭和57年6～7月

	団らんの場			食事の場			接客の場		
	イス坐	ユカ坐	折衷	イス坐	ユカ坐	折衷	イス坐	ユカ坐	折衷
東　京	25.6	56.8	14.6	48.3	40.7	8.7	25.8	56.7	13.8
北　陸	7.1	82.3	7.2	60.0	32.0	4.4	21.8	73.8	9.9
九　州	20.7	59.9	18.5	61.5	29.3	8.1	23.5	61.2	13.3
北海道	45.7	20.3	31.4	66.3	24.9	6.7	49.9	27.6	18.3
中　京	22.2	58.4	18.0	67.3	26.0	5.7	31.9	50.4	15.8
中　国	22.6	62.9	12.2	66.9	26.1	5.5	32.3	53.6	11.6
計	24.0	56.5	16.9	61.6	29.3	6.6	29.2	53.9	13.9

1-3　家族と住要求

1-3-1　生活の秩序化

基本原理／家族が快適な住生活を営むための住空間構成の基本的原理は，「食寝分離」と「就寝分離」である。この両原理は，住空間の機能分化による生活の秩序化・近代化を指向したものであった。食寝分離の原理は，まず，戦後に公営住宅の標準設計に取り入れられ，それが住宅公団に導入された後，ダイニングキッチン（DK）として一般住宅に普及した。このような食寝分離による空間構成が小住宅の就寝時の独立性を誘導したといえる。これらの原理は，昭和51～56年の第三期および第四期住宅建設五箇年計画における居住水準の最低居住水準，平均居住水準や，昭和61年以降の第五期住宅建設五箇年計画の最低居住水準，誘導居住水準（資料参照）に示すような食寝分離および就寝分離条件によって，住宅規模の目標値が定められ，第八期住宅建設五箇年計画（平成13年より）に引き継がれている。

DK型住宅の生活実態／「食寝分離」と「性別就寝」に基づいた間取りは，公共住宅の平面計画に取り入れられて〈DK＋畳室〉型住宅となって出現した。

　しかし，この型は2DKの住まい方の図-1にみるように，DKにつながる畳室は，居間にも就寝室にも使えるようにしてあるため，畳室は居間であり，かつ夫婦の寝室として使用されている。寝室の独立性と居間の空間の質を犠牲にせざるを得ないといえる。この住まい方では，居間は畳室にじゅうたんを敷いてイス坐の生活様式を志向しており，さらにDKと一体化させて，家族の公的生活のための空間を広げようとしていることや，子どもの就寝や勉強のための私室が優遇されているために，夫婦の寝室が犠牲となっているといえよう。

家事労働と住空間／家事労働の能率化のためには，動きやすいように家事労働行為の流れや関連を考えて家事空間を設計しなければならない。炊事のための台所は，作業の流れを考えて，流し（シンク），調理台，レンジ，冷蔵庫，収納棚の配列を決める。台所の形式にはいくつかのタイプがあるが，それぞれ長所，短所があるので，家族構成，住宅規模，他の家事空間との関連を考えて形式を決める。なお台所の使い勝手は，作業の流れだけでなく流し前の作業空間の広さ，食器棚等を置ける有効壁面の長さ，出入口ドアの開閉方向等によっても左右される。家事労働の能率を高めるために，家事室または家事コーナーやユーティリティルーム（家事室と洗濯室を合わせた室）をとる場合があるが，閉鎖的な空間にならないようにすることが大切である。家庭生活は家族員すべてが支えているのであるから，家事についても分担していくことが望ましい。子どもや夫が家事分担することは，家族のひとりひとりが家族構成員としての役割の自覚と生活上必要な基礎的知識と技術を身につけさせる。したがって家事労働を主婦だけが孤立してやらずに，家族全員が集まる部屋や場所でやれるように空間構成上配慮されることが望ましい。

課　題／3DKの間取りの住宅において，家族4人（夫婦，小5女児，中2男子）が住む場合の問題を考えなさい。

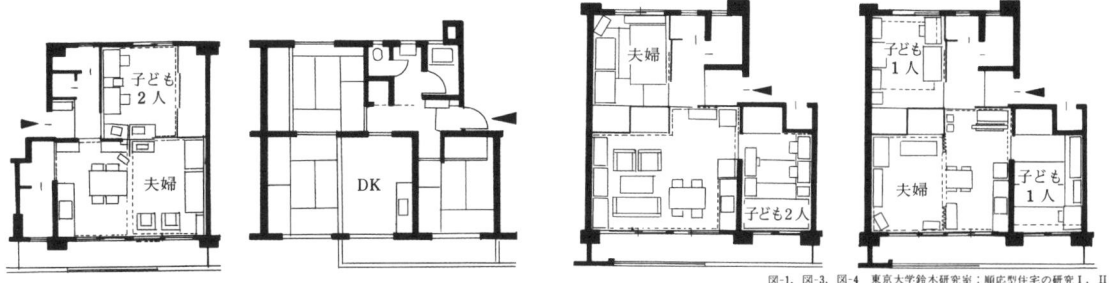

図-1　2DK住まい方　　図-2　公団住宅3DK（48.0㎡）の平面　　図-3　3DK2室就寝の使い方　　図-4　3DK3室就寝の使い方

図-1, 図-3, 図-4　東京大学鈴木研究室：順応型住宅の研究 I, II

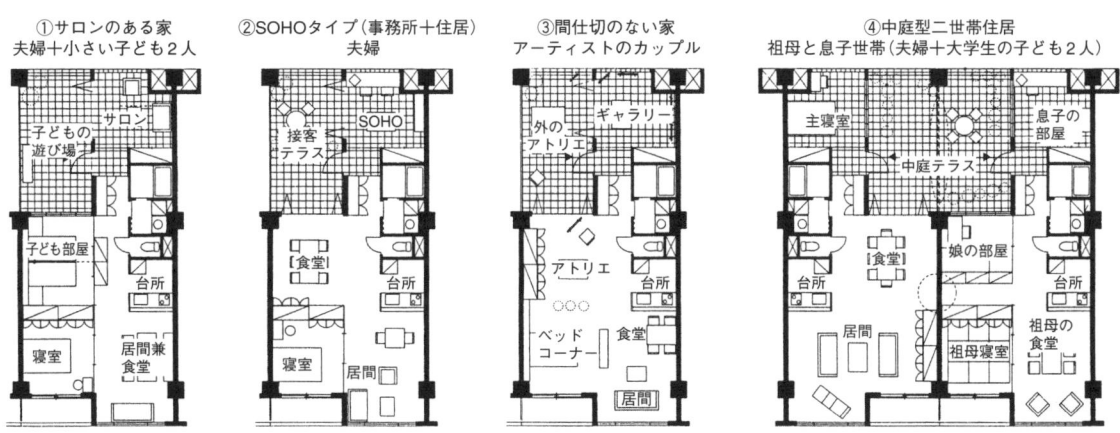

大がかりな工事をしなくても、簡単に間取りを変えられる。①はフレックススペースをフロントヤードと合わせて近所の人や友人と気楽に話せる場として使う例。②では、フロントヤードはSOHOの打ち合わせスペース。ダイニングとつなげてホームパーティーなども楽しめる。③のように、収納を移動して間仕切りなく使うこともできる。④はフロントヤードのガラススクリーンをとったプラン。中庭に面して離れ的個室を設けた。

（図面製作：スタジオ宙＋山村咲子）

図-5　間取り（プラン）のバリエーション

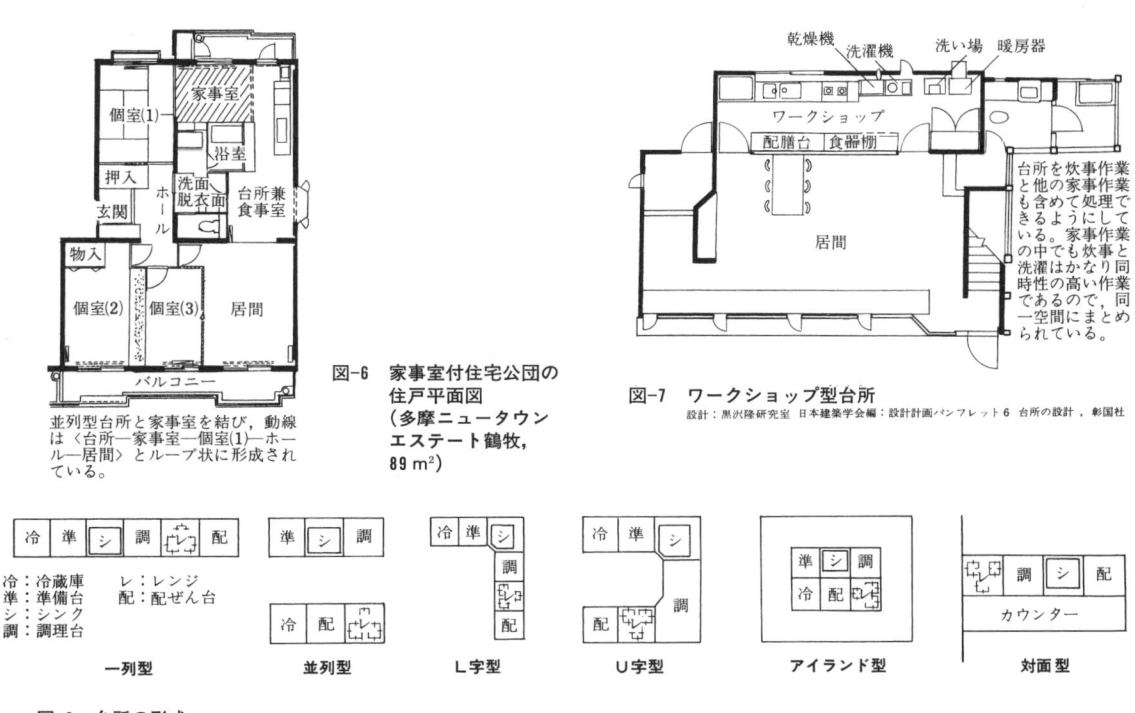

図-6　家事室付住宅公団の住戸平面図（多摩ニュータウンエステート鶴牧、89 m²）

並列型台所と家事室を結び、動線は〔台所―家事室―個室(1)―ホール―居間〕とループ状に形成されている。

図-7　ワークショップ型台所

台所を炊事作業と他の家事作業も含めて処理できるようにしている。家事作業の中でも炊事と洗濯はかなり同時性の高い作業であるので、同一空間にまとめている。

設計：黒沢隆研究室　日本建築学会編：設計計画パンフレット6 台所の設計，彰国社

冷：冷蔵庫　レ：レンジ
準：準備台　配：配ぜん台
シ：シンク
調：調理台

一列型　　並列型　　L字型　　U字型　　アイランド型　　対面型

図-8　台所の形式

21

1-3-2　団らんとプライバシー

団らんの意義／家庭を取り巻く環境変化が著しい中にあって，家庭の機能の中でも精神の安定，育児と子どものしつけや伝統，文化の伝達としての「人間形成的な機能」が重視されてきている。家庭の中で家族が親密に対話したり共感し合える場，すなわち人と人との触れ合いや心の絆をより確かなものにしていくためには，団らんの場を住まいの中に確立していくことが重要である。「団らん」という生活行為はそれ自体が目的意識をもって行われることが少ないので，「食べる」という行為に結びついて行われている場合が多い。したがって，夕食後，続けてテレビを見ながら行っている家庭が多い。「夕食時の家族の様子」と子どもの「住まいに対する気持」との関連をみると（図-2），家族のコミュニケーションが良好な子どもたちは住まいを肯定的にとらえており，家族の交流は子どもの成長に大きな影響を与えているといえる。しかし住宅立地の郊外化に伴う父親の遠距離通勤や子どものおけいこ事や学習塾等によって，親と子の生活時間がずれたり，家族が集まりにくくなってきている。このように家族の団らんを困難にするような状況が増えてきているが，団らんの重要性を考え，家族の団らんのための空間の活性化を図る必要がある。

団らん空間の構成／家族の団らんの場は住まいのかなめとなる空間であるので，条件の良い家族の集まりやすい場所に配置されなければならない。団らんを行う部屋の名称は「居間」が一般的であるが，団らん自体を目的行為とすることがなかったために，それぞれの家庭生活の様相や風土性を反映して種々の名称が用いられている。「食べる」という行為の延長にある「茶の間」，昔の農家や町家の生活で用いられていた「ダイドコロ」，その他「テレビの部屋」，「応接間」，「座敷」等々である。「居間」は，住まいにおいて「就寝」のような個人的生活以外の家族の生活を行う家族の共用室であるから，住宅規模，家族構成，子どもの発達段階等を考慮し，家庭の機能を十分に生かすことのできる有効な空間であると同時に，家族構成員が積極的に団らんをつくり出していくことによる家族としての連帯意識が求められている。

プライバシーと個人生活の空間／家族は団らんを通して，くつろぎや安らぎの精神的安定を得たり，家族としての一体感をもつ一方，一人になってくつろいだり，人の目に触れられたくない生活行為を行うためのプライバシーの確保が必要である。プライバシーは，①機能的な意味から，②秘匿性から，③教育的意味から必要といえる。特に夫婦生活の尊重，子どもの自主性や独立心の涵養，老人のための静かな安らぎのある生活のためには，それぞれの個人生活の空間を充実させていくことが重要といえる。しかし最近の子ども部屋は，「勉強するため」，「自分で好き勝手なことをする」部屋として与えられている場合が多い。子どもの個室は自主独立精神の涵養に必要な反面，集団生活における協調性や役割意識，他人に対する思いやりの欠如の危険性もはらむ。人格形成や精神生活の充実のためには，子どもの発達段階別の特性を考慮して個室を与えていくことが望ましい。

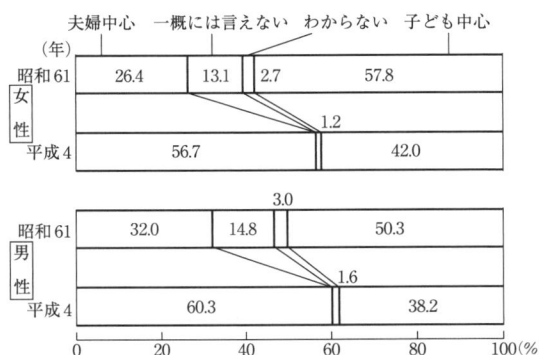

図-1 家庭は夫婦中心か，子ども中心か

(注) 1992年調査では「一概に言えない」という選択肢はない。
経済企画庁：平成7年度国民生活白書

表-1 子どもの価値 (％)

子どもを持つことのよさ	総数	未婚	既婚
1. 子どもがいると家庭が明るくなる	85.9	81.7	88.2
2. 子どもを育てることは楽しい	44.1	43.5	44.7
3. 子どもは老後のたよりになる	16.1	18.1	15.0
4. 子どもは家業をついでくれる	1.0	0.3	1.3
5. 子どもは家名や財産をついでくれる	3.7	2.3	4.3
6. 子どもを持つと子孫が絶えない	15.3	11.8	17.1
7. 特に何もない（よいことはない）	4.9	7.3	3.8
8. その他	3.8	3.6	3.8
9. 無回答	0.8	0.8	0.7

(注) 「あなたは，子どもを持つことのよさは何だと思いますか」という質問に対して二つ以内の項目を選ぶ。
毎日新聞社人口問題調査会：第23回全国家族計画世論調査，1996

表-2 家庭の役割 (％)

	経済生活の安定	子どもを生み育て，教育すること	老人や病人の介護や扶養	夫婦の愛情	家族がお互いに休息や安らぎを得ること	支えあうこと長していくこと互いに助けあい，成
男性20歳代	33.7	10.4	1.0	19.5	33.3	21.5	61.6
30歳代	33.0	15.9	1.7	15.7	39.7	28.4	44.6
40歳代	37.7	10.5	0.8	11.9	35.0	34.2	53.1
50歳代	50.8	7.8	4.1	15.6	22.9	24.0	57.0
女性20歳代	26.1	10.9	1.4	17.8	46.7	23.2	59.6
30歳代	24.9	14.8	—	15.3	41.5	30.8	57.0
40歳代	34.3	10.0	2.2	13.7	34.4	34.1	63.7
50歳代	45.9	8.1	5.0	12.4	20.5	23.3	68.0

国民生活選好度調査 1995年

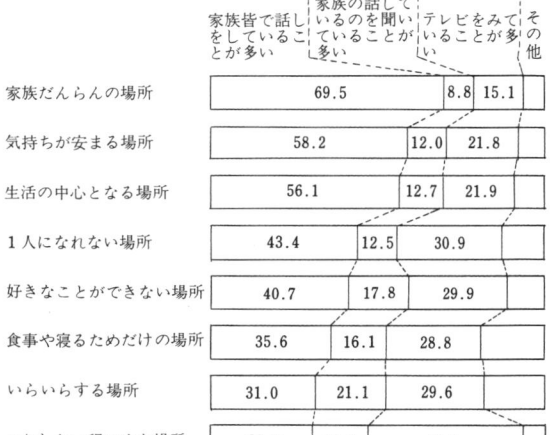

図-2 「住まいに対する気持ち」別にみた青少年(小・中・高・大学生)の家庭の食事の様子(％)

小澤―全国6地区小・中・高・大学生5,390人の住環境意識調査より，昭和57年6～7月

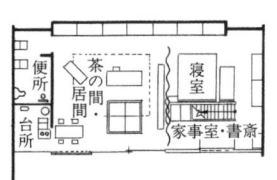

障子や家具などの舗設程度の仕切りによるワンルームに近い住宅。夫婦と幼ない子どもであれば開放的な空間であってもよく，子どものためには便所に戸がついていない方がよい。

図-6 清家清・旧自邸 昭和29年
(建築面積49m²，夫婦+子ども3人，)
(子ども室は地下)

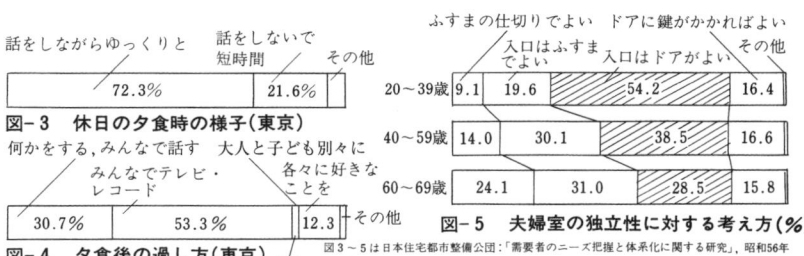

図-3 休日の夕食時の様子(東京)
話をしながらゆっくりと 72.3%　話をしないで短時間 21.6%　その他

図-4 夕食後の過し方(東京)
何かをする，みんなで話す 30.7%　大人と子ども別々にみんなでテレビ・レコード 53.3%　各々に好きなことを 12.3%　その他 2.0

図-5 夫婦室の独立性に対する考え方(％)
	ふすまの仕切りでよい	入口はふすまでよい	入口はドアがよい	ドアに鍵がかかればよい	その他
20～39歳	9.1	19.6	54.2		16.4
40～59歳	14.0	30.1	38.5		16.6
60～69歳	24.1	31.0	28.5		15.8

図3～5は日本住宅都市整備公団：「需要者のニーズ把握と体系化に関する研究」，昭和56年

設計: Alice; B∮rge Kjoer　日本建築学会編：建築設計資料集成1，丸善，1960

図-7 標準的平面に成長する家族が住む場合の空間配分(デンマークの例)

1-3-3 子どもと住環境

子どもの発達と体験／子どもは人間らしく豊かに育つ権利をもつ。子どもの発達段階は，新生児期，乳児期，幼児期，学童期，青年前期，青年後期と区分されるが，運動，情緒，知能（言葉の発達を含む），社会性が相互に関連しあって発達していく。その発達には一定の順序や個人差があるが，生活や遊びの経験のなかで親や地域の大人，教師などとの「かかわり」や「つながり」を通して子どもは育っていく。しかし都市化の進展の著しい現代の住環境のもとでは，子どもは住まいの中に閉じこもり，自然体験や生活体験，社会体験も乏しい状況にある。

　近代化は子どもたちの好奇心や探求心を引き起こす住環境を奪い，また親や大人が危険だと思い込んで子どもを排除していくために必要な体験もできずに成長していく場合もみられる。公園，道路，商店街，駅，駐車場，集合住宅の敷地内など，街の中には子どもに危害，危険を誘発する要因が多くひそんでいる。「新しい，革新的な環境デザインを行って遊んだり実験したりする子どもの能力を向上させるどころか，子どもの能力の芽を摘みとってしまい，可能性を踏みにじっている」（A. B. レーマン）ことを重視し，子どもの目線で子どもの居場所を創っていく必要がある。

子どもと遊び／子どもの遊び環境の要素には，遊び場，遊び時間，遊び集団，遊び方法がある。高度経済成長期以前は大都市においても路地，空地，川べり，寺社など居住地のいたる所にあった。子どもたちは自力で好奇心や冒険心をかきたてる場を発見し，さまざまな経験の積み重ねから空間を活用する術を学び，人間関係づくりも学んでいた。しかし道路からは交通障害となる遊びは排除され，事故の管理責任追求が厳しくなるにつれ，空地，川べりも子どもたちから遠のいている。子どもたちが遊べるようにつくられている街区（児童）公園などの禁止事項が多く，大人の自然監視の目がないために危険であったり，魅力に乏しい空間と化している。子どもの遊び環境には，自然スペース，オープンスペース，アジトスペース，アナーキースペース，道スペース，遊具スペースが必要といわれている。しかし地方都市や農漁村においても，こうした遊び環境は消滅している。

子どもを元気にする住環境／本来，住環境は子どものワンダーランドでなければならない。ワクワク，ドキドキする体験を通して子どもは成長していく。子どもを元気にする住環境づくりは，地域で子どもが自ら創り出し，子どもも大人も支え合える自由な活動の場づくりであり『子どもの参画』，「冒険遊び場」はその一つである。冒険遊び場は，遊具が固定されていて子どもがお客さまの遊び場ではなく，小屋づくり動物飼育，野外料理などの創造的な遊びができる遊び場である。そこでは，創造的な遊びを可能にするために「プレーリーダー」が配置されている。プレーリーダーは，遊びを教えるのではなく，子どもが主体的に行動し，遊びを展開する環境を整え，事故の発生など子どもの手に余る事態に対応するサポーターである。

課　題／子どもの参画によって創られている遊び場，公園，青少年館等を調べよう。

表-1 遊び場所（三つ以内の複数回答）子どもの就学状況別上位5位

(1) 東京 (%)

順位	未就学 (3～6歳)	小学校 (1～3年)	小学校 (4～6年)	中学校
第1位	自分の家 (88.4)	自分の家 (76.4)	友達の家 (67.0)	友達の家 (65.8)
第2位	公園や児童遊園 (73.9)	友達の家 (66.4)	自分の家 (64.7)	自分の家 (63.8)
第3位	友達の家 (56.4)	公園や児童遊園 (57.9)	公園や児童遊園 (51.0)	公園や児童遊園 (18.9)
第4位	空き地 (9.4)	校庭や運動場 (27.8)	校庭や運動場 (35.8)	校庭や運動場 (16.5)
第5位	児童館や児童センター (8.1)	児童館や児童センター (16.2)	児童館や児童センター (14.9)	図書館 (9.2)

福祉局：東京における児童，1989

(2) 全国

順位	未就学 (3～6歳)	小学校 (1～3年)	小学校 (4～6年)	中学校	高校等
第1位	自分の家 (82.3)	自分の家 (83.1)	自分の家 (78.5)	自分の家 (66.5)	自分の家 (59.8)
第2位	友達の家 (56.8)	友達の家 (76.5)	友達の家 (66.8)	友達の家 (37.2)	友達の家 (31.2)
第3位	公園 (52.7)	公園 (57.6)	車のあまり通らない道路 (45.6)	学校の校庭や体育館 (30.3)	本屋やレコード店 (30.5)
第4位	車のあまり通らない道路 (50.8)	車のあまり通らない道路 (53.7)	公園 (44.9)	本屋やレコード店 (25.3)	商店街やデパート (22.7)
第5位	商店街やデパート (38.7)	空き地 (44.1)	学校の校庭や体育館 (42.1)	商店街やデパート (21.4)	学校の校庭や体育館 (16.2)

（備考）「高校等」は高校．各種学校，専修学校，職業訓練校の合計である．

厚生省：全国家庭児童調査，1989

表-2 好きな公園像

あなたの好きな公園をつくるとしたらどんな公園がいいですか (人)

	中学校	高校
水や緑がたくさんある	104	152
遊び，スポーツが思いきりできる	146	161
キャンプができる	42	40
楽しい物珍しい物がある	76	65
友人と話ができる	76	99
プレーリーダーがいる	9	11
その他	29	18

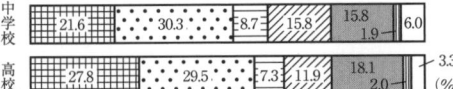

中学校 21.6 | 30.3 | 8.7 | 15.8 | 1.9 | 15.8 | 6.0
高校 27.8 | 29.5 | 7.3 | 11.9 | 2.0 | 18.1 | 3.3 (%)

表-3 公共施設（地域センター，公民館等）に変わって欲しいこと

地域センターや公民館などの公共施設がどういうふうに変わったらいいと思いますか (人)

	中学校	高校	計
きれいにする	64	56	120
気軽に入れるようにする	95	132	227
もっと長い時間開いている	57	80	137
何かイベントをする	33	35	68
映画室，音楽室をつける	69	79	148
スポーツ施設をつける	123	131	254
大きい音や声が出せる	39	51	90
変えたいとは思わない	36	42	78
その他	27	18	45

表-4 図書館が変わって欲しいこと

図書館がこういうふうに変わったらいいのにと思うことはありますか (人)

	中学校	高校	計
明るくする	60	60	120
きれいにする	41	38	79
開放的にする	52	65	117
映画室，音楽室をつける	62	79	141
スポーツ施設をつける	78	53	131
長い時間開いている	84	112	196
くつろいだ姿勢で本が読める	99	120	219
読みたい本がある	120	138	258
友達と相談しながら勉強できる	102	138	240
その他	34	23	57

表-2～表-4：小澤「子どもの居場所調査」1993.11～12

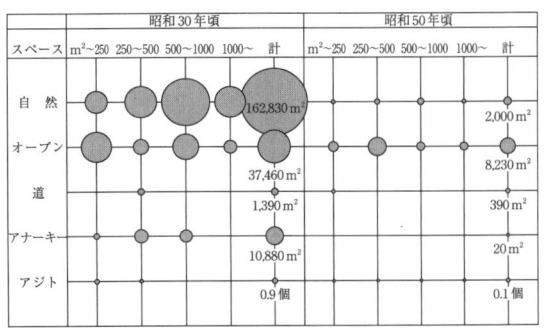

図-1 横浜における遊び空間量の比較　仙田満：子どもとあそび

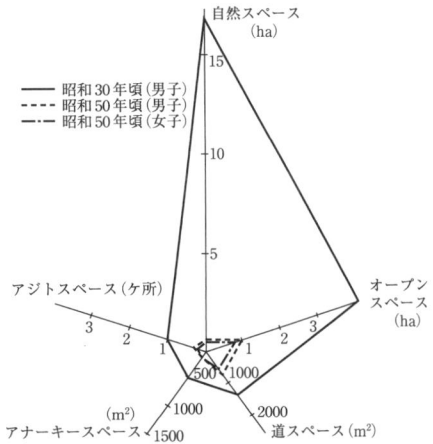

図-2 横浜における遊び空間量　出典：図-1に同じ

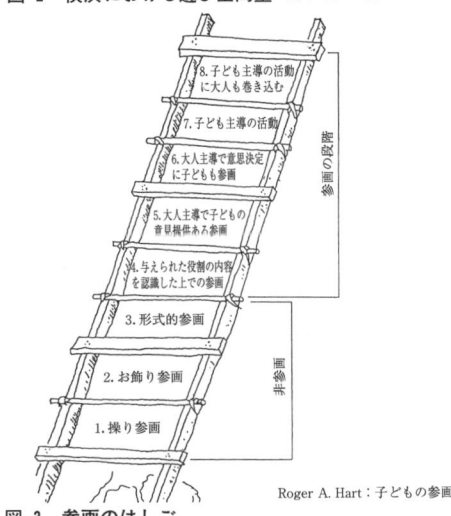

Roger A. Hart：子どもの参画
図-3 参画のはしご

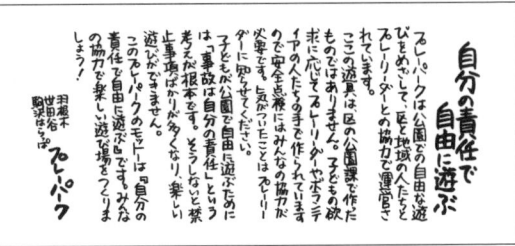

図-4 プレーパークの例

1-3-4　高齢者と住環境

住生活上の諸問題／わが国は急速な出生率の低下と平均寿命の伸長によって急激に高齢化が進み，他国では経験したことのないような速さで，高齢社会に達している。このことは年金，医療，介護制度のみならず，住まいや住環境の整備においても，その対応が後手にまわり切実な問題をなげかけている。平成12年度より介護保険制度がはじまり，さらに高齢者の居住の安定を図るための法整備が動きつつあるが，高齢者が安心して生活できる環境とは言い難い。高齢者の住生活上の諸問題は，高齢者自身の諸条件と，医療制度，介護およびサービスや関連施設整備等の社会的条件を複合的，相互的に関連させて考えていかなければならない。

高齢者の住宅事情／高齢者のいる世帯は平成12年に48％（うち高齢者単身および夫婦世帯は15％）であるが，急速な高齢化に伴い15年後には高齢者のいる世帯が63％（うち高齢者単身および夫婦世帯は22％）になることが見込まれている。一方，高齢者の住居の状況は，持家率が高く8割を超えているが，高齢者単身，夫婦世帯の借家居住が平成12年に約179万世帯が15年後には約330万世帯に増えると見込まれている。公営，公団，公社住宅において高齢者への対応化が進んでいるが，民間賃貸住宅において，高齢者の加齢に伴う病気や事故，家賃不払いのおそれなどから，高齢者の入居を敬遠する傾向がある。

　高齢化は一律に進行しているわけではなく，地域的に偏りがあることが高齢者の住生活上の問題を複雑にしている。高度経済成長期における都市化に伴って農村部では過疎地域が出現したが，都市圏においても，郊外住宅地に若年層世帯や三世代世帯が居住し，都心部においては高齢者夫婦のみ世帯や単身世帯が残留する高齢化現象がみられ，防災上，地域交流上の問題が生じてきている。

高齢者の住要求／わが国の高齢者は子どもと同居している割合は欧米諸国と比較して非常に高いが，同居率は低下する傾向にあり，別居して近くで暮らす近居や隣居を望む者が増えてきている。しかし人間は加齢とともに老化して，日常生活動作が低下したり，生活行動範囲が縮小していく。心身機能の低下の訪れる時期には個人差があるが，住まいにおいては自立して生活できるように，あるいは介護や介助がしやすいように構造や設備などの物的条件を整備していくことが重要である。住建築の物的整備においては，高齢者だけでなく障害のある方へも配慮して物的障壁を排除した設計（バリアフリー設計）をし，さらに誰にとっても暮らしやすいユニバーサルデザインへ住環境を整備し，ノーマライゼーションの考え方を高めていく必要である。つまり高齢者が自立して生活を継続できるようにし，生き方を自分で選択し，自己の責任において生きる社会福祉の理念を確立して，共に生きる社会を創る必要がある。高齢者向けの住居は，ケアハウス，有料老人ホーム，痴呆性老人グループホーム，高齢者生活福祉センター，高齢者向け優良賃貸住宅，シルバーハウジング，コレクティブハウジング，グループリビングなど，さまざまな形態の住宅や施設が整備されてきてはいるが，安心して居住できる社会の仕組みを充実させていかなければならない。

表-1 世帯構造別にみた世帯数の推移

年次	総数(千世帯)	単独世帯(%)	核家族世帯(%)				三世代世帯(%)	その他の世帯(%)	高齢者世帯割合(%)
			総数	夫婦のみの世帯	夫婦と未婚の子のみの世帯	ひとり親と未婚の子のみの世帯			
昭和50年	32,877	18.2	58.7	11.8	42.7	4.2	16.9	6.2	3.3
55	35,338	18.1	60.3	13.1	43.1	4.2	16.2	5.4	4.8
60	37,226	18.4	61.1	14.6	41.9	4.6	15.2	5.3	5.9
平成2年	40,273	21.0	60.0	16.6	38.2	5.1	13.5	5.6	7.7
5	41,826	22.3	59.4	17.7	36.6	5.1	12.8	5.6	9.4
6	42,069	21.9	59.7	18.5	36.1	5.1	12.7	5.7	10.1
7	40,770	22.6	58.9	18.4	35.3	5.2	12.5	6.1	10.8
8	43,807	23.5	59.0	18.9	34.6	5.6	11.6	5.9	11.1
9	44,669	25.0	58.0	19.4	33.4	5.3	11.8	5.5	11.5
10	44,496	23.9	58.6	19.7	33.6	5.3	11.5	6.0	12.6

昭和60年以前は厚生省大臣官房統計情報部:厚生行政基礎調査,平成2年以降は同:国民生活基礎調査

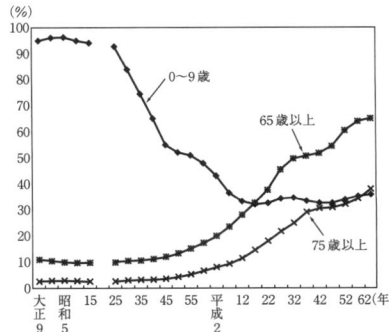

図-1 20〜64歳人口と65歳以上は現在の4人に1人から2020年代には2人に1人に

注) 1. 総務庁:国勢調査,厚生省国立社会保障・人口問題研究所:日本の将来推計人口:(平成9年1月推計)により作成.
2. 20〜64歳人口に対する割合をとったもの.

表-2 高齢者のいる世帯 (単位:%)

	高齢者のみ(夫婦のみ,単独世帯)	高齢者を含む核家族(夫婦のみを除く)	高齢者を含む他の親族世帯(三世代ほか)	高齢者を含む非親族世帯
昭和45年	16.8	12.3	70.6	0.2
50	21.7	12.7	65.4	0.1
55	26.1	13.1	60.7	0.1
60	30.3	13.5	56.1	0.1
平成2年	35.8	14.7	49.4	0.1
7	41.0	16.6	42.3	0.1

国勢調査

表-4 住宅に係わる高齢者の不慮の事故死の状況

	全年齢(人)	65歳以上(人)	65歳以上の割合(%)
家庭での事故死総数	40,079	23,627	59.0
うち住宅に係わる事故死	8,210	6,356	77.4
浴槽等での溺死	3,434	2,856	83.2
スリップ,つまずきあるいはよろめきによる同一面上での転倒	3,232	2,794	86.4
階段またはステップからの墜落,転倒	703	401	57.0
建物からの墜落等	841	305	36.3

厚生省:人口動態統計,平成11年

表-3 持家と借家別,老後の住まい方

	統計	持家	借家
同居したい	17.5	22.4	8.9
同一敷地内の別の住宅に住みたい	6.7	8.3	3.4
同一住棟の別の住宅に住みたい	0.6	0.6	0.6
すぐ近く(徒歩10分以内)に住みたい	10.0	10.2	9.8
同一市区町村に住みたい	9.7	9.1	11.0
子どもとは関係なく住む	18.6	18.3	19.9
ケア付き住宅に住む	1.9	1.8	2.1
グループホームに住む	0.5	0.4	0.7
わからない	27.0	22.4	36.0
不明	7.0	6.3	7.7

平成10年度住宅需要実態調査

表-5 住宅タイプ別,高齢者対応の状況 (単位:%)

	統計	持家		借家			
		一戸建長屋建	共同建	公営	公団公社	民営借家	給与住宅
手すり(2ヵ所以上)	12.4	17.0	7.9	19.5	12.5	1.8	1.8
段差のない室内	11.8	11.8	21.0	20.1	17.6	6.7	9.4
廊下などが車椅子で通行可能な幅	13.3	15.7	21.5	15.4	14.0	4.3	8.9

平成10年度住宅需要実態調査

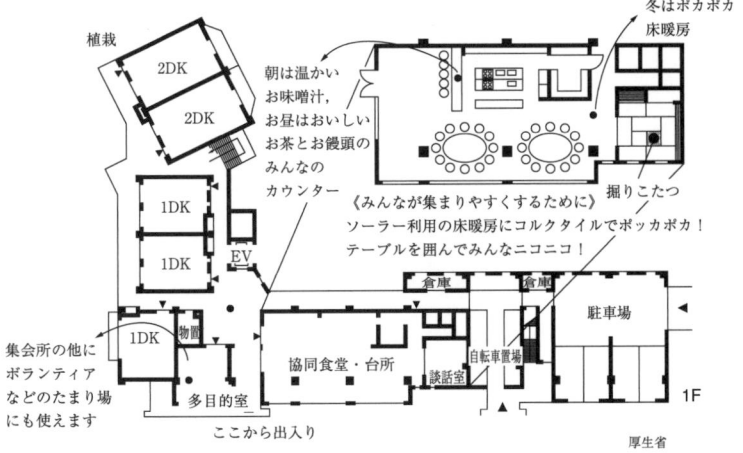

図-2 コレクティブハウジング 真野ふれあい住宅(兵庫県神戸市)

厚生省

1-付　高齢者関連資料

表-1　高齢社会に関する計画

A：高齢社会に対する基本政策
1. 高齢社会対策の基本的枠組み
   - 高齢社会対策基本法（1995年12月施行）
   - 高齢社会対策大綱（1996年7月閣議決定）
2. 福祉施策の基本的な枠組み
   - 新ゴールドプラン（1994年）：1999年度末目標
   - 障害者プラン（1995年）：2002年目標
   - エンゼルプラン（1994年）：1999年度末目標
3. 住宅施策の基本的な枠組み
   - 生活福祉空間づくり大綱（1994年6月）
   - 住宅宅地審議会「21世紀に向けた住宅・宅地政策の基本的体系について」（1995年6月）
   - 高齢者向け公共賃貸住宅整備計画（1994年11月）

B：高齢社会に関する地域計画
1. 保健・福祉に関する地域計画
   - 老人保健福祉計画（市区町村単位）
2. 住宅に関する地域計画
   - 住宅マスタープラン〈高齢者等に係る住宅供給に係る事項〉（市区町村単位）
   - 旧：地域高齢者住宅計画

C：高齢者等に対する住宅施策
1. 新築住宅のバリアフリー化
   - 指針 ── 長寿社会対応住宅設計指針（国土交通省）
   - マニュアル ── 長寿社会対応住宅設計マニュアルの発行（高齢者住宅財団）
     - 年金バリアフリー住宅設計マニュアル（全国年金住宅融資法人協会）
   - 公的住宅 ── 公営住宅、公団・公社住宅でのバリアフリー化（国土交通省）
   - 融資制度 ── 公庫融資におけるバリアフリー化住宅の優遇（住宅金融公庫）
     - 年金還元融資におけるバリアフリー化住宅の優遇（年金福祉事業団）
2. 住宅改造の推進
   - 相談・助言 ── 高齢者総合相談センターの設置（厚生労働省）
     - 在宅介護支援センターでの相談受付（厚生労働省）
     - リフォームヘルパー制度（厚生労働省）
     - 増改築相談員制度（国土交通省）
     - マンションリフォームマネージャー制度（国土交通省）
   - マニュアル ── 高齢者対応住宅リフォームマニュアル（日本住宅リフォームセンター）
     - 高齢者の住宅改築相談マニュアル（全国社会福祉協議会）
   - 融資 ── 住宅改造に対する公庫融資（住宅金融公庫）
     - 住宅改造に対する年金還元融資（年金福祉事業団）
     - 高齢者住宅整備金貸付制度（厚生労働省）
   - 公的住宅 ── 既設公営・公団住宅の高齢者向け住戸改善（国土交通省）
   - 助成
3. 民間賃貸住宅居住者への支援
   - 改善 ── 長寿の住まいづくりモデル事業（国土交通省）
   - 住宅確保 ── 高齢者向け優良賃貸住宅制度（国土交通省　1998年度創設予定）
   - 家賃助成
4. 公的住宅の供給
   - 入居優遇 ── 単身高齢者の公営住宅への入居（国土交通省）
     - 有高齢者世帯に対する公営住宅への入居優遇（国土交通省）
     - 有高齢者世帯に対する公団住宅への入居優遇（国土交通省）
   - 高齢者世帯向け住宅の供給 ── 多家族向け公営住宅の供給（国土交通省）
     - 特定目的借上公共賃貸住宅（国土交通省）
   - ケア付き住宅の供給 ── シルバーハウジング（国土交通省，厚生労働省）
     - シニア住宅制度（国土交通省）
     - 有料老人ホーム（厚生労働省）
     - ケアハウス（厚生労働省）
     - グループホーム（厚生労働省，国土交通省）

表-2　高齢者保健福祉の変遷～救貧的施策から普遍化，一般化へ～

1960年代　高齢者福祉の創設	
1962	訪問介護（ホームヘルプサービス）事業の創設
1963	老人福祉法制定
1968	老人社会活動促進事業の創設（無料職業紹介など）
1969	日常生活用具給付等事業の創設 ねたきり老人対策事業（訪問介護，訪問健康診査など）の開始
1970年代　老人医療の増加	
1970	社会福祉施設緊急整備5か年計画の策定
1971	中高年齢者等雇用促進特別措置法制定（シルバー人材センター）
1973	老人医療費無料化
1978	老人短期入所生活介護（ショートステイ）事業の創設，国民健康づくり対策
1979	日帰り介護（デイサービス）事業の創設
1980年代　保健・医療・福祉の連携と在宅サービスの重視	
1982	老人保健法制定（医療費の一部負担の導入，老人保健事業の規定） ホームヘルプサービス事業の所得制限引上げ（所得税課税世帯に拡大，有料制の導入）
1986	地方分権化による老人福祉法改正（団体委任事務化，ショートステイ・デイサービスの法定化）
1987	老人保健法改正（老人保健施設の創設） 社会福祉および介護福祉士法制定
1988	第1回全国健康福祉祭（ねんりんピック）の開催 第2次国民健康づくり対策
1989	高齢者保健福祉推進十か年戦略（ゴールドプラン）の策定 健康長寿のまちづくり事業の創設
1990年代　計画的な高齢者保健福祉の推進	
1990	福祉八法改正（在宅サービスの推進，福祉サービスの市町村への一元化，老人保健福祉計画），ねたきり老人ゼロ作戦，在宅介護支援センターの創設 介護利用型軽費老人ホーム（ケアハウス）の創設 高齢者世話付住宅（シルバーハウジング）生活援助員派遣事業の創設
1991	老人保健法改正（老人訪問看護制度創設）
1992	福祉人材確保法（社会福祉事業法等の改正）
1993	福祉用具の研究開発及び普及の促進に関する法律制定
1994	新・高齢者保健福祉推進十か年戦略（新ゴールドプラン）の策定
1995	高齢社会対策基本法制定
1997	介護保険法制定 痴呆対応型老人共同生活援助事業（痴呆性老人グループホーム）の創設
1999	今後5か年間の高齢者保健福祉施策の方向（ゴールドプラン21）の策定 介護休業の義務化
2000年代　新たな介護制度の開始	
2000	介護保険法施行

表-3　高齢者向け住居～さまざまな形態の住宅や施設

	施設の概要	事業主体
ケアハウス	無料または低額な料金で老人を入所させ，食事の提供その他日常生活上必要な便宜を提供することを目的とする施設（軽費老人ホーム）	社会福祉法人 医療法人等 地方公共団体
有料老人ホーム	常時10人以上の老人を入所させ，食事の提供その他日常生活上必要な便宜を提供することを目的とする施設	制限なし（介護保険法の指定は法人に限定）
痴呆性老人グループホーム	痴呆の状態にある要介護者について，共同生活を営むべき住居において，入浴，排せつ，食事等の介護その他の日常生活上の世話および機能訓練を行う（定員5～9名）	制限なし（介護保険法の指定は法人に限定）
高齢者生活福祉センター	介護支援機能，居住機能および交流機能を総合的に提供する施設（1998（平成10）年度第3次補正予算でこれまでの過疎地等の地域条件を撤廃）	市町村（社会福祉法人，民間事業者等に委託可）
高齢者向け優良賃貸住宅	バリアフリー化，緊急時対応サービス等高齢者に対応し，低廉な家賃で入居できる住宅（2000年度予算で生活援助員（LSA）の派遣の対象とする）	民間 公団，公社
シルバーハウジング	バリアフリー化に対応すると共に，生活指導・相談，安否確認，緊急時対応等を行うLSAが配置された公営住宅	地方公共団体 公団，公社
コレクティブハウジング	個人の住宅部分とは別に，ダイニングキッチン，リビングなど，居住者同士が交流し，支え合う協同の空間を備えた集合住宅（公営住宅等）	地方公共団体
グループリビング	高齢者が身体機能の低下を補うため，お互いの生活を共同化，合理化して共同で住まう一定の居住形態（定員5～9名）	市町村（在宅介護支援センターに委託可）

2 住まいと社会

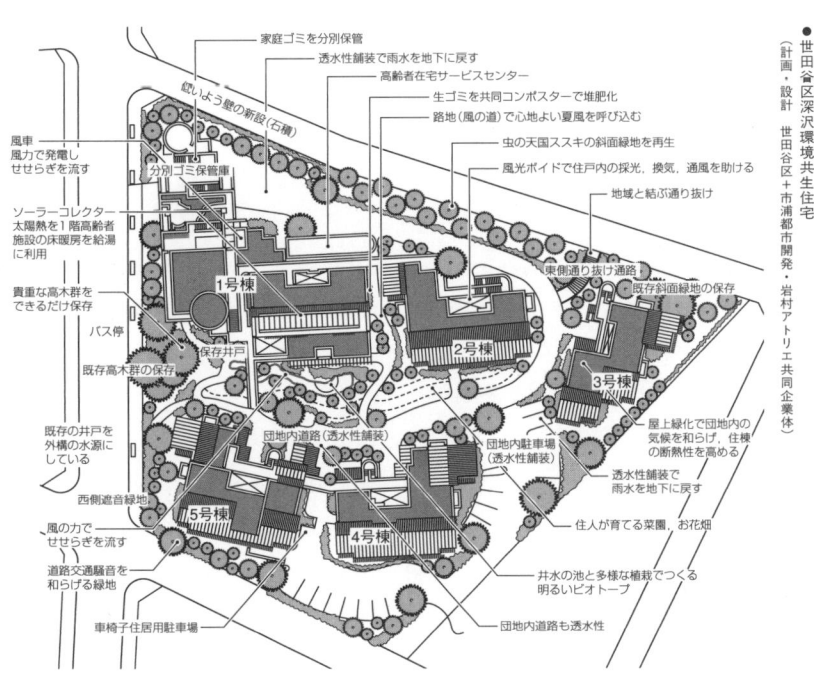

● 世田谷区深沢環境共生住宅
（計画・設計　世田谷区＋市浦都市開発・岩村アトリエ共同企業体）

2-1　日本の住宅事情

2-1-1　都市化と住宅問題

人口移動と都市型社会／高度経済成長，バブル期と続いた産業の高度化は，都市への人口集中と産業資本の集積を招いた。中枢管理機能の急激な大都市への集積とそれに伴う若年層の人口流入は，大都市には過密問題を，地方小都市および農村部には過疎問題を引き起こした。人口の集中度をマクロにとらえる指標として「人口集中地区 DID」(Densely Inhabited District：国勢調査区を基礎単位地区として，人口密度40人/ha以上の調査区が隣接して5,000人以上を有する地域を構成する場合のこと)がある。昭和35年には全国土面積に対してDID面積はわずかに1.03%，そこに43.7%の人口が集中していたが，平成7年には64.7%の人口が3.24%のDIDに居住するようになった。こうした人口集中は，住宅入手の困難さだけでなく，過密居住のもたらす弊害を種々発生させ，住宅問題は都市問題ともいわれるようになった。

　しかし，わが国の人口は今後平成19年をピークに減少に転じ，世帯数も平成26年以降，減少すると予想されている。わが国は人口の社会移動も減少傾向にあり，都市化現象は一段落し，成熟した都市型社会を迎えようとしている。

住宅問題の諸相／大都市圏では急激な人口増加によって市街地の外延的拡大(スプロール化)が進行した。都心部においては業務機能の集積に伴って，昼間人口は増えてはいるが，夜間人口の減少による空洞化と居住環境の悪化が進んでいる。

　住宅問題を引き起こしている背景には大量の住宅需要とともに，地価の高騰を要因としてあげることができる。地価の上昇を反映して宅地の狭小化が著しく進み，都心部に限らず郊外にもミニ開発の宅地が供給されており，過密による居住環境の悪化が進んだといえる。狭小過密な住宅地では十分な日照や通風の確保が困難となり，衛生上問題の多い居住環境といえる。また無秩序な宅地開発は自然環境を破壊し，防災的にも危険な居住地を出現させている。

　一方，わが国の人口は少子高齢化が進行し，都市の中心部と都市の人口集中の受け皿として整備されてきた郊外型のニュータウンで急速に高齢化が進み，新たな住宅問題を引き起こす可能性が出てきている。

　住宅立地の遠隔化によって遠距離通勤者が増えて，家族生活や健康上にも大きな影響を与え，深刻な問題をなげかけている。快適な生活を送るためには，質の高い住宅があるだけでなく生活関連施設が十分に整備されていることが必要である。

多様化する環境問題／無秩序な宅地開発の外延化や地域開発によって，多くの地域で緑や自然環境が破壊された。大都市では，自動車や工場による大気汚染，水質汚濁，光化学スモッグ，騒音，振動など居住環境の悪化が集中し，さらに道路からは交通の障害となる子どもたちが排除されるなど，環境問題の多様化はさまざまな形で住民の生活へ影を落としてきた。一方，昭和60年以降の経済のボーダレス化は，環境の深刻な悪化を招き，地球規模化した広がりを見せている。

表-1 人口集中地区の人口と面積の割合　　　（単位：%）

	昭和35年	40	45	50	55	60	平成2年	平成7年
全域に占める人口集中地区の人口割合	43.7	48.1	53.5	57.0	59.7	60.6	63.2	64.7
全域に占める人口集中地区の面積割合	1.03	1.23	1.71	2.19	2.65	2.80	3.11	3.24

総務庁統計局：国勢調査

表-3 典型7公害の苦情件数の推移

年度	計	大気汚染	水質汚濁	土壌汚染	騒音	振動	地盤沈下	悪臭
昭和50年度	67,315	17.6	20.0	0.9	35.4		0.1	26.0
55	54,809	16.9	15.1	0.4	38.4	5.5	0.1	23.5
60	51,413	17.6	14.8	0.4	37.7	5.0	0.1	24.4
平成元年度	49,036	18.4	15.3	0.4	37.7	4.8	0.1	23.3
2	49,359	19.2	15.7	0.5	37.0	4.3	0.1	23.1
3	46,650	20.3	16.6	0.4	36.1	3.9	0.1	22.5
4	44,976	20.3	18.0	0.5	34.1	4.0	0.1	23.1
5	43,175	20.5	17.5	0.5	34.2	4.1	0.1	23.1
6	45,642	22.6	15.9	0.4	32.9	3.9	1.1	24.2
7	42,701	23.4	15.8	0.5	31.6	4.8	0.1	23.7
8	45,378	24.2	15.8	0.5	31.5	4.1	0.1	23.9

平成9年度版 全国の公害苦情の実態

表-2 国土利用　　　（単位：万ha，（ ）内は%）

区分	昭和50年			昭和60年			平成11年		
地目	全国	三大都市圏	地方圏	全国	三大都市圏	地方圏	全国	三大都市圏	地方圏
1 農用地	576 (15.3)	81 (15.2)	495 (15.3)	548 (14.5)	73 (13.6)	476 (14.7)	495 (13.1)	63 (11.7)	432 (13.3)
2 森林	2,529 (67.0)	324 (60.7)	2,205 (68.0)	2,530 (67.0)	323 (60.3)	2,207 (68.1)	2,511 (66.4)	317 (59.0)	2,194 (67.7)
3 原野	43 (1.1)	1 (0.2)	42 (1.3)	31 (0.8)	1 (0.2)	30 (0.9)	26 (0.7)	1 (0.2)	25 (0.8)
4 水面,河川,水路	128 (3.4)	18 (3.4)	110 (3.4)	130 (3.4)	18 (3.4)	112 (3.5)	133 (3.5)	19 (3.5)	114 (3.5)
5 道路	89 (2.4)	19 (3.6)	70 (2.2)	107 (2.8)	23 (4.3)	84 (2.6)	126 (3.3)	26 (4.8)	99 (3.1)
6 宅地	124 (3.3)	43 (8.1)	81 (2.5)	150 (4.0)	51 (9.5)	99 (3.1)	177 (4.7)	59 (11.0)	118 (3.6)
住宅地	79 (2.1)	26 (4.9)	53 (1.6)	92 (2.4)	31 (5.8)	61 (1.9)	107 (2.8)	36 (6.7)	71 (2.2)
工業用地	14 (0.4)	6 (1.1)	8 (0.2)	15 (0.4)	6 (1.1)	9 (0.3)	17 (0.4)	6 (1.1)	11 (0.3)
その他の宅地	31 (0.8)	11 (2.1)	20 (0.6)	44 (1.2)	15 (2.8)	29 (0.9)	54 (1.4)	17 (3.2)	37 (1.1)
7 その他	286 (7.6)	48 (9.0)	238 (7.3)	282 (7.5)	47 (8.8)	234 (7.2)	311 (8.2)	52 (9.7)	260 (8.0)
合計	3,775 (100)	534 (100)	3,241 (100)	3,778 (100)	536 (100)	3,242 (100)	3,779 (100)	537 (100)	3,242 (100)

平成13年度土地白書

表-4 地域別通勤時間の分布　　　（単位：千戸，（ ）内は%）

	自宅または住み込み	30分未満	60分未満	60〜90分未満	90分以上	
全国	4,306 (12.5)	15,346 (44.7)	9,446 (27.5)	3,978 (11.6)	1,275 (3.7)	34,351 (100)
東京	993 (10.1)	2,709 (27.7)	3,137 (32.1)	2,249 (23.0)	699 (7.1)	9,787 (100)
中京	388 (13.4)	1,287 (44.4)	916 (31.6)	249 (8.6)	60 (2.1)	2,898 (100.1)
大阪	529 (10.7)	1,727 (35.0)	1,678 (34.0)	781 (15.8)	214 (4.3)	4,929 (99.8)

平成10年 住宅需要実態調査

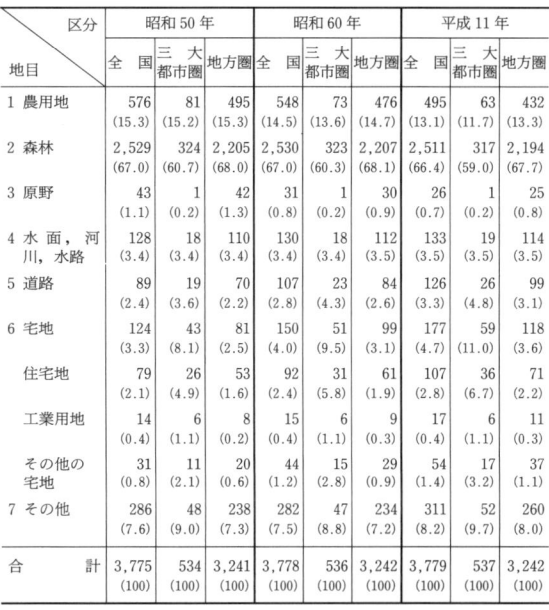

図-1 建売住宅（1戸建て）取得の可能性

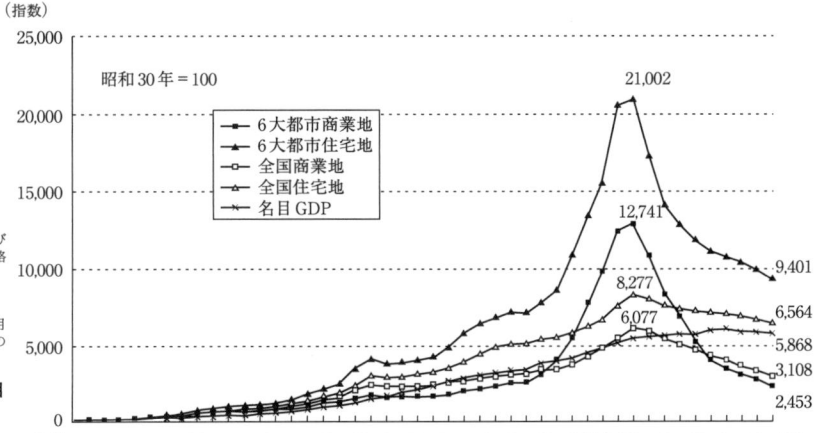

図-2 市街地価格指数と名目国内総生産の推移

平成13年度土地白書

資料：内閣府「国民経済計算年報」および（財）日本不動産研究所「市街地価格指数」による。
注：1 六大都市とは，東京区部，横浜，名古屋，京都，大阪および神戸をいう。
2 市街地価格指数は，昭和30年3月を100とし，各年3月の前年同期比の変動率から算出した。

2-1-2　わが国の居住水準

居住水準の現状／戦後420万戸の住宅不足から昭和48年の住宅統計調査において，数字の上で1世帯1住戸が確保されて以来，住宅問題は量から質へ転換したといわれている。戦前には7割近くが借家居住であったが，昭和58年には62.4%が持家居住となっている。居住水準を示す客観的指標としては，規模，防火・耐震・換気・日照・音などに対する性能，便所・浴室・台所などの設備，住まいを取りまく環境や立地条件などがあげられる。まず規模でみると，1住宅当たり延べ面積は全国平均で92.43 m^2（平成10年）であり，持家の規模が昭和53年の106.16 m^2 から平成10年には122.74 m^2 となっている。しかし借家においては依然として低い水準にある。特に設備共用の民営借家の水準が低い。

　国土交通省が年齢，性別，住み方を考慮した家族構成別にそれぞれ必要とする居住室の規模を最低居住水準，誘導居住水準（都市居住型誘導居住水準，一般型誘導居住水準）として設定した水準（121頁資料参照）に照らして居住水準（平成10年）をみると，都市居住型誘導居住水準に満たない世帯が13.2%，最低居住水準未満5.18%となっている。居住水準の低い世帯は，大都市圏の借家居住に多く，さらに6～17歳の就学児をかかえる核家族や老人と同居している世帯にも多い。住宅の建て方，構造をみると，日本人は「庭付き一戸建て」志向が強いのであるが，共同住宅の割合が年々高まってきており，特に大都市圏において多い。また不燃化住宅も6割以上を占めている。わが国の住宅は規模の拡大化，建て方における集合化，不燃化など構造的な変化がみられるといえる。わが国の居住水準を欧米諸国と比較してみると，各国の社会的，歴史的背景や生活様式，統計のとり方などに差異があり，単純な比較は難しいが，規模の面では相当の改善が進み，設備水準，構造的堅牢さなどの質的な面での課題への対応が求められている。

住宅事情の地方性／住宅事情は全国でかなりの地域差がみられる。持家率は都市化が進んでいる地域ほど低い傾向にある。大都市圏域が最も低く，逆に借家率は高い。日本海側の積雪圏にある新潟，富山，石川，福井県の持家率が最も高く，住宅の規模は，平均124.4～151.7 m^2 となっている。これは冬季の屋内での生活や仏間の設備などの伝統的生活様式を反映している。一方，南九州や四国太平洋側では台風の防風対策や家族制度上の隠居制度を反映して規模の小さい住宅がつくられてきており，各地域の住宅事情には風土性を反映して地方性がある。

居住水準の評価／居住水準における主観的な水準としての満足意識について住宅需要実態調査（平成10年）でみると，住環境総合では34.2%が不満をもっている。特に東京・大阪の大都市圏での不満がかなり高い。さらに住宅と住環境別にみていくと，住宅に対しては住環境より不満率はかなり高い。住宅の不満は，「高齢者への配慮」「遮音性や断熱性」「収納スペース」「いたみ具合」「台所の設備，広さ」等の性能，設備に高く，住環境では「子どもの遊び場，公園など接近性」「公民館，図書館などの利用」「騒音，大気汚染などの公害状況」「まわりの道路の歩行時の安全」「火災，地震，水害などに対する安全性」等に対する不満が高い。

表-1　住宅の所有関係

(単位：千戸，（　）内は％)

年	総数	持家	借家 総数	公営公団公社	民営(設備専用)	民営(設備共用)	給与
昭和43年	24,198 (100.0)	14,594 (60.3)	9,604 (39.7)	1,403 (5.8)	4,527 (18.7)	2,000 (8.3)	1,674 (6.9)
48年	28,731 (100.0)	17,007 (59.2)	11,724 (40.8)	1,995 (6.9)	6,354 (22.1)	1,535 (5.3)	1,839 (6.4)
53年	32,189 (100.0)	19,428 (60.4)	12,689 (39.4)	2,442 (7.6)	7,157 (22.2)	1,252 (3.9)	1,839 (5.7)
58年	34,705 (100.0)	21,650 (62.4)	12,951 (37.3)	2,645 (7.6)	7,531 (21.7)	956 (2.8)	1,819 (5.2)
63年	37,413 (100.0)	22,948 (61.3)	14,014 (37.5)	2,799 (7.5)	9,051 (24.2)	615 (1.6)	1,549 (4.1)
平成5年	40,733 (100.0)	24,376 (59.8)	15,691 (38.5)	2,878 (7.1)	10,428 (25.6)	334 (0.8)	2,051 (5.0)
10年	43,922 (100.0)	26,468 (60.3)	16,730 (38.1)	2,951 (6.7)	11,824 (26.9)	226 (0.5)	1,729 (3.9)

総務庁統計局：住宅統計調査

表-2　住宅の規模の推移（全国）

		総数	持家	借家 総数	公営，公団，公社	民営借家 (設備専用)	民営借家 (設備共用)	給与住宅
一居住室数(室)	昭和48年	4.15	5.22	2.60	2.84	2.64	1.41	3.23
	53年	4.52	5.65	2.79	3.05	2.78	1.35	3.46
	58年	4.73	5.85	2.87	3.15	2.80	1.32	3.54
	63年	4.86	6.03	2.94	3.24	2.86	1.30	3.53
	平成5年	4.85	6.09	2.92	3.11	2.77	1.29	3.37
	10年	4.79	6.02	2.84	3.41*1 / 3.11*2	2.69	1.26	3.22
一延べ戸当たり面積(m²)	昭和48年	77.14	103.09	39.49	40.01	40.41	17.78	53.86
	58年	80.28	106.16	40.64	42.05	40.67	16.14	55.33
	58年	85.92	111.67	42.88	44.83	42.10	16.29	57.28
	63年	89.29	116.78	44.27	46.36	43.49	16.35	56.07
	平成5年	91.92	122.08	45.08	48.62	42.78	17.20	56.35
	10年	92.43	122.74	44.49	50.19*1 / 46.97*2	42.53	16.03	53.52

注：*1 公営　*2 公団・公社

出典：表-1に同じ

表-3　住宅の建て方

(単位：万戸，（　）内は％)

		昭和43年	昭和53年	昭和63年	平成5年	平成10年
建て方	一戸建	1,610(66.5)	2,096(65.1)	2,331(62.3)	2,414(59.2)	2,527(57.5)
	長屋建	356(14.7)	310(9.6)	249(6.7)	216(5.3)	183(4.2)
	共同建	445(18.4)	796(24.7)	1,141(30.5)	1,427(35.0)	1,660(37.8)
構造	木造	1,861(76.9)	1,810(56.2)	1,545(41.3)	1,392(34.1)	1,364(31.1)
	防火木造	354(14.6)	818(25.4)	1,187(31.7)	1,387(34.0)	1,463(33.3)
	非木造	205(8.5)	590(18.3)	959(25.6)	1,218(29.9)	1,461(33.3)

出典：表-1に同じ

表-4　日照時間の分布

(単位：％（千世帯）)

	総計	1時間未満	1～3時間未満	3～5時間未満	5時間以上
昭和53年	100.0 (32,189)	8.1	7.5	17.6	71.6
58年	100.0 (34,705)	2.9	8.8	18.3	69.7
63年	100.0 (37,413)	3.5	13.1	23.7	58.7
平成5年	100.0 (40,733)	3.0	12.1	23.5	59.7
10年	100.0 (43,922)	2.6	9.4	21.6	64.8

出典：表-1に同じ

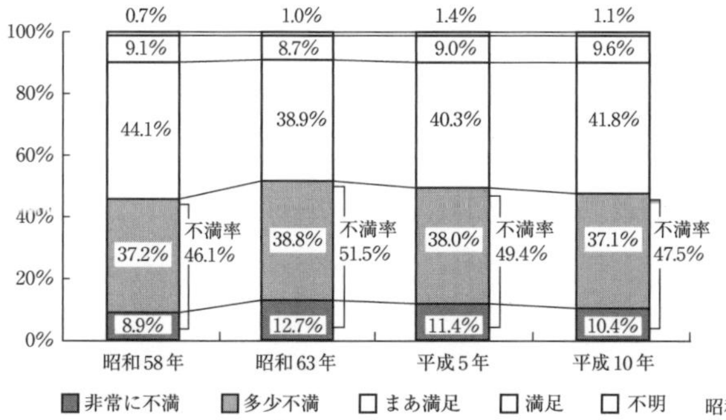

図-1　住宅に対する評価（全国）

住宅需要実態調査

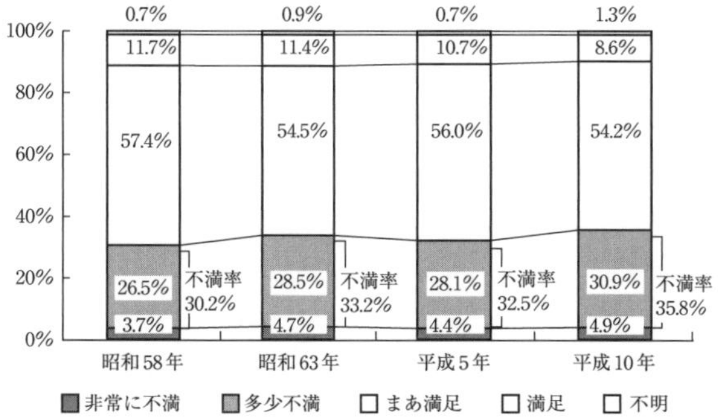

	昭和58年	昭和63年	平成5年	平成10年
不明	0.7%	1.0%	1.4%	1.1%
満足	9.1%	8.7%	9.0%	9.6%
まあ満足	44.1%	38.9%	40.3%	41.8%
多少不満	37.2%	38.8%	38.0%	37.1%
非常に不満	8.9%	12.7%	11.4%	10.4%
不満率	46.1%	51.5%	49.4%	47.5%

図-2　住環境に対する評価（全国）

	昭和58年	昭和63年	平成5年	平成10年
不明	0.7%	0.9%	0.7%	1.3%
満足	11.7%	11.4%	10.7%	8.6%
まあ満足	57.4%	54.5%	56.0%	54.2%
多少不満	26.5%	28.5%	28.1%	30.9%
非常に不満	3.7%	4.7%	4.4%	4.9%
不満率	30.2%	33.2%	32.5%	35.8%

出典：図-1に同じ

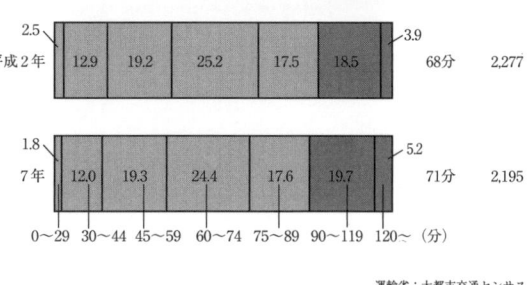

	0～29	30～44	45～59	60～74	75～89	90～119	120～(分)	平均所要時間	人数(千人)
昭和60年	2.6	14.8	21.1	23.8	16.9	17.3	3.5	67分	2,056
平成2年	2.5	12.9	19.2	25.2	17.5	18.5	3.9	68分	2,277
7年	1.8	12.0	19.3	24.4	17.6	19.7	5.2	71分	2,195

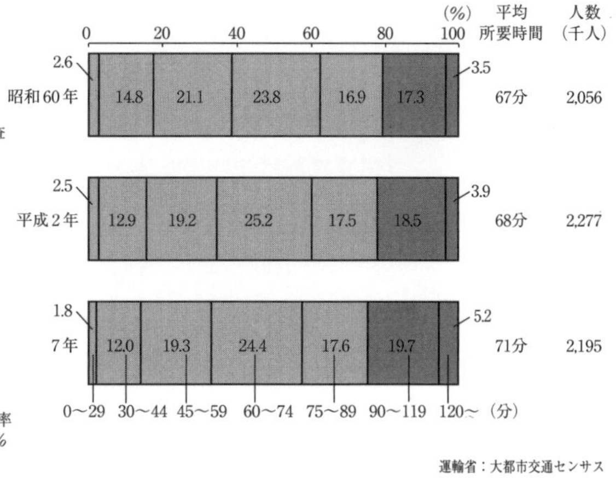

運輸省：大都市交通センサス

図-3　都心三区へ通勤，通学する者の所要時間

2-1-3 住居費問題

持家志向／わが国の住宅は地域的な格差はあるものの，持家率は全国平均で60.3%（平成10年）であり，持家に対する志向は根強い。一般的に，わが国の住宅選択は，世帯形成期において借家に入居し，世帯成長に応じて借家間の住み替えを経て，最終的には持家を取得するというパターンをとり，ライフステージに応じた住み替えを行って持家化を図っていく傾向にある。なぜ持家志向が強いのであろうか。

持家取得は基本的には「家族のよりどころ」の場として行われるのであるが，まず，長期的にみて借家より持家の方が経済的であるということであり，2回目に持家を買い換える時は住環境の良い住宅を取得する傾向にある。住宅は，経済的負担が高いにもかかわらず，日本の住宅の寿命は30年とイギリス（141年），アメリカ（96年），フランス（86年），ドイツ（79年）と比較して非常に短い。上物は耐用年数に限界があるが，土地は預貯金や株式に比べて有利な資産と考える傾向にあるのであろう。

住宅ローン返済の実態／持家取得に際してはローンを利用することが一般的である。昭和46年の住宅，土地のための負債保有世帯は2割弱であったものが，表-4に示すように，平成10年には約4割の世帯が住宅，土地取得のためのローンを利用しており，その返済額は年々高くなってきている。そのため住宅ローン返済世帯の平均消費性向は低く，その返済を妻の収入に依存している世帯も多い。諸外国の住宅価格を比較してみると（図-1），日本の場合は住宅の価格が諸外国に比べて非常に高い。一定水準の持家に居住できたとしても，住宅ローンの重圧にあえぐ世帯が多いといえる。

家計費に占める住居費としては，持家の場合にはローン返済費のほかに設備修繕・維持費，光熱・水道代，家具・家事用品，都市計画税，固定資産税などがあり，分譲マンションの場合には管理費，修繕積立金も加えなければならない。したがって世帯主の年齢が若く，収入の低い層において住居費が家計を圧迫しているといえる。しかし日本では，教育費も家計の中で大きな割合を占めているために，教育費と並んで住居費の増大と家計に占める妻の収入の割合が高くなってきている。

借家における住居費負担／借家居住世帯においては家賃の負担が大きい。借家の種類別に家賃の負担をみると（表-5），民営借家の支出額が高くなっている。平成10年の住宅需要実態調査では「何とかやっていける」が73.7%となっているが，これは平成5年以前と調査項目が変化したためであり，それまでは「何とかなる」が56〜59%であったのであるが，平成10年では，「ぜいたくはできないが，何とかなる」54.2%で，「ぜいたくを多少がまんしている」19.5%となっている。前節で見たように，借家の居住水準が低いにもかかわらず，他の物価に比して家賃負担は高い。

表-1 持家志向か借家指向か　　　　　　　　　　　　　　　　　　（単位：%）

	平成7年度	8	9	10	11	12
土地，建物については両方とも所有したい	84.7	88.1	85.4	83.2	83.4	79.2
建物を所有していれば，土地は借地でも構わない	4.5	3.3	5.0	4.7	3.9	5.0
借家（賃貸住宅）で構わない	6.5	6.0	7.3	7.9	7.7	11.4
わからない	4.3	2.7	2.3	4.2	4.9	4.5

〈平成12年度内訳〉　　　　　　　　　　　　　　　　　　　　　　（単位：%）

	大都市圏	うち東京圏	地方圏
土地，建物については両方とも所有したい	75.4	73.3	82.0
建物を所有していれば，土地は借地でも構わない	6.2	6.3	4.1
借家（賃貸住宅）で構わない	13.7	14.6	9.7
わからない	4.7	5.8	4.3

国土交通省：土地問題に関する国民の意識調査

図-1 住宅価格の国際比較　　出典：「世界地価等調査」

（百万円）　東京 132、ロサンゼルス 34、ロンドン 59、フランクフルト 86、パリ 47、ソウル 45

注：
1 1994年1月1日時点の価格である。
2 東京は、標準建物面積150m²、標準敷地面積200m²の住宅価格。
3 ロサンゼルスは、標準建物面積130〜149m²、標準敷地面積604〜697m²の住宅価格。
4 ロンドンは、標準建物面積140m²、標準敷地面積260m²の住宅価格。
5 フランクフルトは、標準建物面積120m²、標準敷地面積200〜400m²の住宅価格。
6 パリは、標準建物面積120m²、標準敷地面積400m²の住宅価格。
7 ソウルは、標準建物面積150m²、標準敷地面積190m²の住宅価格。

表-2 教育費，住宅費の増大と家計に占める妻の収入の割合の上昇　　（単位：%）

	昭和45年	50年	55年	60年	平成2年	7年
妻の収入の割合（対実収入比）	4.5	6.5	7.0	8.0	8.5	9.5
住宅ローン支払費の割合（対実収入比）	1.2	2.0	3.5	4.6	4.4	5.2
教育費の割合（対消費支出比）	2.7	2.7	3.6	4.2	5.1	5.3
教育関係費の割合（対消費支出比）	5.0	5.2	6.3	6.9	8.2	8.7

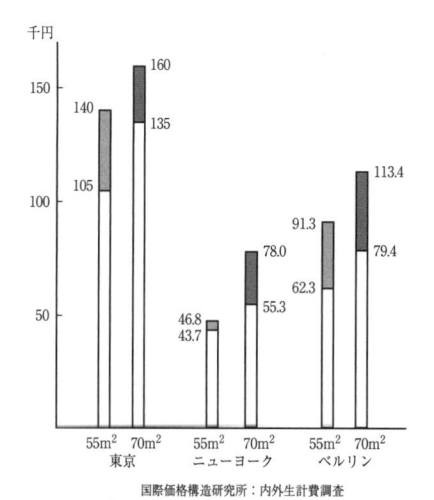

図-2 2LDK（55m²）および3LDK（70m²）タイプの家賃の国際比較

（千円）
東京：55m² 105、70m² 140/160
ニューヨーク：55m² 43.7/46.8、70m² 55.3/78.0
ベルリン：55m² 62.3/91.3、70m² 79.4/113.4/135

国際価格構造研究所：内外生計費調査

表-3 家計支出における住居費および住居関連費

支出項目		借家	持家 一戸建て	持家 共同建て（マンション）
実支出 消費支出	住居費	家賃・地代（謝礼金、仲介料、維持・管理費、共益費を含む）		
		設備修繕・維持費	設備材料、工事その他のサービス、火災保険料	
				修繕積立金
	光熱・水道代	電気代、ガス代、その他の光熱費、水道料		
	家具・家事用品	家庭用耐久財、室内装備品、寝具類、家事雑貨、家事用消耗品、家事サービス		
	その他の消費支出			住宅管理組合費
非消費支出	税金		都市計画税、固定資産税	
実支出以外の支出	貯金	住宅購入・新築準備金	住宅維持・買いかえ準備金	
	土地家屋信金返済		土地家屋借金返済	
	財産購入		土地家屋の購入、新築、増改築	
	その他	敷金（保証金）		

総理府：家計調査年報、収支項目分類表による

表-4 持家世帯のローン返済額（月額）および住居費負担の評価　　（単位：%）

	総数	ローン払っていない	ローン払っている	0.1〜2.9万円	3.0〜4.9万円	5.0〜7.9万円	8.0〜14.9万円	15.0万円以上	不明	平均（万円）	平均管理費（万円）	住居費負担の評価 計※	苦しい	やっていける	影響ない
平成10年持家計	100.0 (28,429)	45.4	40.3	3.6	5.0	9.4	15.9	6.4	9.8	14.3	—	100.0	10.3	79.5	10.2
一戸建て長屋建て	100.0 (25,225)	48.7	36.9	3.5	4.9	8.7	14.1	5.6	9.6	14.4	—	100.0	10.7	79.0	10.3
共同建て	100.0 (3,204)	19.9	66.6	4.2	5.4	14.7	30.4	12.0	10.9	13.5	1.9	100.0	8.6	81.6	9.7
平成5年持家計	100.0 (26,142)	31.1	40.4	4.4	6.8	13.3	5.5	9.1	28.4	—	100.0	13.8	67.5	18.7	
一戸建て長屋建て	100.0 (24,103)	32.4	38.0	4.4	6.8	9.8	12.0	4.9	29.6	—	100.0	14.3	67.1	18.6	
共同建て	100.0 (2,038)	16.3	68.9	4.1	7.2	15.8	28.8	13.0	10.9	14.8	1.6	100.0	10.5	70.2	19.4

(( ) 内は実数　単位：千世帯)　　※不明は除く　住宅需要実態調査

表-5 借家世帯の家賃（月額）および住居費負担の評価　　（単位：%）

	総数	平均（万円）	平均共益費（万円）	住居費負担の評価 計※	苦しい	やっていける	影響ない
平成10年借家計	100.0 (14,439)	5.2	0.90	100.0	10.2	73.7	16.1
公営	100.0 (2,170)	2.7	0.50	100.0	10.7	75.5	13.9
公団公社	100.0 (1,145)	5.4	0.80	100.0	11.1	76.7	12.1
民営	100.0 (9,172)	6.2	1.00	100.0	11.7	77.5	10.9
給与	100.0 (1,952)	3.3	0.80	100.0	2.3	51.5	46.3
平成5年借家計	100.0 (13,360)	4.9	0.50	100.0	14.1	59.2	26.8
公営	100.0 (2,088)	2.4	0.40	100.0	14.3	61.0	24.7
公団公社	100.0 (926)	4.9	0.40	100.0	13.6	65.9	20.5
民営	100.0 (8,555)	5.9	0.60	100.0	16.1	63.0	20.9
給与	100.0 (1,790)	2.7	0.60	100.0	4.1	34.5	61.5

(( ) 内は実数　単位：千世帯)　　※不明は除く　住宅需要実態調査

2-2 これからの課題

2-2-1 住環境の質

住環境の目標／住まいとそれを取り囲む環境の中で，生命を維持し，自己実現を図っていくためには，住環境はどのような状態にあるのが望ましいといえるであろうか。一般には，1961年の世界保健機構WHOの住居衛生委員会報告で示された健康観を基礎として，4目標が用いられている。①安全性―火災，地震，風水害などに対して住宅の構造が堅固で，設備が安全であるばかりでなく，交通事故などの人為的条件からも安全であること，②保健性―生理的生活に支障を来さないよう日照，採光，通風，換気などの整備が十分に行われ，大気汚染，過密，日照・通風障害などのマイナスの要素がない衛生的な住環境であること，③利便性―住まいの間取り，設備などが能率よく生活できるようになっており，居住地では，店舗，学校，郵便局などの生活関連施設が十分に整っていて接近性が良いこと，④快適性―住まいの中にあっては清潔，プライバシーの確保，居住地にあっては自然や景観の保全，全体的なまとまりなど，個人や近隣社会の生活において健全で落着きが与えられる場であること。

諸外国の居住水準／「すべての労働者及びその家族に十分かつ適切な住宅及び適当な生活環境を提供すること」はILO「労働者住宅に関する勧告」(115号)に述べられている現代の住宅政策の到達すべき水準の一般原則である。この原則をさらに具体化して国際住宅・都市計画会議IFHPは，「人びとの肉体的，心理的および社会的健康に作用する有害な影響を避けるのに必要な居住空間であり，健康水準を維持し向上させる」という考え方を住宅面積水準に反映して「ケルン勧告」(1957年)を提言した。ヨーロッパ先進諸国の公共住宅の規模の規準にはこのケルン勧告が反映されている。ヨーロッパ各国の居住水準は，単に家族人数当たりの面積を決めるだけでなく，各室の最低規模を細かく規定（スウェーデン）している。

今後の居住水準の方向／わが国の住宅政策上，居住水準が具体的に提言されたのは戦後である。しかし居住水準が住まいにとどまらず住環境にまで広げられて水準が設けられたのは昭和56年からの住宅建設第4期5箇年計画の「目標水準」からである。この水準は昭和60年住宅宅地審議会の答申により，都市化の進展とこれに伴うライフスタイルの多様化に対処して，共同住宅居住を想定した都市居住型誘導居住水準と郊外住宅地や地方の住宅地の戸建住宅居住を想定した一般型誘導居住水準として設定された。

　しかし住環境の質には，住宅の規模的な水準が整備されるだけでなく，暮らしの場としての居住地や勤務先などの地域の環境のアメニティを高めていく必要がある。海外と日本を比較すると，街全体の雰囲気や建物の調和，緑の多さ，歩きやすさなどが劣っており，居住地や勤務地などの周辺に身近な緑を残す，あるいは増やす，公園や緑地を整備するなど潤いのある住環境の整備も必要である。

課　題／自分の住んでいる地域の住環境の質をほかの都市と比べてみなさい。

表-1　住環境評価項目の構成（東京都）　　　　　　　住宅，1985年10月号

基理本念	評価項目	物的環境	空間スケール 住宅単体レベル	相隣街区レベル	地区都市レベル
安全性	・自然災害に対する安全性	① 地滑り、崖崩れの危険がない ② 水害の危険がない ③ 震害の危険がない			
	・火災延焼に関する安全性	④ 出火の危険がない 　 延焼の危険が少ない 　 消火がしやすい 　 避難がしやすい			
	・交通災害に関する安全性	⑤ 人と車の接触機会が少ない			
保健性	・衛生に関する保健性	⑥ 下水、排水がよい ⑦ 日照、通風、採光がよい			
	・公害に関する保健性	⑧ 工業等の公害がない ⑨ 自動車による公害が少ない			
利便性	・交通に関する利便性	⑩ 鉄道の利便性がよい ⑪ バスの利便性がよい			
	・生活関連施設に関する利便性	近隣商店街への利便性がよい 　 中心商店街への利便性がよい			
快適性	・開放性に関する快適性	⑭ 開放的空間が多い ⑮ 共用空間が多い			
	・みどりに関する快適性	⑯ みどりが多い			
	・住宅に関する快適性	⑰ 住居水準が高い 　 住宅の質的水準が高い			
	・町並み、景観に関する快適性	⑱ 町並み、景観に統一性がある			

表-3　スウェーデンの住居規模水準 "GOD BOSTAD" 1976

住宅規模	住宅型	家族数	室構成（数字は面積を表す：m²）
≦45.0	1RK	1	VS+K+H
≦55.0	1½RK	1	S7+V18+K+H
≦67.5	2RK	2	S12+V20+K+H
≦75.0	2½RK	3	S12+S7+V20+K+H
≦82.5	3RK	4	S12+S10+V20+K+H
≦95.0	3½RK	5	S12+S10+S7+V20+K+H+H
≦100.0	4RK	6	S12+S10+S10+V20+K+H+H

注）S－寝室，V－居間と食事，K－台所と食事，H－浴室
スウェーデンの住居水準は家族人数当たりの面積を決めるだけでなく、各室の最低規模および室構成を細かく規定している。

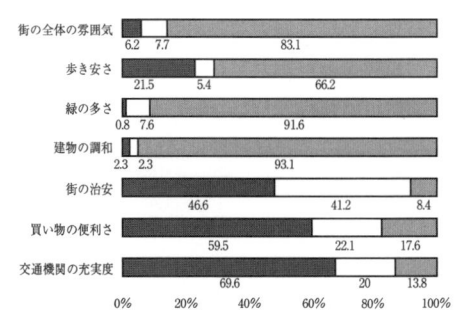

表-2　誘導居住水準の室構成例

世帯人員	家族型	住戸型	居住室 寝室	居住室 居間・食事室・台所等	その他
都市居住型誘導居住水準 4人	夫婦+子供2人	3LDK	⑧－13m² ④⑤－7.5m²(D) ④⑤－7.5m²	⑩－16m²(L) ④⑤－7.5m²(D) ④⑤－7.5m²(K) 居住室計 59m² (36畳)	水まわり 8m² 収納 8m² 住戸内通路 7.5m² その他計 23.5m² 住戸専用面積 91m² (82.5m²)
5人	夫婦+子供3人	4LDK	⑧－13m² ④⑤－7.5m² ④⑤－7.5m²	⑩－16m²(L)　④⑤－7.5m²(D) ⑥－10m²(D) ④⑤－7.5m²(K) 居住室計 69m² (42畳)	水まわり 8m² 収納 9m² 住戸内通路 8.5m² その他計 25.5m² 住戸専用面積 104m² (94.5m²)
	夫婦+子供2人+高齢単身	4LLDK	⑧－13m² ④⑤－7.5m² ④⑤－7.5m² ④⑤－7.5m²	⑩－16m²(L)　⑥－10m²(D) ④⑤－7.5m²(K) ⑥－10m²(高齢者居間) 居住室計 79m² (48畳)	水まわり 10.5m² 収納 11m² 住戸内通路 10m² その他計 31.5m² 住戸専用面積 122m² (110.5m²)
一般型誘導居住水準 4人	夫婦+子供2人	3LDK+S	⑧－13m² ⑥－10m² ⑥－10m²	⑩－16m²(L)　⑥－10m²(D) ⑧－13m²（余裕室） 居住室計 77m² (47畳)	水まわり 12m² 収納 11m² 住戸内通路 12m² その他計 35m² 住戸専用面積 123m² (112m²)
5人	夫婦+子供3人	4LDK+S	⑧－13m² ⑥－10m² ⑥－10m² ⑥－10m²	⑩－16m²(L)　⑥－10m²(D) ⑧－13m²（余裕室） 居住室計 89.5m² (54.5畳)	水まわり 12m² 収納 13m² 住戸内通路 14m² その他計 39m² 住戸専用面積 141m² (128.5m²)
	夫婦+子供2人+高齢単身	4LLDK+S	⑧－13m² ⑥－10m² ⑥－10m² ⑥－10m²	⑩－16m²(L)　⑥－10m²(D) ④⑤－7.5m²(K) ⑧－13m²（余裕室） ⑥－10m²（高齢者居間） 居住室計 99.5m² (60.5畳)	水まわり 14.5m² 収納 14.5m² 住戸内通路 15.5m² その他計 44.5m² 住戸専用面積 158m² (144m²)

注1）○内数値は畳数を示す　2）住戸専用面積は、壁芯補正後面積（（　）内は内法面積）である

図-1　日本の都市と海外の都市の比較
（海外経験のある女性へのアンケート）

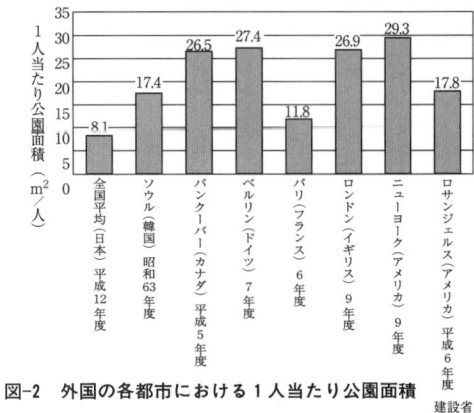

項目	日本がすぐれている	同程度	外国がすぐれている
街の全体の雰囲気	6.2	7.7	83.1
歩き安さ	21.5	5.4	66.2
緑の多さ	0.8	7.6	91.6
建物の調和	2.3	2.3	93.1
街の治安	46.6	41.2	8.4
買い物の便利さ	59.5	22.1	17.6
交通機関の充実度	69.6	20	13.8

平成11年度　国土庁大都市圏整備局作成

図-2　外国の各都市における1人当たり公園面積

都市	1人当たり公園面積（m²／人）
全国平均（日本）平成12年度	8.1
ソウル（韓国）昭和63年度	17.4
バンクーバー（カナダ）平成5年度	26.5
ベルリン（ドイツ）7年度	27.4
パリ（フランス）6年度	11.8
ロンドン（イギリス）9年度	26.9
ニューヨーク（アメリカ）9年度	29.3
ロサンジェルス（アメリカ）平成6年度	17.8

建設省

表-4　住宅事情の国際比較

		日本 昭和43年	53年	63年	平成10年	アメリカ 平成11年	イギリス 9年	ドイツ 10年	フランス 11年
総世帯数（A）	千世帯	25,320	32,835	37,812	44,360	103,900	23,606	37,532	23,810
住宅総数（B）	千戸	25,591	35,451	42,007	50,246	115,253	24,216	37,529	28,702
1世帯あたりの戸数(B/A)	戸	1.01	1.08	1.11	1.13	1.11	1.03	1.00	1.21
持家比率	％	60.3	60.4	61.3	60.3	66.9	67.3	40.1	54.7
戸当たり平均床面積	m²	73.9	80.3	89.3	92.4	156.8	85.0('96)	92.4	96.9('96)
一人当たり平均床面積	m²		23.2	27.9	32.8	57.8	43('96)	42.2	38.5('96)
新規着工戸数	千戸	1,202	1,549	1,685	1,230('00)	1,594('00)	180('98)	476	273('00)

注）床面積は壁芯換算値。ただし、アメリカは長屋建や共同住宅を含まず、イギリスは推計値である。

建設省

2-2-2 住宅政策の課題

現行の住宅政策とその問題点／現行の住宅政策の体系は，終戦直後の420万戸という住宅の絶対不足に対処するための制度が骨格となっている。それは公営住宅，公団住宅，公庫住宅等，所得階層別に住宅供給を行うものである。さらに住宅政策は，住宅建設計画法に基づいて策定される住宅建設五箇年計画が基本となっており，昭和41年に第一期五箇年計画が始まり平成13年度から第八期目に入った。

　一世帯一住戸の実現により（昭和48年住宅統計調査），量から質への住宅政策の転換が図られ，さらに持家を中心に居住面積は向上してきたが，借家においては依然低水準であり，また全住宅のストックの半分は高度経済成長期ストックで老朽化，陳腐化が進行していること，さらに大都市圏の居住環境が低水準にあるなど課題は多い。こうした状況下で居住者の意識は，住宅性能，設備等の向上や質の良い住環境を求めるようになってきている。さらに少子化や高齢化に対する不安，災害への不安などから既存住宅地の住環境を安心と安全の視点から整備，改善を求める声が高い。

住宅供給の課題／住生活向上のための住宅政策としては，①良質な住宅を供給すること，②生活関連施設の整備，安全性の確保，日常性の利便性，豊かな緑や景観の良さ等住宅まわりの環境が良好であること，③多様な住生活要求への対応を考慮していることが重要である。①，②のハードな面からの住宅供給や環境整備においては，フロー対策として住宅建設を公的事業体が直接に行ったりするだけでなく，長期的な視点にたって良質な住宅ストックの形成をめざして，民間建設や宅地開発に対して規制，誘導していくことが望まれる。さらに，不良住宅地の更新，老朽住宅の改修や地区修復によって住環境の質の回復を行うストック対策も必要である。一方③については，①，②のハードな住宅供給を支えるソフト面も併せて考えていく必要がある。

　特に高齢化の進展，家族形態の多様化，家庭機能の変化，女性の社会進出等への対応として，福祉的な面からの住宅供給に加えて，コミュニティアイデンティティの醸成，住宅ストックの活用のための維持・管理や住み替えのシステム化など，ソフト面の対策が重要な課題といえる。さらに多様なニーズに対応してきめ細かく住環境整備を進めていくためには，地域の実態を把握していて，住民に密着している市町村を主体として，住民参加による地域に根ざした住宅マスタープランの策定や住宅政策の推進が求められている。

住居法の必要性／生存に不可欠な「場」の供給において，物的な住環境の条件整備だけでなく，生活の質的側面を考慮して対人的サービスや包括的，総合的社会サービスを保障する「住居法」の制定が求められる。2006年6月住生活基本法が公布・施行され，住生活の基盤となる良質な住宅の供給，良好な居住環境の形成，住宅購入者等の利益の擁護，居住の安定の確保がその基本理念となっている。この法律に基づき，国および都道府県は住生活基本計画を策定しなければならない。

課　題／自治体の住宅マスタープランの理念や内容を調べなさい。

表-1 住宅建設五箇年計画の推移　　　　　　　　　　　　　　　　　　　　　　　　　　　　　　　　　　　　　（戸数：千戸）

期	第一期		第二期		第三期		第四期		第五期	
計画期間	昭和41～45年度		昭和46～50年度		昭和51～55年度		昭和56～60年度		昭和61～平成2年度	
背景	残存する住宅難を解消するとともに，高度成長に伴う人口の大都市集中等による住宅需要に対処する。		残存する住宅難を解消するとともに，ベビーブーム世代の世帯形成による住宅需要に対処する。		住宅の量的充足を背景に長期的視点に立った居住水準の向上を図る。		大都市地域に重点を置いて引き続き居住水準の達成に努めるとともに，戦後ベビーブーム世代の持家取得需要等に対処する。		安定したゆとりある住生活への国民意識の変化や21世紀に向けての社会経済の動向が住生活の変化，国民の価値の高度化，多様化等に対処する。	
住宅建設の目標	・住宅難の解消 ・人口の都市集中，世帯の細分化に伴う新規需要の充足 ・「一世帯一住宅」の実現 ・小世帯9畳以上，一般世帯12畳以上水準確保		・住宅難の解消 ・新規住宅需要充足 ・おおむね「一人一室」の規模住宅の建設 ・小世帯9畳，一般世帯12畳以上の水準確保		・昭和60年目途の長期目標に立つ水準の確保 ・昭和55年まで居住水準未満の世帯を2分の1解消 ・昭和60年目標平均居住水準確保のための質向上		・経済の成長発展，家族構成，世帯成長の段階，地域特性に応じた質向上 ・最低居住水準の確保 ・平均居住水準半数確保 ・住環境水準の向上		・ライフサイクルの各段階，居住する地域の特性に応じ，安定したゆとりある住生活が営むことができるよう，良質な住宅ストックおよび良好な住環境の形成 ・最低居住水準の確保 ・昭和75年を目途に誘導居住水準（都市居住型と一般型）の半数確保 ・住環境水準の維持	
区分	計画	実績	計画	実績	計画	実績	計画	実績	計画	実績
総建設戸数	6,700	6,739	9,500	8,280	8,600	7,700	7,700	6,104	6,700	8,356
公的資金住宅	2,700	2,565	3,800	3,108	3,500	3,651	3,500	3,290	3,300	3,138

注）第2期には沖縄を含めていない。

〈続き〉

	第六期		第七期		第八期	
	3～7年度		8～12年度		13～17年度	
	90年代を通じた住宅政策を推進。大都市地域の住宅問題の解決，高齢化社会への対応等により，豊かさを実感できる住生活を実現。		①国民のニーズに対応した良質な住宅ストックの整備 ②安全で快適な都市居住の推進と住環境の整備 ③いきいきとした長寿社会を実現するための環境整備 ④地域活性化に資する住宅，住環境の整備 の4課題に重点的に取り組む。		①国民の多様なニーズに対応した良質な住宅ストックの整備 ②いきいきとした少子・高齢社会を支える居住環境の整備 ③都市居住の推進と地域活性化に資する住宅，住環境の整備 ④消費者がアクセスしやすい住宅市場の環境整備の推進の4課題に重点的に取り組む。	
	誘導居住水準達成に向けた施策展開 ・誘導居住水準 5期の水準を引き継ぐ。2000年までに全国の半数の世帯が，さらにその後できるだけ早期にすべての都市圏で半数の世帯が確保することを目標とする。 ・最低居住水準 引き続きすべての世帯が確保すべき水準として位置づける。 住環境水準について，都心およびその周辺地域と郊外地域に区分して定める等見直しを行い，引き続き住環境水準の向上に努める。		引き続き居住水準目標の達成を図る。 ・各居住室ごとの詳細な規定を簡略化し，また居住については居住者の自由な選択に委ねる。 ・性能と設備について，安全性，耐久性，高齢者居住への対応，環境への配慮の観点から充実。 引き続き住環境水準に基づいて，住環境の着実な改善に努める。		・居住水準 誘導居住水準については，平成27年度に全国で2/3の世帯が，また大都市圏の半数の世帯の達成を目指す。 ・住宅性能水準 平成27年度において，手すりの設置，広い廊下幅の確保，段差の解消等がなされている住宅ストックの割合を全住宅ストックの2割，居住者の個別の事情に応じたバリアフリーリフォームがなされた住宅ストックを新たに2割形成する。 ・住環境水準 「緊急に改善すべき密集住宅市街地の基準」，「住宅市街地の改善等の指針」を設定	
	計画	実績	計画	実績	計画	実績
	7,300	7,623	7,300	6,769	6,400 （増改築4,300 外数）	―
	3,700	4,017	3,525	3,506	3,250 （増改築405 内数）	

第七期住宅建設五箇年計画の公的資金住宅の実績は，平成13年6月末現在。

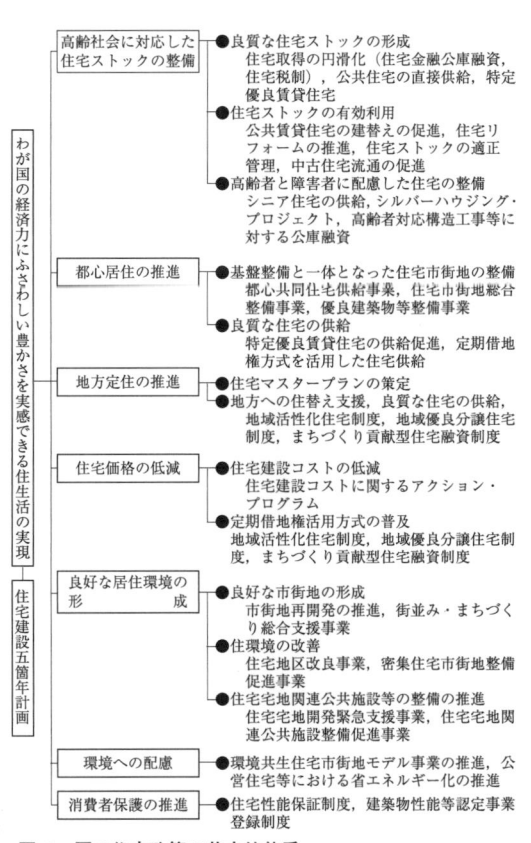

図-1 国の住宅政策の基本的体系

わが国の経済力にふさわしい豊かさを実感できる住生活の実現／住宅建設五箇年計画

- 高齢社会に対応した住宅ストックの整備
  - ●良質な住宅ストックの形成
    住宅取得の円滑化（住宅金融公庫融資，住宅税制），公共住宅の直接供給，特定優良賃貸住宅
  - ●住宅ストックの有効利用
    公共賃貸住宅の建替えの促進，住宅リフォームの推進，住宅ストックの適正管理，中古住宅流通の促進
  - ●高齢者と障害者に配慮した住宅の整備
    シニア住宅の供給，シルバーハウジング・プロジェクト，高齢者対応構造工事等に対する公庫融資
- 都心居住の推進
  - ●基盤整備と一体となった住宅市街地の整備
    都心共同住宅供給事業，住宅市街地総合整備事業，優良建築物等整備事業
  - ●良質な住宅の供給
    特定優良賃貸住宅の供給促進，定期借地権方式を活用した住宅供給
- 地方定住の推進
  - ●住宅マスタープランの策定
  - ●地方への住替え支援，良質な住宅の供給，地域活性化住宅制度，地域優良分譲住宅制度，まちづくり貢献型住宅融資制度
- 住宅価格の低減
  - ●住宅建設コストの低減
    住宅建設コストに関するアクション・プログラム
  - ●定期借地権活用方式の普及
    地域活性化住宅制度，地域優良分譲住宅制度，まちづくり貢献型住宅融資制度
- 良好な居住環境の形成
  - ●良好な市街地の形成
    市街地再開発の推進，街並み・まちづくり総合支援事業
  - ●住環境の改善
    住宅地区改良事業，密集住宅市街地整備促進事業
  - ●住宅宅地関連公共施設等の整備の推進
    住宅宅地開発緊急支援事業，住宅宅地関連公共施設整備促進事業
- 環境への配慮
  - ●環境共生住宅市街地モデル事業の推進，公営住宅等における省エネルギー化の推進
- 消費者保護の推進
  - ●住宅性能保証制度，建築物性能等認定事業登録制度

2-2-3　住まい・まちづくりと市民参加

　豊かな住環境づくりの主体は国や自治体ではなく，基本は，そこに住む居住者自身であり，その価値観や働きかけが最も大きな力となる。魅力ある住まい・まちづくりは住民の積極的な参加のもとに地域の特性を生かしていくことである。

市民参加の変遷／住民が住環境形成にかかわるようになったのは，1960年代後半から70年代にかけて発生した公害問題を契機としている。その形態をみると，次のような流れでとらえることができる。

　①公害反対運動やごみ処理施設建設，モーテル等の風俗営業施設反対運動のように，人間の肉体に対する侵害行為，生活や環境の文化的価値の破壊を防衛していく"反対型"である。②地域に必要な生活関連施設整備を要求したり，マンション建設による日照権紛争やワンルームリースマンション建設による良好な住環境破壊に対する運動を進める過程において，地域の住環境を保全していくための環境協定，建築協定等をつくっていく"要求型，守り型"である。③木造過密地域等の安全性や日常の生活環境全般に問題を抱えている地域において，行政の呼びかけが契機となる場合もあるが，住民が自主的に参加して，住環境全体をとらえ直す"まちづくり型"がある。④平成4年の都市計画法の改定により都市マスタープラン（都市計画法第18条の2「市町村の都市計画に関する基本的な方針」）は，まちづくりにおける市民参加をより促進させ，その内容も，景観，福祉，環境など多様な広がりをみせている。

住まいづくりと参加／住まいづくりの参加にはコーポラティブハウジングやコレクティブハウジング（コ・ハウジング）等がある。コーポラティブハウジングは納得のいく価格で希望を生かした間取りの住まいを持つことができ，さらに計画，建設の段階で住民による話し合いが何回も行われるため，強い連帯感をもって入居でき，コミュニティ形成が容易であるという利点をもつ。コレクティブハウジング（ヨーロッパでは1970年代以降スウェーデン，デンマーク，オランダで積極的に取り組まれている）は80年代後半から日本に紹介されていたが，阪神・淡路大震災による災害復興公営住宅として，主に被災高齢者を対象とした県営，市営のコレクティブハウジング「ふれあい住宅」で一般に知られるようになった。デンマークやアメリカではコ・ハウジングという名称が使われているが，少子化・高齢化の加速度的な進展に伴い，伝統的な家族概念を超えた暮らしやエコロジカルな生活，地域コミュニティの質の向上などで注目をあびている。

市民と行政の連携／市民参加の手法として多く用いられているのがワークショップ（WS）である。WSとは，「参加者が主体的に議論に参加し，言葉だけでなく身体や心を使って体験し，相互に刺激しあい学びあう，グループによる学びと創造の方法」といえる。公園づくり，協調型建て替え，「総合的な学習の時間」のカリキュラムづくりなど，多様な取り組みがある。そうした参加型住まい・まちづくりを支援しているのがNPO（非営利組織）であり，NPO法（特定非営利活動促進法）が平成10年3月に成立し，その役割が期待されている。

表-1 まちづくりの変遷

対象領域	参加方式	形態
公害 鉄道建設 高速道路 企業誘致 日照被害 地盤沈下	抵抗 生活防衛	住民運動
↓	↓	↓
景観 親水権 入り浜権	要求	市民運動
↓	↓	↓
都市計画 基本構想	提案 意見	市民参加
↓	↓	↓
まちづくり 　防災 福祉 マスタープラン	協働	公募参加
↓	↓	↓
自治基本条例 まちづくり基本条例	開放ワークショップ	パートナーシップ協定

辻山幸宣：「これからのまちづくり」都市問題, 2001年9月号

表-2 住民参加，市民参加に係る条例など

		近年の事例
I	行政手続における住民合意規定等 　事前手続，紛争調整手続，アセス手続など	
	・周知，市民説明会，意見書，調停あっせん等	京都市，西宮市，秦野市等
II	地区レベルの住民参加規定を含む条例 　地区計画制度や事業推進を目指した動き（住民の意向を担保する仕組み）	
	・住民合意の仕組み，住民発意の仕組み	神戸市，世田谷区，豊中市，鎌倉市等
	・里づくり計画	神戸市，篠山市等
	・都市計画マスタープラン実現の仕組み	大和市
III	理念的な条例	
	・行政施策の体系化	箕面市，宝塚市等
	・市民直接請求による条例	新宿区等
IV	市民参加条例	
	・市民参加の保障，住民投票の根拠	箕面市，小長井町，ニセコ町等
V	市民の権利擁護などに係る条例	
	・オンブズマン条例，情報公開条例など	川崎市，大和市等
VI	パートナーシップ条例に係る動き 　市民主導のまちづくり，市民自治の確立 　（市民と行政の協働⇔市民と行政の役割分担）	
	・パートナーシップ協定	三鷹市
	・まちづくりセンター，まちづくりファンド	世田谷区，京都市等
	・パートナーシップに係る条例の検討	草加市，川崎市

林　泰義：「『新しい公共』概念の提起する諸問題」，都市問題, 2001年9月号

表-3 三鷹市の市民会議21の「会議の基本ルール」

時間の厳守：時間は全員の共有であり，これを大切にする。	・会の開始，終了，それぞれの発言時間，持ち時間を厳守する。 ・事情により会に遅刻，欠席する場合はそのつど，必ず事務局に連絡する。
自由な発言：自由な発言を最大限に尊重する。	・参加者の見解は，すべて1単位として扱う（所属団体の公的見解であっても同じ）。 ・特定の個人や団体の批判中傷は行わない。
徹底した議論：徹底した議論から相互信頼の土壌をつくる。	・議論は冷静にフェアプレイの精神で行う。 ・議論を進める場合は，実証的かつ客観的なデータを尊重する。
合意の形成：合意に基づく実効性のあるプランづくりをめざす。	・問題の所在を明確にした上で，合意形成をめざし，いったん合意した内容はそれぞれが尊重する。 ・事例を取り上げる場合は，客観的な立場で扱う。 ・プログラムづくりにあたっては，長期的取り組みと短期的に取り組むものとを区分し，実現可能な提言をめざす。

出典：表-1に同じ

表-4 美の基準（真鶴町まちづくり条例）

「美」を個人的な主観としないための八つの原則：
基準I：八つの基準を理解するための手がかりとその基本的精神を示す

	基準	手がかり	基本的精神
1	場所	<場所の尊重> 地勢 輪郭 地味 雰囲気	*建築は場所を尊重し，風景を支配しないようにしなければならない
2	格づけ	<格づけのすすめ> 歴史 文化 風土 領域	*建築は私たちの場所の記憶を再現し，私たちの町を表現するものである
3	尺度	<尺度の考慮> 手のひら 人間 木 森 丘 海	*すべての物の基準は人間である。建築はまず，人間の大きさと調和した比率をもち，次に周囲の建物を尊重する
4	調和	<調和していること> 自然 生態 建物全部	*建築は青い海と輝く緑の自然に調和しかつ町全体と調和しなければならない
5	材料	<材料の選択> 地場産 自然 非工業生産品	*建築は町の材料を活かしてつくらなければならない
6	装飾と芸術	<豊かな細部> 真鶴独自の装飾 芸術	*建築には装飾が必要であり，私たちは町に独自の芸術をつくり出す義務がある。建築は芸術と一体化しなければならない
7	コミュニティ	<コミュニティの保全> 生活共域 生活環境 生涯学習	*建築は人々のコミュニティを守り育てるためにある。人々は建築に参加するべきであり，コミュニティを守り育てる義務を有する
8	眺め	<眺めの創造> 真鶴町の眺め 人々が生きづく眺め	*建築は人々の眺めの中にあり，美しい眺めを育てるためにあらゆる努力をしなければならない

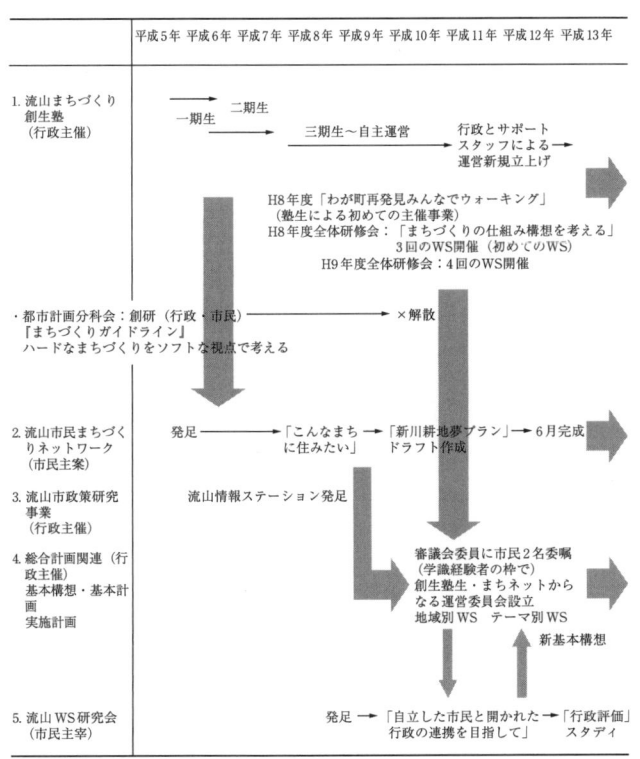

住宅, 2000年8月号

図-1 流山市（千葉県）における市民，行政連携の流れ（平成5年～）

2-付　住宅および住環境の評価

表-1　住宅および住環境の総合評価（平成10年）

	合計（千世帯）	住宅および住環境に対する総合評価					住宅に対する評価					住環境に対する評価				
		満足	まあ満足	多少不満	非常に不満	不明	満足	まあ満足	多少不満	非常に不満	不明	満足	まあ満足	多少不満	非常に不満	不明
全国	44,765	9.8	53.2	29.7	4.5	2.7	9.6	41.8	37.1	10.4	1.1	8.6	54.2	31	4.9	1.3
東京圏	12,597	8.5	51.1	31.8	5.2	3.4	8.6	40.8	38.5	11	1.1	7.2	52.1	33.8	5.3	1.5
中京圏	3,629	9.6	53.2	30.3	4.4	2.5	9.4	41.7	38.2	9.6	1.2	8.2	53.8	32.1	4.7	1.2
大阪圏	6,498	8.3	50.0	32.3	5.7	3.7	8.0	39.3	38.3	12.8	1.6	7.4	50.4	33.5	6.8	1.9
その他の地域	22,041	11	55.4	27.6	3.9	2.1	10.6	43.2	35.7	9.6	0.9	9.9	56.6	28.4	4.1	1.0
北海道	2,141	11.3	52.3	27.2	3.8	5.4	11.4	40.3	34.0	12.3	2.1	10.5	56.4	26.7	4.3	2.2
東北	3,860	11.4	55.0	27.6	3.9	2.1	10.1	42.2	36.6	10.0	1.2	10.5	56.1	28.0	4.2	1.2
関東計	15,868	8.9	52.0	31.0	5.0	3.2	9.3	41.3	37.7	10.7	1.1	7.7	53.0	32.8	5.1	1.4
内陸	3,271	10.4	54.8	28.1	4.2	2.5	11.8	43.1	34.6	9.4	1.0	9.5	56.3	28.9	4.4	1.0
臨海	12,597	8.5	51.1	31.8	5.2	3.4	8.6	40.8	38.5	11.0	1.1	7.2	52.1	33.8	5.3	1.5
東海	4,849	9.9	53.6	30.5	4.3	2.1	9.5	41.8	38.4	9.3	1.0	8.1	54.2	32.1	4.5	1.1
北陸	1,005	10.6	61.1	24.0	2.7	1.4	9.7	45.1	36.0	8.8	0.5	8.8	62.1	26.3	2.4	0.5
近畿	7,256	8.3	50.4	32.0	5.5	3.6	8.1	39.7	38.2	12.5	1.6	7.4	50.8	33.4	6.7	1.8
中国	2,842	10	55.8	28.5	4.7	1.0	8.6	42.9	37.5	10.4	0.5	8.4	56.8	29.6	4.6	0.6
四国	1,607	10.5	57.7	26.3	3.7	1.7	10.8	45.5	34.4	8.8	0.5	9.6	58.2	28.2	3.4	0.6
九州，沖縄	5,329	12.7	55.6	26.8	3.4	1.6	11.6	44.3	34.9	8.5	0.8	11.4	56.5	27.4	3.9	0.8

建設省：平成11年度住宅需要実態調査（単位：％）

表-2　住宅の各要素に対する評価（A）（不満率）

	広さ	間取り，部屋数	収納スペース	敷地の広さ（共同住宅は住棟まわりの広さ）	台所の設備，広さ	浴室の設備，広さ	冷暖房設備や給湯設備	段差がないなど高齢者等への配慮	遮音性や断熱性	いたみ具合
全国	36.5	44.2	55.4	37.5	47.2	41.2	39.6	66.4	57.6	52.7
東京圏	42.3	47.6	59.1	41.5	50.4	44.0	39.7	65.8	58.9	51.9
中京圏	35.5	44.3	56.2	38.1	48.9	43.2	39.0	68.8	56.7	53.2
大阪圏	40.9	47.5	57.8	41.6	51.2	45.2	39.9	67.4	61.0	56.0
北海道	32.3	38.8	49.9	31.1	44.6	40.3	41.3	61.4	53.6	51.8
東北	31.7	41.1	52.7	33.0	43.1	38.2	44.5	67.3	57.9	53.4
関東計	40.1	46.1	57.8	39.8	48.7	42.3	40.0	65.7	58.2	51.8
内陸	31.7	40.1	52.7	33.4	42.4	36.0	41.3	65.2	55.4	51.3
臨海	42.3	47.6	59.1	41.5	50.4	44.0	39.7	65.8	58.9	51.9
東海	35.5	44.4	56.6	37.9	48.3	42.3	38.7	68.8	58.3	53.3
北陸	31.7	41.7	54.6	34.4	44.3	40.2	41.9	70.7	58.3	54.3
近畿	40.1	47.0	57.3	41.3	50.7	44.0	39.3	67.8	60.6	55.6
中国	33.5	43.9	54.4	36.2	47.5	39.1	38.0	68.5	58.0	54.6
四国	31.3	41.3	51.0	34.4	43.4	37.8	36.3	67.8	55.4	50.6
九州，沖縄	31.3	40.4	50.6	33.1	42.1	37.7	36.7	63.3	54.0	50.5

平成11年度住宅需要実態調査

住宅の各要素に対する評価（B）（不満率）

	火災，地震，水害などに対する安全	騒音，大気汚染などの公害の状況	日当たり，風通しなど	まわりの道路の歩行時の安全	通勤，通学の利便	日常の買い物，医療・福祉施設などの利便	子どもの遊び場，公園など	公民館（集会所），図書館などの利用	緑，水辺など自然とのふれあい	まちの景観
全国	40.0	41.0	30.2	40.1	27.5	33.0	43.4	41.2	35.5	38.2
東京圏	42.4	48.1	34.8	41.7	28.7	34.4	38.6	40.4	39.4	42.6
中京圏	38.7	41.4	29.1	40.3	28.2	29.8	42.7	43.0	38.2	40.3
大阪圏	44.3	47.4	35.1	43.4	26.1	30.6	43.0	44.4	42.9	42.6
北海道	33.5	32.8	29.3	34.5	22.4	33.7	32.0	40.2	32.4	32.6
東北	36.6	32.8	24.4	35.9	27.6	36.3	46.3	40.4	28.8	34.0
関東計	40.8	45.1	32.8	42.0	29.3	34.6	41.2	40.3	37.3	41.2
内陸	34.9	33.3	25.0	42.9	31.7	35.2	51.4	40.0	29.1	35.6
臨海	42.4	48.1	34.8	41.7	28.7	34.4	38.6	40.4	39.4	42.6
東海	40.0	41.0	28.7	40.7	28.3	31.3	45.2	43.2	37.5	39.7
北陸	37.6	31.4	26.4	34.0	25.3	30.2	43.2	36.6	27.1	30.5
近畿	44.1	46.3	34.5	43.2	26.8	31.4	44.2	44.4	41.6	42.0
中国	40.3	37.6	28.9	37.9	28.1	33.9	46.4	42.2	32.0	35.3
四国	38.8	33.0	26.5	35.9	25.1	30.7	51.3	43.0	31.0	32.4
九州，沖縄	37.2	36.7	24.8	38.6	24.7	29.9	45.6	38.2	31.2	32.6

平成11年度住宅需要実態調査

3 住空間の形態と構成

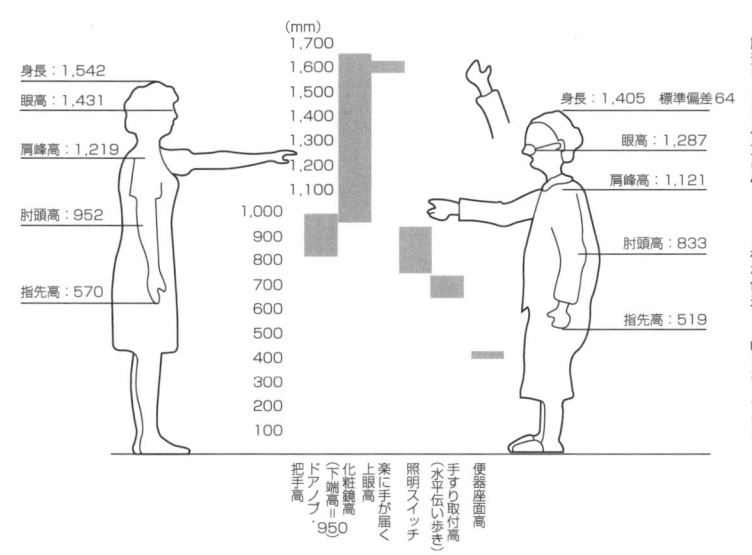

●女性の体格と設備の高さ（出典 TOTO）
左側成人女性平均モデルは、建築資料集成（丸善）による寸法をもとに作成したものである。右側老人人体寸法モデルは、昭和50年に東京都が行った老人ホーム在住者調査、及びTOTOが昭和55年に行った片マヒ者等の身長調査に基づいて作図したものである。老人モデルの年齢は70才代女性を想起している。なお、前記"東京都"の調査によると体重は41・4kg標準偏差8・02となっている。

身長：1,542
眼高：1,431
肩峰高：1,219
肘頭高：952
指先高：570

(mm)
1,700
1,600
1,500
1,400
1,300
1,200
1,100
1,000
900
800
700
600
500
400
300
200
100

身長：1,405　標準偏差64
眼高：1,287
肩峰高：1,121
肘頭高：833
指先高：519

便器座面高
手すり取付高（水平伝い歩き）
照明スイッチ
楽に手が届く
化粧鏡高
上眼高
（下端高＝950）
ドアノブ・把手高

3-1 人と空間

3-1-1 生活行為とスケール

人体寸法と動作空間／人は暮らしの中でさまざまな行為を行っているが，人体や物の大きさを正しく認識し，適切な空間の広さを平面的かつ立体的に把握することが，住生活の基礎的能力として重要である。

日常生活の中で絶えず行われている生活行為は，人体の動作，生活用具，生活空間の関係として，安全性，健康性，効率性，快適性などが人間工学的に研究されている。これらの基礎となる成人人体の平均値は，身長（男性 1,651 mm，女性 1,542 mm），体重（男性 58.8 kg，女性 48.7 kg）であるが，近年，若年層の身長は大きく伸びている。人体の各部の寸法は，高さ方向については身長に比例する。

ひとつの生活行為に伴う空間は単位動作空間といい，人体と生活用具の空間に必要なゆとりを加えたものである。単位動作空間を組み合わせてゆとりを加えたものを複合動作空間と呼ぶが，一部の空間は相互に重ね合わせることのできる場合もある。たとえば人体に椅子と机および立ち上がるときに椅子をひくなどのゆとりを加えて学習空間ができ，学習空間や収納空間に動線空間やゆとりを加えて部屋となり，さらに部屋を組み合わせてゆとりを加えたものが住居となる。

寸法の決定／住空間や家具などの寸法は，使いやすさ（機能性）や心地よさ（快適性）の鍵である。たとえば調理空間を計画する場合，主として調理する人や手伝う人の身長を基準としてキッチン設備の高さ，奥行，幅の順に検討し，ついで収納量や組込機器類を含めてキッチン空間の寸法を検討する。

食堂では，椅子の高さは下腿高を基準とし，机の高さはこれに差尺を加えて検討する。机の平面寸法は，家族に来客を含めて単位食事空間から決定し，居間では単位休息空間を基準にソファの配置を検討すればよい。調理，食事，居間へと広げて，最終的に公室空間の全体のバランスをチェックすることになる。

モデュール／住空間やその構成材の寸法基準となる単位をモデュールといい，さまざまな住宅部品や室空間は，基本モデュールの倍数で表示される。

わが国の伝統的なモデュールとして「尺」や「間」があり，畳や建具寸法の基準であった。京都を中心とする関西間（京間）は柱の内側で寸法を押さえる内法制（畳割り）で，畳や建具の寸法が互換性をもつ合理的なものであった。東京を中心とする関東間（田舎間）は柱の中心を基準とする心々制（柱割り）であった。

畳寸法は，京間で 1,910（6.3 尺）×955 mm，中京間 1,820（6 尺）×910 mm，田舎間 1,760（5.8 尺）×880 mm であり，鉄筋コンクリート造で心々制の場合，さらに小さいいわゆる団地サイズも存在するが，内法制への移行が期待される。

建築生産を一定のモデュールのもとに寸法調整することをモデュラーコーディネーションといい，現在は ISO（国際標準化機構）のもとに国際的に統一されつつある。これらの基礎モデュールは 100 mm（ほぼ 4 インチ）である。また，21 世紀を迎えて計量単位の国際標準が SI 単位に統一された（巻末の単位一覧表参照）。

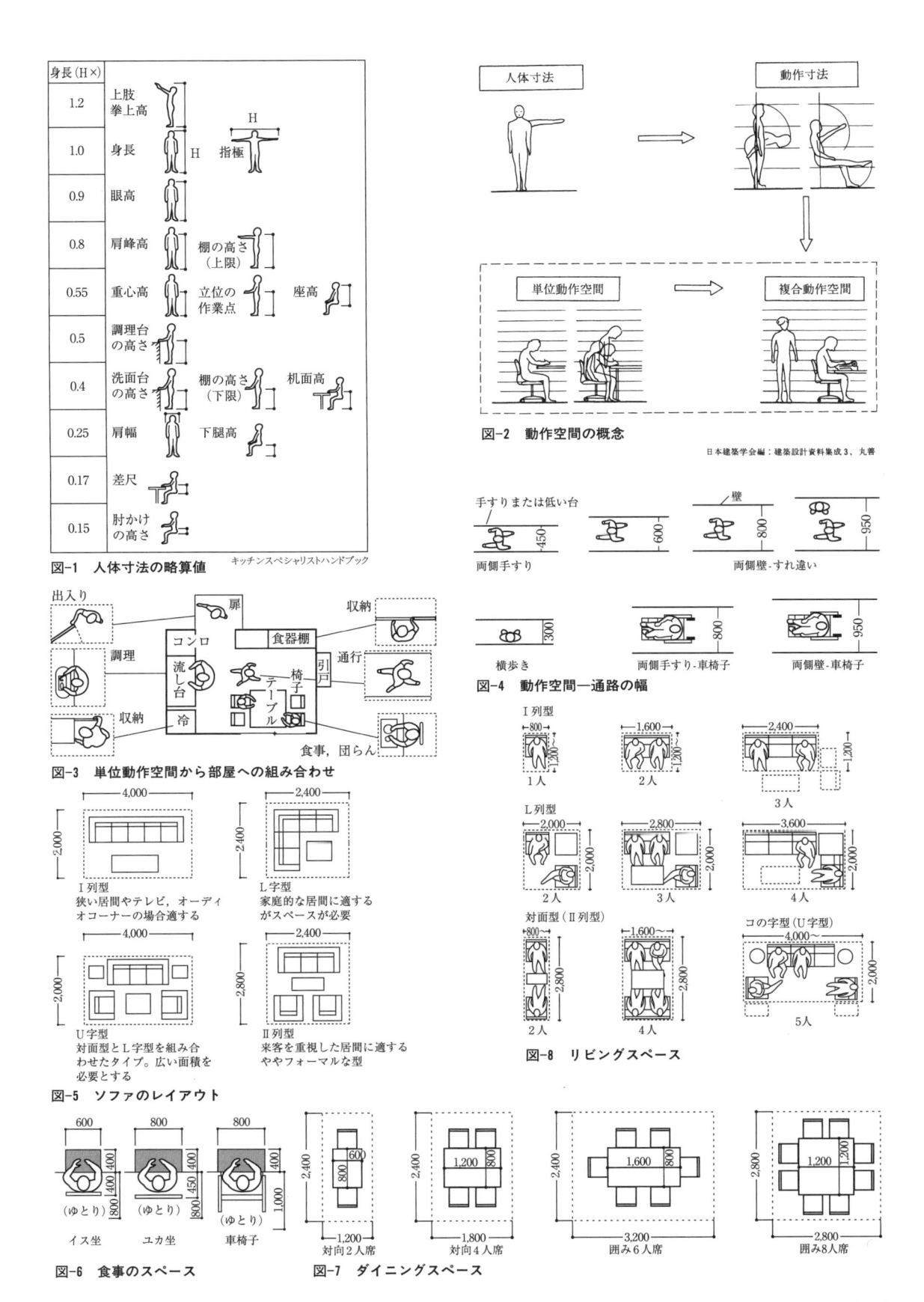

身長(H×)		
1.2	上肢拳上高	
1.0	身長	指極
0.9	眼高	
0.8	肩峰高	棚の高さ（上限）
0.55	重心高	立位の作業点　座高
0.5	調理台の高さ	
0.4	洗面台の高さ	棚の高さ（下限）　机面高
0.25	肩幅	下腿高
0.17	差尺	
0.15	肘かけの高さ	

図-1　人体寸法の略算値　　キッチンスペシャリストハンドブック

図-2　動作空間の概念
日本建築学会編：建築設計資料集成3，丸善

図-3　単位動作空間から部屋への組み合わせ

図-4　動作空間—通路の幅

図-5　ソファのレイアウト

I列型　狭い居間やテレビ，オーディオコーナーの場合適する
L字型　家庭的な居間に適するがスペースが必要
U字型　対面型とL字型を組み合わせたタイプ．広い面積を必要とする
II列型　来客を重視した居間に適するややフォーマルな型

図-6　食事のスペース

イス坐　ユカ坐　車椅子

図-7　ダイニングスペース

対向2人席　対向4人席　囲み6人席　囲み8人席

図-8　リビングスペース

3-1-2 光および色彩とテクスチャー

光と明暗／昼の太陽は，暖かくて快適であり安心感と解放感を与えるが，夜の暗闇は，不安で不快であり，恐怖感と孤独感を与える。視覚は五感のうち最も人の心に直截に訴えるもので，その根源には光があり，色彩やテクスチャー，形やパターン，リズム，プロポーションなど，さまざまな形で感情効果を示す。

わが国の伝統的住居は，比較的大きな障子ごしに穏やかな自然光を取り入れていたが，夜は今では考えられないほど暗い生活であった。西欧の住宅は石造であったため，窓の大きさも数も限られていたので，光と影の対比は大きかった。

近代には住宅の構法が進歩して，開口部が大きくなり，採光や通風が意識的に計画されて，電気による照明器具も発達したため，昼夜を問わない生活が普通になってきている。住宅は，季節や昼夜で変化する自然から，安全で快適な生活空間を切り取る装置であり，くつろぎをもたらす日照と採光，食事や読書に適した照明，休息に向いた穏やかなほの暗さ，睡眠にふさわしい暗さなど，生活行為に適した明暗を考慮して計画する必要があり，具体的手法は照明の項で学ぶ。

色彩の原理／色は，色み，明るさ，鮮やかさと三つの性質（色相 Hue，明度 Value，彩度 Chroma の三属性）をもつ。無限ともいえる色を体系付ける代表的なものに修正マンセル表色系（JIS）がある。

マンセルでは，色みのある有彩色は，赤 Red，黄 Yellow，緑 Green，青 Blue，紫 Purple とその中間の YR，GY，BG，PB，RP を加えた 10 色相を，さらに 40 あるいは 100 の色相環に細分化している。彩度は 14 段階に分けて，最高彩度を純色，高彩度を清色，低彩度を濁色としている。明度は，無彩色の白（明度 10）と黒（明度 0）の間のグレーを 9 段階に分けて，これと等価の有彩色を同明度としている。

また日本色研配色体系 PCCS は，三属性のうち明度と彩度を組み合わせた色調（トーン）により，色の感情効果を直感的に分かりやすく整理する方法である。色調は，淡い pale，明るい light，さえた vivid，濃い deep，暗い dark，穏やかな dull などに分類され，各色調の色は色相にかかわらず共通的な感情効果を示す。

実際の色の見え方は，人間の目が感覚として受けとめるため，その時々の条件により異なって見え，人によっても異なるが，温度感（暖色，寒色，中性色），重量感と面積感（軽くて拡大する明色，重くて縮小する暗色），距離感（高彩度の進出色，低彩度の後退色）などは，一般的に共通する感情効果である。これらをインテリアデザインに生かす手法はカラースキームの項で学ぶ。

テクスチャー／素材の持つ質感はテクスチャーともいい，表面の疎密，硬軟など触覚的な状態により，粗い，細かい，柔らかい，硬い，暖かい，冷たい等の感情効果を示す。金属やガラスの光沢のあるテクスチャーは，冷たさや硬さを感じさせ，毛や布の粗いテクスチャーは，暖かさや柔らかさを感じさせる。

同じ材質でも色やテクスチャーにより異なった質感に見えることがある。たとえば金属は，表面の塗装やメッキなどで暖かくも冷たくも見えるし，また平滑面は黒っぽく，細かい粗面は乱反射で白っぽく見える。

図-1 寝殿造の暮らし

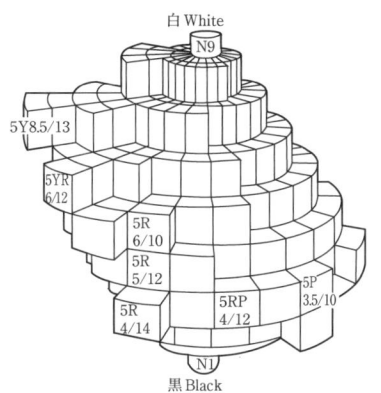

図-2 マンセル色立体

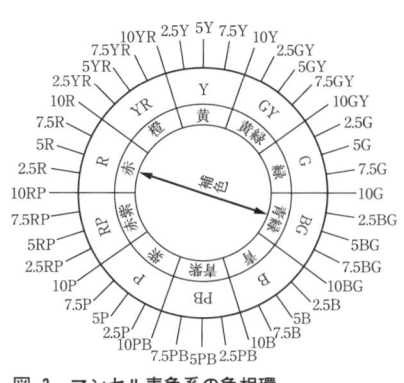

図-3 マンセル表色系の色相環

表-1 色の特性

	色相	色感覚	見え方	明度・彩度の高低による違い	
暖色系	赤―橙―黄	積極的, 活気 興奮・躍動感	進出 膨張	やわらか（高明度） 強い，派手（高彩度）	重い（低明度） にぶい（低彩度）
中性色	黄緑―緑 紫―赤紫	若さ （大人好み）	（中性）	（中性）	（中性）
寒色系	青緑―青―藍	消極的, 静けさ 沈静	後退 収縮	軽い（高明度） 鮮やか（高彩度）	硬い（低明度） 弱い，地味（低彩度）

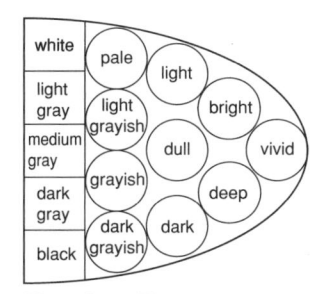

図-4 トーン図

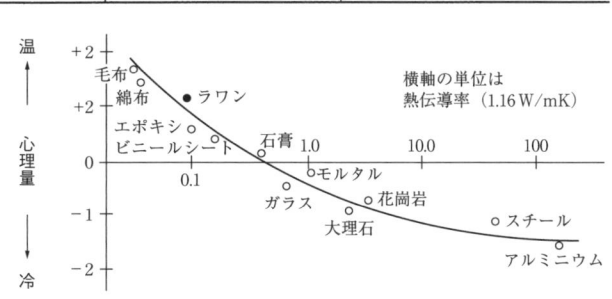

図-5 材質の温冷感と熱伝導率

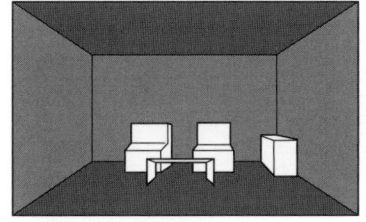

a 濃淡による視覚効果（1）

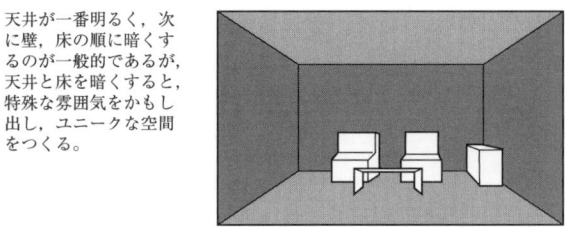

天井が一番明るく，次に壁，床の順に暗くするのが一般的であるが，天井と床を暗くすると，特殊な雰囲気をかもし出し，ユニークな空間をつくる。

b 濃淡による視覚効果（2）

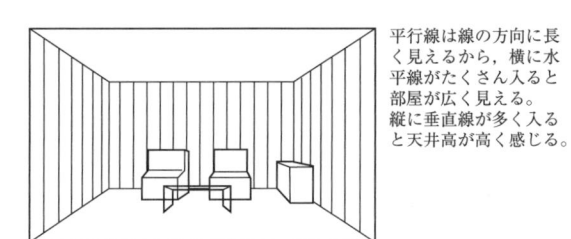

濃い色は迫ってくるのに対して，淡い色は視線を引込む効果があるから天井が低い部屋は天井と床面に淡い色を使うと上下に広く感じる。

c 平行線を取り入れた効果

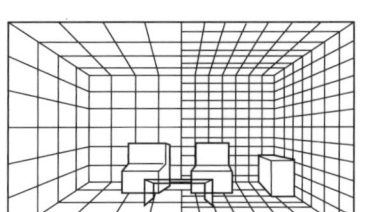

平行線は線の方向に長く見えるから，横に水平線がたくさん入ると部屋が広く見える。
縦に垂直線が多く入ると天井高が高く感じる。

d 壁面の柄の大小による遠近

壁が細かい柄の場合は遠くに見え，大きい柄は部屋が小さく見えるから，部屋の広さを大きく見せるには小さい柄の方がよい。

a〜d 住宅産業情報サービス；インテリアカラーコーディネーションスライドより作成

図-6 明暗とパターンの効果

3-1-3　形態の造形原理

点，線，面／物の形を理解するには，最も小さい「点」から始まり，点の動いた軌跡としての「線」，線の動いた後にできる「面」，面が構成する「立体」や「空間」へと辿っていくと分かりやすい。点や線の位置や形状による効果，面や立体，空間の形状や比例による効果などは，ギリシャ時代から関心を持たれてきたテーマである。また，広い平面が無表情のまま残される，いわゆる「空白の恐怖」を埋める点や線の絵柄 pattern は，多くの伝統模様として継承されてきている。

　点のような小花柄をモチーフとしたローラ・アシュレイのパターン，植物的な曲線を生かしたアール・ヌーボーの装飾，三次元曲面の立体の魅力を生かしたルイジ・コラーニの立体造形，幾何学的に最も整った球体をイメージさせるパンテオンの空間などは，形態要素の感情効果を建築デザインに生かした例であった。

形態の原理／空間構成の造形上の形式原理は，統一と変化の調和が重要とされ，その代表的なものに律動，対称，均衡，対比，比例などがあり，これは形態や寸法，明暗や色彩など多くの面でみることができ，またさまざまに組み合わされて一つの空間のイメージを生み出している。

　律動 rhythm は，反復，交替，漸移などにより規則的変化の調和をもたらし，音楽のリズムや列柱の反復などにみられ，また色彩や明暗のグラデーションも広く知られている。対称 symmetry は，均整ともいわれ，点対称，左右対称に移動，回転，拡大などが組み合わされて多様な変化を生むもので，生物や雪の結晶の形にみることができる。均衡 balance は，2以上の要素がつりあっている状態をいい，ピラミッドのように安定的で均斉のとれた静的バランスと，日本庭園のように非対称要素の不均斉な動的バランス（アンバランスともいう）とがある。対比 contrast は，異なる要素が対立的に調和するもので，水平と垂直，直線と曲線，白と黒，大と小の対比のように新鮮で強いイメージを与えるものである。比例 proportion は，主として寸法比などにおいて数的秩序に従うものをいい，ミロのビーナスにみられる黄金比，ピラミッドにみられるルート長方形，等比数列，調和数列などが古来から有名である。

立体と空間の形／住宅の外形や椅子，机などの置き家具は，空間の中で彫刻的な形態として存在するので，立体としての造形性が求められる。家具背もたれ部の構成要素の反復，外観における柱や開口部の反復，形態の対称性や構成要素間の対比などは，繰り返し用いられてきた造形原理であった。

　住宅の空間は，力学的必要性や生産性，効率性などから，水平と垂直の直線を基本としており，直方体の空間の分割と連結を基本として構成されている。しかし屋根や天井，窓上部には，ドーム，ボールト，アーチなどの半円，屋根裏部屋や船底形の傾斜天井，テント構造や吊り構造などには，比較的自由な形態をみることができる。また，壁を湾曲させたり，一部後退させたヌックやアルコーブ，床を下げたピットやずらしたスキップフロア，二層分に広げた吹抜け（ボイド）などは，変化のある豊かな空間を作る手法として活用されている。

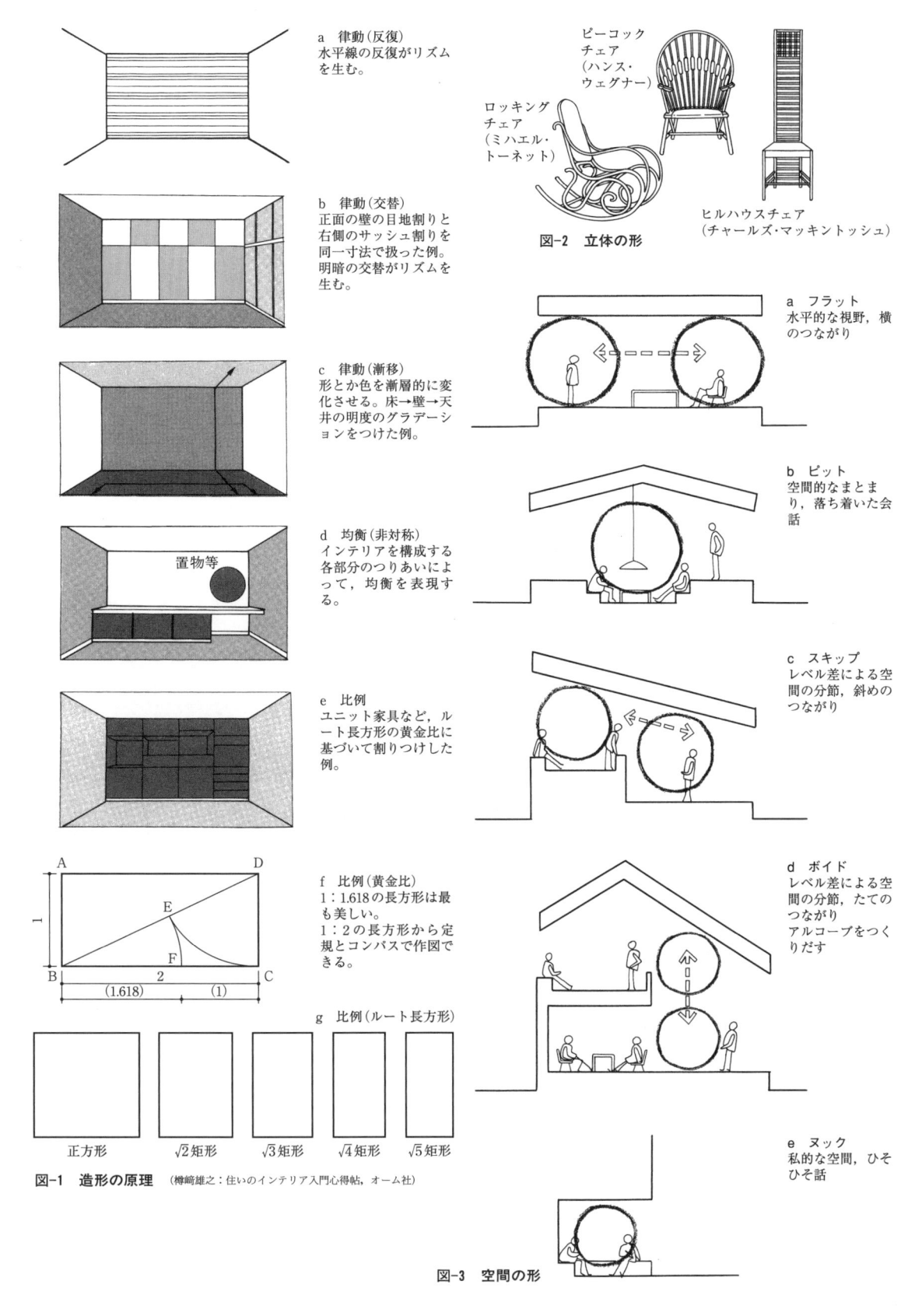

a 律動（反復）
水平線の反復がリズムを生む。

b 律動（交替）
正面の壁の目地割りと右側のサッシ割りを同一寸法で扱った例。明暗の交替がリズムを生む。

c 律動（漸移）
形とか色を漸層的に変化させる。床→壁→天井の明度のグラデーションをつけた例。

d 均衡（非対称）
インテリアを構成する各部分のつりあいによって、均衡を表現する。

e 比例
ユニット家具など、ルート長方形の黄金比に基づいて割りつけした例。

f 比例（黄金比）
1：1.618の長方形は最も美しい。
1：2の長方形から定規とコンパスで作図できる。

g 比例（ルート長方形）

正方形　√2矩形　√3矩形　√4矩形　√5矩形

図-1 造形の原理 （樽﨑雄之：住いのインテリア入門心得帖，オーム社）

ピーコックチェア（ハンス・ウェグナー）
ロッキングチェア（ミハエル・トーネット）
ヒルハウスチェア（チャールズ・マッキントッシュ）

図-2 立体の形

a フラット
水平的な視野，横のつながり

b ピット
空間的なまとまり，落ち着いた会話

c スキップ
レベル差による空間の分節，斜めのつながり

d ボイド
レベル差による空間の分節，たてのつながり
アルコーブをつくりだす

e ヌック
私的な空間，ひそひそ話

図-3 空間の形

3-2　内部空間の構成

3-2-1　間取りの基本

ゾーニング／住まいの中で行われる生活行為を分類して，これをもとに住空間を区分し，その関係を整理することをゾーニングという。分類基準の違いにより動的・静的ゾーン，昼間・夜間ゾーン，プライベート・コミュニティゾーン，居室・非居室ゾーンなどに分けるが，また水回りやコアなどのゾーンもある。

　住居平面構成の基本として，まず居室と非居室に分けるのが一般的である。さらに居室は，夫婦の主寝室 Bm，子ども室 Bc，老人室 Bs，書斎 S などのプライベートな私室空間と，居間 L，食堂 D，台所 K，家事室 U，客室 G などの家族が集まる公室空間に分け，非居室は，浴室 b，便所 t，洗面室 w，機械室 m などの設備空間と，玄関 e，ホール h，廊下 c，階段室 s などの動線空間に分けている。

動線／空間が性格付けされてゾーンに分離されると，空間同士のつながりが生活に適合し，機能的であることが必要となる。人の動きである動線で判断するが，関連する空間の間の動線は短くし，異質な動線と交錯しないことが求められる。

　道路から敷地に入る外部動線は，玄関の位置を制限するので，配置プランへの影響が大きい。玄関から私室に向かう動線は，居間を通らないと家族間の接触が得にくくなるが，通るように計画すると朝夕に接触が多くなる。台所は，食堂や居間と，また洗濯機を置く洗面室とも，できるだけ近い方が望ましい。便所や洗面室は各室から便利な位置とするが，1階に公室空間，2階に私室空間がある場合は，それぞれに便所や洗面室を設置すると，利用のための動線は短くなる。

各室の機能／機能的に類似する空間は近接させ，異なる空間は分離したい。居間は家族が集まりくつろぐ空間で，時間的にも長く過ごすので，居心地のいい空間でなくてはならない。また接客や団らん，読書，TV など多くの機能を抱え込む空間なので，家具や家電品の質と量，その配置に注意する必要がある。

　食堂と台所は密接な関係にあり，キッチンからサービスがしやすいけれども，臭いや音に乱されない落ち着いた食事の場としたい。また家族のコミュニケーションの場として，居間とも不可分の関係にある。家事室は，台所や居間，玄関にも近接し，作業を中断しても散らかしておけるテーブルスペースや機能的な収納が求められ，共働きの場合には書斎的な情報機器の設置も考慮する必要がある。

　寝室は住宅の中で最も静かであるべき部屋なので，玄関，階段や居間，食堂などの活動的な空間とは分離したい。主寝室は他の寝室とは適当な距離を保ち，書斎や化粧室，便所とは近接させたい。

　子ども室は，就寝だけでなく，遊びや交友も考慮する必要があり，自立心のための独立性は必要であるが，親の目の届かない閉鎖的な配置にすべきではない。

　老人室は，他の家族との生活時間のずれに対する配慮や静かさが求められ，また孤立しない適度な距離を保つ必要があるが，生理的には便所や洗面室と近接させる必要がある。

図-1 部屋とゾーン

図-2 L+DK と L・DK

LとDKは独立している

LとDKは分離かつ連続している

図-3 ゾーン図

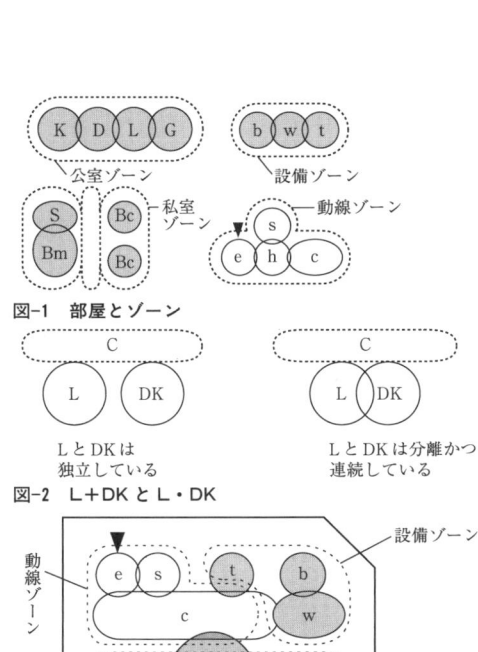

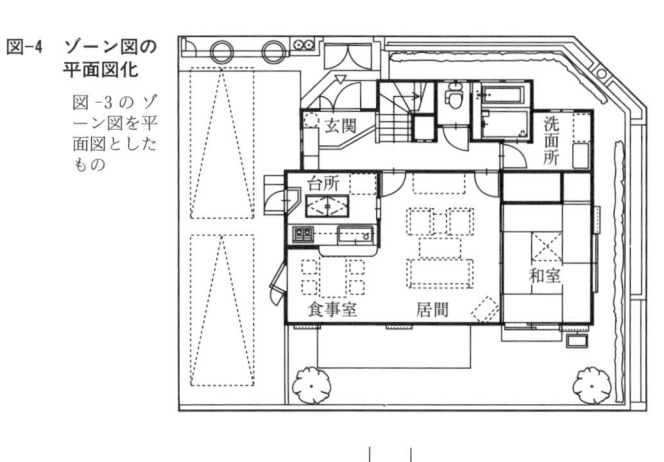

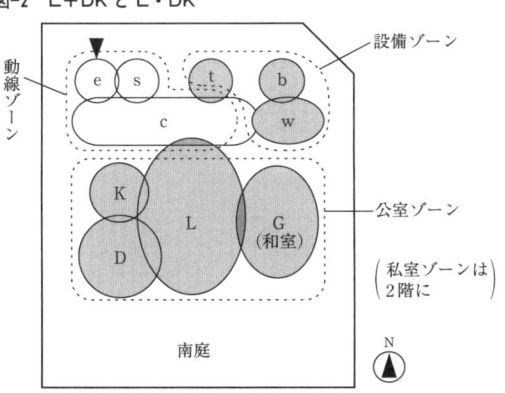

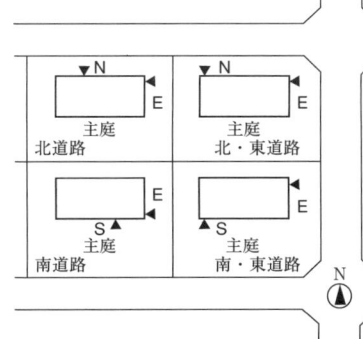

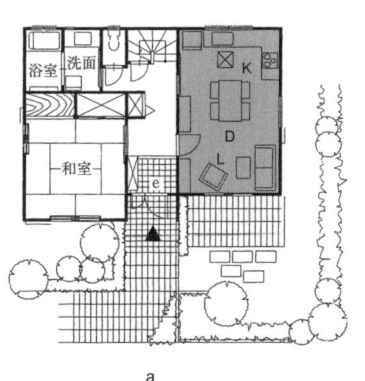

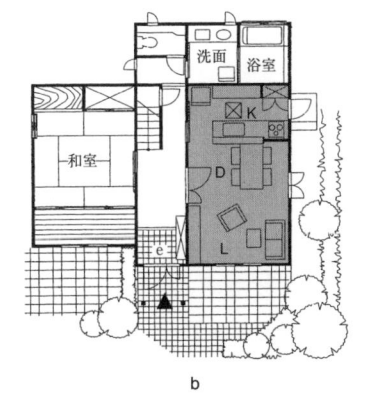

図-4 ゾーン図の平面図化

図-3のゾーン図を平面図としたもの

前面道路が東西南北のどこにあるかにより，配置プランが異なる。
北道路では，玄関廻りはやや暗くなるが南の主庭は落ち着く。
南道路では玄関廻りと主庭が近接あるいは一体化し，プライバシーは得にくいが明るく広々している。

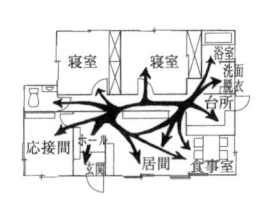

図-5 道路位置と住宅プラン

図-6 室内の動線

a LDK
小住宅に多く，広い感じはするプランだが，収納を配する壁の位置に注意。少なくとも12畳大の広さがほしい。

b LD・K
最も一般的なタイプだが，広い印象の割に食卓やソファの配置がしにくくなりやすいので，動線計画に注意。

c L・DK
LとDKの2室のつながり方により，さまざまなデザインが可能である。DKの収納量が確保されるように注意。

d L・D・K
最も充実した公室空間として，比較的大きな住宅に適している。リビングからキッチンへの動線のあり方に注意。

図-7 公室空間の型

3-2-2 間取りの類型と展開

ライフスタイルの多様化と間取り／生活水準が向上し，暮らし方（ライフスタイル）が多様化した現在，住要求は高度化し，住空間の間取りも個性的になってきている。また家族の成長（ライフサイクル）に伴い住要求は変化するため，従来は住替えや建替え，増改築（リフォーム）などが行われてきたが，地域に密着した定住志向，環境問題による建物の耐用年数向上の要求などのため，住宅の構法を工夫して，間取りや内装，設備などを変更できることが要求されている。

近年特に注目されるライフスタイルは，さまざまな年齢層での単身者の増加，子どものいないDINKS家族，子育て後の夫婦のみの家族などである。

間取りの類型／間取りは多様化しているが，いくつかの類型をみることができる。

動線空間の取り方からは，

①廊下型：玄関から廊下を通じて各個室に独立してアクセスするもの。中廊下型と片廊下型がある。集合住宅では住戸へのアクセスについていう(a)。

②ホール型：玄関から居間を通って各個室にアクセスするもの。集合住宅では階段室あるいはエレベーターホールから住戸へアクセスするものをいう(b)。

公室空間の取り方からは，

③茶の間型：DK隣の和室が，食事，団らん，接客の場となるもの(i)。

④LDK型：洋室で，DK，LDK，LD・K，L・DK，L・D・Kがある(j)。

⑤続き間型：座敷と次の間の二つの和室が公室の核となる(k)。

⑥接客間型：洋室の居間と続き間型の座敷と次の間が分離して公室を形成する(l)。

内部空間構成のあり方からは，

⑦フラット型：集合住宅の住戸ですべての空間がワンフロアにあるもの。

⑧スキップフロア型：床の高さに半階程度ずれがあり，空間を分離するもの(f)。

⑨吹抜け型：住宅の玄関ホールやリビングなどに二層の空間を利用するもの。

⑩メゾネット型：集合住宅の住戸で二層の空間を利用するもの(e)。

⑪コア型：設備空間を集中した設備コアと耐震壁を集中した耐震壁コアがある(c)。

⑫ワンルーム型：住宅のすべての空間が一部屋のなかに設けられるもの(d)。

外部空間構成のあり方からは，

⑬中庭型：住戸平面の内部に庭（パティオ）を設けたもの(g)。

⑭テラスハウス型：各住戸が庭に接する連続建で，タウンハウスともいう。

⑮ピロティ型：住戸全体を2階に上げて，1階をオープンスペースとしたもの(h)。

間取りのフレキシビリティー／家族の成長（ライフサイクル）に伴う住要求の変化に住宅をフレキシブルに対応させるため，SI住宅は住まいを固定部分と可変部分に分けて合理的に計画するものである。スケルトンは構造体や基幹配管・配線など長期に渡って使用する部分，インフィルは間仕切り壁や内装，設備など変化に対応できる部分である。SI住宅は，開口部と壁の配置とモデュラーコーディネーション，床優先による間仕切り壁の可変性，配管・配線スペースの自由度など，居住後の可変性を実現するための工夫がなされている。

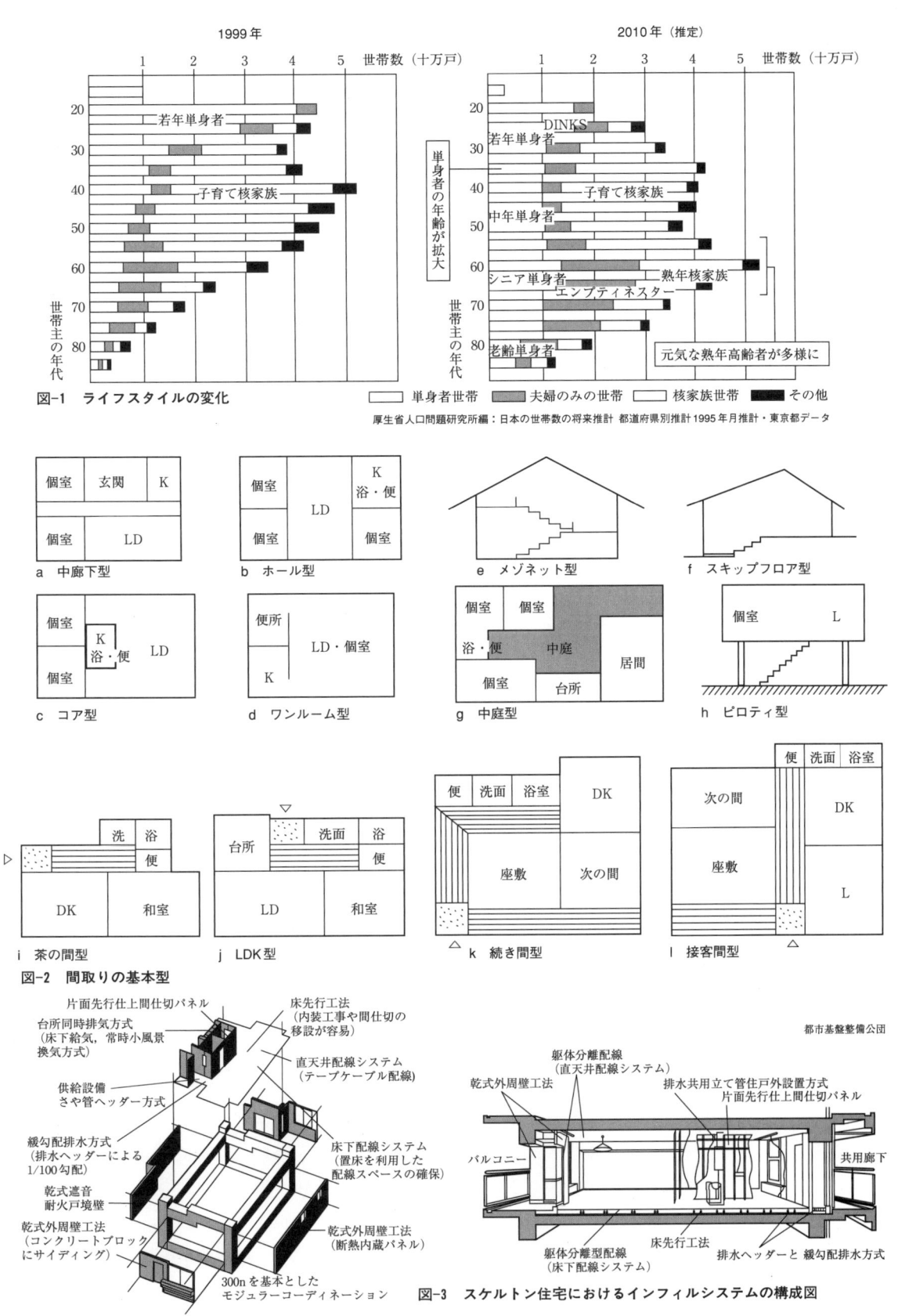

図-1 ライフスタイルの変化

1999年／2010年（推定）
世帯数（十万戸）
世帯主の年代：20, 30, 40, 50, 60, 70, 80

若年単身者／子育て核家族
DINKS／若年単身者／中年単身者／子育て核家族／シニア単身者／熟年核家族／エンプティネスター／老齢単身者

単身者の年齢が拡大
元気な熟年高齢者が多様に

□ 単身者世帯　▨ 夫婦のみの世帯　□ 核家族世帯　■ その他

厚生省人口問題研究所編：日本の世帯数の将来推計 都道府県別推計1995年月推計・東京都データ

図-2 間取りの基本型

a 中廊下型（個室／玄関／K／個室／LD）
b ホール型（個室／K／浴・便／LD／個室／個室）
c コア型（個室／K 浴・便／LD／個室）
d ワンルーム型（便所／LD・個室／K）
e メゾネット型
f スキップフロア型
g 中庭型（個室／個室／浴・便／中庭／居間／個室／台所）
h ピロティ型（個室／L）
i 茶の間型（洗／浴／便／DK／和室）
j LDK型（台所／洗面／浴／便／LD／和室）
k 続き間型（便／洗面／浴室／DK／座敷／次の間）
l 接客間型（便／洗面／浴室／次の間／DK／座敷／L）

図-3 スケルトン住宅におけるインフィルシステムの構成図

片面先行仕上間仕切パネル
台所同時排気方式（床下給気，常時小風景換気方式）
供給設備 さや管ヘッダー方式
緩勾配排水方式（排水ヘッダーによる1/100勾配）
乾式遮音耐火戸境壁
乾式外周壁工法（コンクリートブロックにサイディング）
床先行工法（内装工事や間仕切の移設が容易）
直天井配線システム（テープケーブル配線）
床下配線システム（置床を利用した配線スペースの確保）
乾式外周壁工法（断熱内蔵パネル）
300nを基本としたモジュラーコーディネーション

都市基盤整備公団

躯体分離配線（直天井配線システム）
乾式外周壁工法
バルコニー
躯体分離型配線（床下配線システム）
排水共用立て管住戸外設置方式
片面先行仕上間仕切パネル
共用廊下
床先行工法
排水ヘッダーと緩勾配排水方式

53

3-2-3 インテリア——内装仕上げとカラースキーム

インテリアスタイル／室内を構成する要素であるインテリアエレメントは，床，壁，天井などの内装材，設備（第4章参照）など施工を伴うものと，家具，照明器具，窓回り，ファブリックスなど住み手が自由に選択しやすいものとがある。エレメントを選択し，総合的に調整するインテリアデザインあるいはコーディネーションの基本は，インテリアスタイルの統一，カラースキームの設定などである。

実際のコーディネートにあっては，住まい手のライフスタイルを尊重してインテリアスタイルを決め，これにマッチしたエレメントを選択する。具体的には家具や照明など空間の中心となるコアエレメントのインテリアスタイルを基調として，ほかのエレメントが不調和にならないようにスタイルや色彩を検討するとよい。

インテリアスタイルは，伝統的（トラディショナル）なクラシックとエレガント，現代的（コンテンポラリー）なモダンとカジュアルなどが代表的なものである。またわが国の和風スタイルには，伝統和風，数寄屋風，民家風，現代和風，新和風などのテイストを区別することができる。

色彩と材質／インテリアの色彩は，一般に色数を減らして，模様のあるものは細かな色や柄よりも全体的な色相感で見ることが必要である。基本的な配色の考え方としては，内装材などの面積が大きい部分は飽きのこない同系色などのベーシックカラーとし，床，壁，天井の順に上を明るくするのが一般的である。家具やカーテン，カーペットなどの中面積のエレメントは，空間を性格付けるアソートカラーとし，比較的小面積の照明器具や植物，小物などは自由で大胆なアクセントカラーとすることができる。

調和する配色には，穏やかで静的な同一または類似配色と，鮮やかで動的な対比・補色配色がある。色相配色は，色調を同一または類似として色相で変化をつける手法で，色調（トーン）配色は，色相を同一または類似として明度，彩度（色調）で変化をつける手法である。

カラースキームにおける調和を体系的に理解するには，ムーン・スペンサーの調和・不調和の理論がある。実際には三属性だけでなく，素材感や面積関係，無彩色の利用などにより，実践的・体験的に工夫することが大切である。

日本の伝統的な和室のインテリアは，柔らかく暖か味のある自然素材が主であったが，自然材料から人工材料にシフトする中で，できるだけ自然の風合いを残す素材を選択することが求められている。

床，壁，天井と仕上げ材／内装材は，簡単に取り替えのきかないものであるため，耐久性があり，飽きのこない色柄やテクスチャーの素材を選ぶ必要がある。

壁と天井は要求される性能が近いために，共通の材料が使用されることが多く，不燃性や耐汚染性のある石膏ボードやロックウール吸音板などの利用が多い。

床は，直接人体に接する部位なので感触の良さが求められ，生活に伴う耐汚染性，耐衝撃性，耐滑性も求められるので，カーペットや木質系床材，合成樹脂系のシートやタイルなどが使用されている。

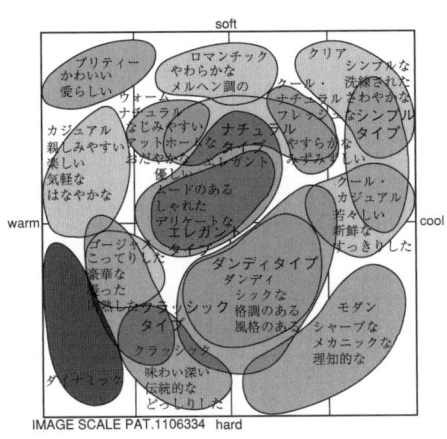

図-1 ライフスタイルを5タイプに分ける

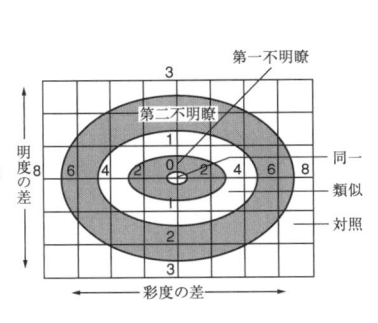

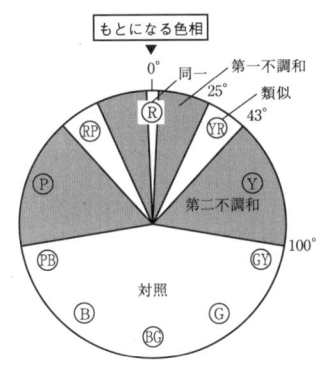

図-2 ムーン・スペンサーの調和と不調和

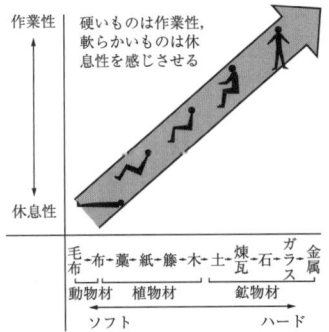

図-3 材質による活動性／休息性

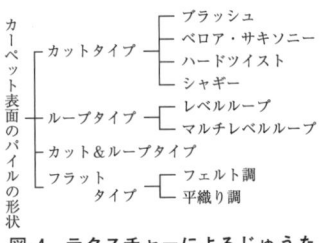

図-4 テクスチャーによるじゅうたんの分類（パイルの形状）

表-1 インテリアカラーの三つの基本色と使い方

基本色	性格	室に占める分量	対象物
ベーシックカラー	個性の強くない色	多	床、壁、天井
アソートカラー	室のイメージを決める色	中	家具、カーテン
アクセントカラー	ポイントとなる鮮やかな色	少	小物類

表-2 壁・天井仕上材の性能および種類と特徴（強調体は重要な性能項目） W・内装，C・天井

壁・天井仕上材	耐衝撃性(W)	耐磨耗性(W)	断熱性	不燃性	耐水湿性	耐薬品性	耐汚染性(C)	吸音性(C)	軽量性	美観性	耐久性	経済性	種類と特徴
水成岩(W)	○	○	×	○	△	×	○	×	×	○	○	×	砂岩，大谷石（旧帝国ホテルは有名）
変成岩(W)	○	○	×	○	○	×	○	×	×	◎	○	×	大理石，蛇紋岩，トラバーチン
磁器タイル(W)	◎	○	×	○	○	○	○	×	×	○	○	△	台所（接着），浴室（湿式）
陶器タイル(W)	◎	○	×	○	○	○	○	×	×	○	○	△	台所（接着），浴室（湿式）
人造石	○	○	×	○	△	×	○	×	×	○	○	△	人研，テラゾー，リシンカキオトシ
しっくい	△	△	△	○	×	×	△	△	○	○	△	○	消石灰（ドロマイトプラスターに近い）
砂壁(W)	△	×	△	○	×	×	×	○	○	○	△	○	モロコシ，くじゃく，鉄砂
大津壁(W)	△	△	△	○	×	×	△	△	○	◎	△	△	白大津，黄大津（並），磨き大津
土壁，京壁(W)	△	×	△	○	×	×	×	○	○	◎	△	○	荒木田，聚楽壁，錆壁，紅壁
プラスター(石膏)	△	△	△	○	×	×	△	△	○	○	△	○	石膏プラスター，ドロマイトプラスター，石膏ボード
羽目板	○	○	○	×	△	×	△	△	○	◎	○	○	縦羽目，横羽目，（単層品・複合板）
合板	△	△	○	×	△	×	△	△	○	◎	○	○	下地板，化粧板（突付張，目透張，本実張）
ビニルクロス	△	△	×	×	○	△	○	△	○	◎	△	◎	居室，水まわり，火気使用室
織りクロス	△	△	×	×	×	×	×	○	○	◎	△	○	主に居室
ロックウール吸音板(C)	×	×	○	×	×	×	×	◎	○	○	△	○	主に居室，火気使用室
軟質繊維板(C)	△	△	○	×	×	×	×	◎	○	○	△	◎	主に居室

表-3 床仕上材の性能および種類と特徴（強調体は重要な性能項目）

仕上材	耐衝撃性	耐磨耗性	断熱性	不燃性	耐水湿性	耐汚染性	耐薬品性	吸音性	軽量性	美観性	耐久性	経済性	種類と特徴
火成岩	◎	◎	×	○	◎	◎	○	×	×	○	◎	×	御影石，鉄平石
水成岩	○	△	×	○	○	○	○	×	×	○	○	△	大谷石，玄昌石
変成岩	○	○	×	○	○	○	○	×	×	◎	○	△	大理石，トラバーチン
レンガ	○	○	×	○	○	○	○	×	×	○	○	△	テラス，造園材料等（屋内は少ない）
磁器タイル	◎	○	×	○	○	○	○	×	×	○	○	△	100～300角，モザイクタイル
炻器タイル	◎	○	×	○	○	○	○	×	×	○	○	△	100角，クリンカータイル，塩焼タイル
人造石	○	○	×	○	○	○	○	×	×	○	○	△	人研ブロック，テラゾー，大磯アライダシ，玉石植込
プラスチック系タイル	○	○	△	×	○	○	○	×	○	○	○	○	ビニルアスベストタイル，ホモジニアスタイル
プラスチック系シート	○	◎	△	×	○	○	○	×	○	○	○	○	塩ビシート，クッションフロア
ゴム系タイル	○	◎	△	×	○	○	○	×	○	○	○	○	ビル用（住宅では少ない）
フローリング	○	○	○	×	△	×	×	△	○	◎	○	○	ナラ，ブナ，単層品（高級），複合板（普及）
縁甲板	○	○	○	×	△	×	×	△	○	◎	○	○	ヒノキ，ヒバ，マツ
コルクタイル	○	○	○	×	△	×	×	○	○	◎	○	△	天然コルク，単層品（高級），複合板（普及）
ニードルパンチ	○	○	○	×	○	△	△	○	○	○	○	◎	ポリプロピレン
カーペット	◎	○	○	×	△	△	△	◎	○	◎	○	○	ウール，アクリル，ナイロン，ポリエステル
畳	◎	○	◎	×	×	△	△	◎	○	○	△	○	八代表，備前表，備後表，琉球表

3-2-4 インテリア――室礼(しつらい)と住まい方

家具と配置／家具は，椅子や机のように人体との関わりが重視される人体系と，住居に造り付ける棚や収納のような建築系とに大別される。

人体系家具は，イメージ的にも生活的にもインテリアを決定付けるものなので，空間のコアエレメントとしてインテリアスタイルを優先して選択したい。家具寸法は，特定の使用者が決まっている場合は身長などを参考に決定するが，成人一般を想定する場合には，人間工学の項を参考として決定するとよい。

建築系家具は，主に壁面を背にして置かれるので，壁面の長さや天井高との関係，窓やドアなど開口部との納まりを検討し，また視覚的効果も大きいので内装仕上材との色彩調和に注意して選択し，高さのあるものは圧迫感を与えないように配置したい。ただし，壁面収納などは，人体系と建築系の両方の性格をもつ。

照明器具と光／照明器具は単に部屋を明るくするだけでなく，さまざまな演出により，インテリアのイメージを決定づけるエレメントである。生活行為に必要な照度，全般照明と局部照明，光源の種類や器具の配光の使い分けによる光の質や広がり，明るさ（活動性）と暗さ（休息性）など基本（第4章参照）は，よく理解しておきたい。

さらに全般照明の均質性と局部照明の集中感，間接照明や建築化照明の柔らかな光，ピンスポットやウォールウォッシャーなど変化のある照明器具，トップライト（天窓）の劇的な効果，光源の高低や遠近などによる光と影の効果，低い位置からの照明のアメニティーなどの照明手法の効果を知っておくと，明るく活動的なコアスペース，落ち着いたコーナースペース，くつろげるソフトなムードの演出などに役立つものである。

窓回りと採光，通風／窓は，光と風を取り入れ，内からは眺望を楽しみ，外からは住み手の気配を感じることのできる大切なエレメントである。窓辺に植木鉢を置く工夫は，内からも外からも好ましい効果をもたらす。四季を感じながら窓辺で過ごしてみると，時には台風を防ぐ雨戸，蚊やハエを入れない網戸，強すぎる日差しを調節するカーテンやブラインド，防犯上の戸締まり，できれば結露しにくい複層ガラスなど，現代の窓辺には実に多くのエレメントが必要であることが分かる。

カーテンは，光と音を和らげ，保温と目隠しの機能を果たし，装飾的な役割もあり，季節に応じて取り替えることもでき，インテリアの雰囲気づくりには手軽で効果的なエレメントである。用いる布地により，ドレープ（厚手で豪華，吸音・保温・遮光効果），プリント（薄手で色柄豊富，透光効果），ケースメント（ドレープとレースの中間的素材で，柔らかな透光効果），レース（日照調整や昼間の目隠し）などを使い分けるとよい。なおドレープには上部のバランス（光や空気を遮断する）や左右のタッセル（左右に束ねる）は欠かせない。

なお，アルミ製の横型ブラインドも，色彩豊富で機能的なため，広く使用されるエレメントである。

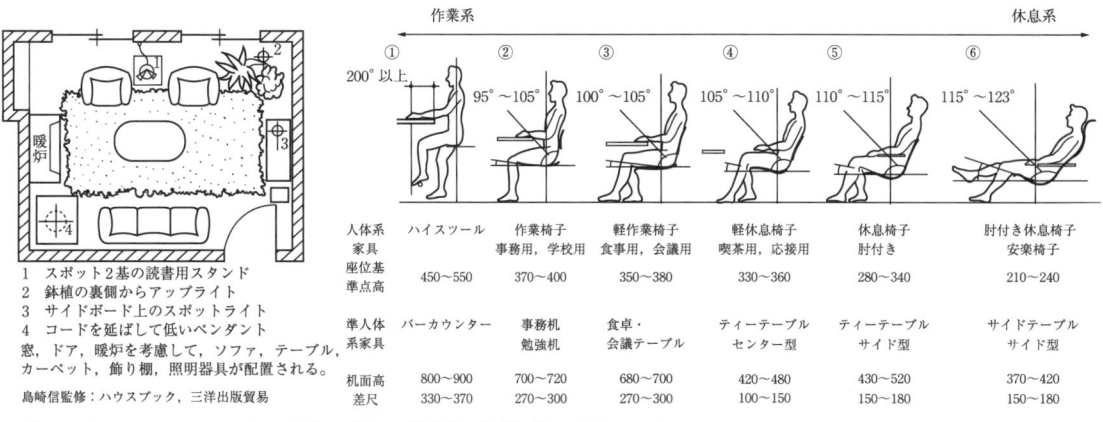

図-1　インテリアエレメントの配置

1　スポット2基の読書用スタンド
2　鉢植の裏側からアップライト
3　サイドボード上のスポットライト
4　コードを延ばして低いペンダント

窓，ドア，暖炉を考慮して，ソファ，テーブル，カーペット，飾り棚，照明器具が配置される。

島崎信監修：ハウスブック，三洋出版貿易

図-2　椅子座の姿勢（図の寸法：mm）

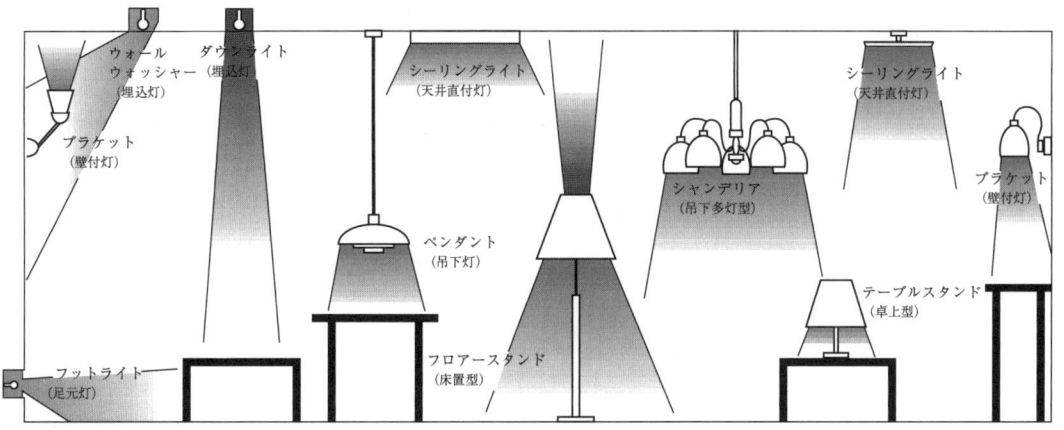

	①	②	③	④	⑤	⑥
	作業系					休息系
角度	200°以上	95°〜105°	100°〜105°	105°〜110°	110°〜115°	115°〜123°
人体系家具	ハイスツール	作業椅子 事務用，学校用	軽作業椅子 食事用，会議用	軽休息椅子 喫茶用，応接用	休息椅子 肘付き	肘付き休息椅子 安楽椅子
座位基準点高	450〜550	370〜400	350〜380	330〜360	280〜340	210〜240
準人体系家具	バーカウンター	事務机 勉強机	食卓・会議テーブル	ティーテーブル センター型	ティーテーブル サイド型	サイドテーブル サイド型
机面高	800〜900	700〜720	680〜700	420〜480	430〜520	370〜420
差尺	330〜370	270〜300	270〜300	100〜150	150〜180	150〜180

図-3　照明器具の名称

ウォールウォッシャー（埋込灯）／ダウンライト（埋込灯）／シーリングライト（天井直付灯）／シャンデリア（吊下多灯型）／シーリングライト（天井直付灯）／ブラケット（壁付灯）／ブラケット（壁付灯）／ペンダント（吊下灯）／フロアースタンド（床置型）／テーブルスタンド（卓上型）／フットライト（足元灯）

産業調査会：ライティングデザイン事典（一部改変）

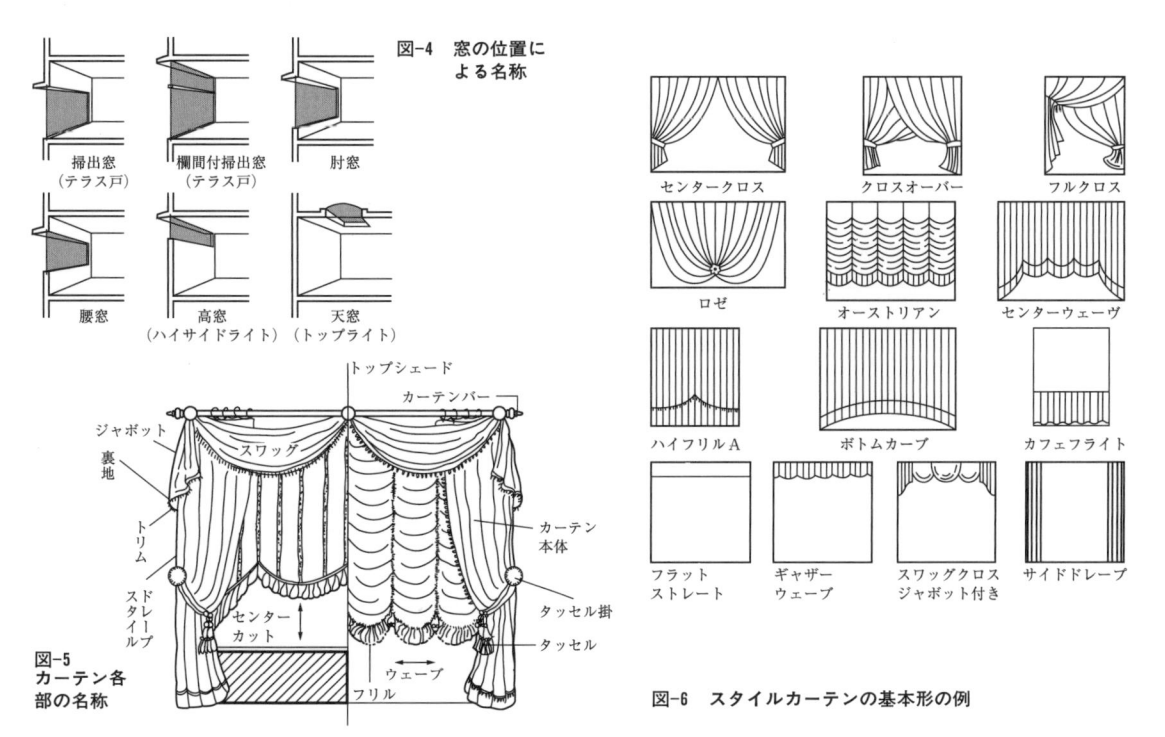

図-4　窓の位置による名称

掃出窓（テラス戸）／欄間付掃出窓（テラス戸）／肘窓／腰窓／高窓（ハイサイドライト）／天窓（トップライト）

図-5　カーテン各部の名称

トップシェード／カーテンバー／ジャボット／スワッグ／裏地／トリム／ドレープスタイル／センターカット／ウェーブ／フリル／カーテン本体／タッセル掛／タッセル

図-6　スタイルカーテンの基本形の例

センタークロス／クロスオーバー／フルクロス／ロゼ／オーストリアン／センターウェーヴ／ハイフリルA／ボトムカーブ／カフェフライト／フラットストレート／ギャザーウェーブ／スワッグクロスジャボット付き／サイドドレープ

3-3 外部空間

3-3-1 戸建住宅回りの空間

　戸建住宅の屋外空間は，通常その住宅の専用庭となるが，連続建てのタウンハウスなどでは専用庭のほかに共用庭（コモンスペースという）がある。中層住宅や高層住宅では，1階住戸に専用庭をもつこともあるが，一般的には共用の屋外空間として計画され，個別の庭の要求は，バルコニーや玄関回りで工夫される。

庭の種類と建物の調和／庭は，その目的により実用の庭，観賞の庭に分けられ，形式としては，和風，洋風に分けられる。和風の庭の特色は，石垣，植栽，垣根，飛石にあり，ほとんどが観賞的であり自然式の庭である。洋風の庭の特色は，芝生，花壇にあり，実用性が高く整形式の庭である。

　庭は，各部屋との機能的な結びつき（室内からの視線や使い勝手）が大切であると同時に，修景的に建物の構造や仕上との調和が大切である。近年は，建物も和洋折衷あるいは和室と洋室が隣り合い，庭も和洋折衷になることが多い。

庭の構成／庭を使いやすく，建物と調和するように敷地を区分することを地割りという。地割りは建物の間取り，公道の位置，敷地の面積や形状，家族構成や家族の趣味，隣家との関係，周囲との調和，道路騒音などに左右される。一般的には，前庭，主庭，裏庭（勝手回りまたはサービスヤードともいう）に区分され，さらに路地（建物の横や隅），中庭（建物に囲まれた庭）などがある。

　前庭は，門から玄関までの敷地で通路が中心となり，来訪者の印象も考えて整備されなければならない。敷地が狭かったり南面が道路の場合は，前庭のウェイトが高くなる。北側が道路の場合は，各種の配管やマスなどの埋設物が集中するので，その取扱いには注意を要する。

　主庭は，家族が長時間過ごす居間や食堂あるいは客室に面することが多く，最も重視される部分である。庭の目的の多くがここに求められ，観賞とともに実用的な戸外室としての利用が大きく，生活庭園といわれるほどである。

　裏庭は実用的な空間であり，台所に近い方が使いやすい。厨芥（ちゅうかい），がらくたがあふれやすいので，不潔にならないように舗床し目隠し植栽などが必要である。物干し，物置が設けられ，物干しは眺めの関係上，北側になることもある。

　地割りとともに庭づくりの基本の一つに動線計画がある。実際に歩く動線のほかに眺望のための視線も考慮し，植栽，飛石を設けて，各庭部分の連結をつける。

門，塀と景観／ブロック塀は地震のときの危険や景観上不適切である。

　レンガ塀は素材のままで美しいデザインとなるが，かたい塀は門回りの門塀ぐらいにして，生垣，フェンスなど柔らかいもの，開放的なつくりにする方が街並み形成上望ましい。近年の建築協定では，かたい塀を禁止したり高さを制限したりする例が多い。門扉，門塀，門回りの設備（ポスト，インターホン，表札，門灯）は，道路景観上，パブリックに属するものとして統一する方が好ましい。

　カーポートの屋根，仕上，自転車置場も景観上の配慮を要する。

図-1 基本的な地割

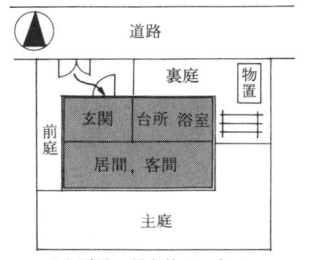

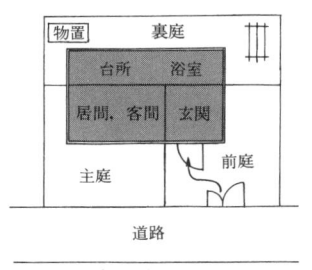

- 北側道路で最も使いやすい。
- 南側道路は主庭と前庭に二分される。
- 西側アプローチで前庭の奥行をとった地割。
- 東側道路で,明るい前庭と主庭が使いやすい。

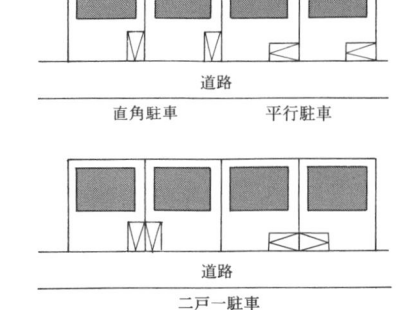

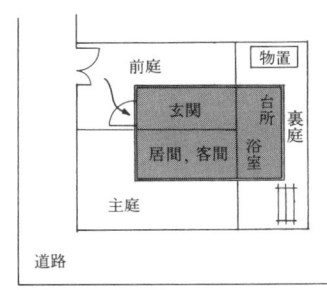

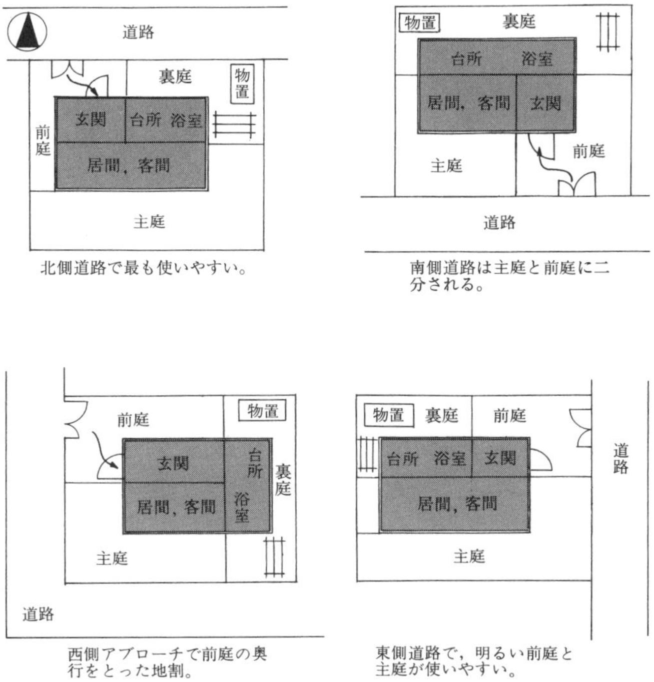

宇田川宏:庭づくり入門心得帖,オーム社より作成

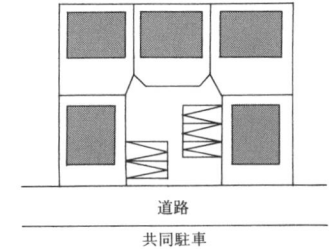

図-2 カーポートのとり方

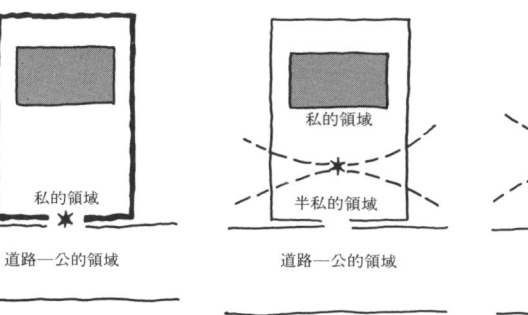

直角駐車　平行駐車

二戸一駐車

共同駐車

図-3 公私の境界の差異

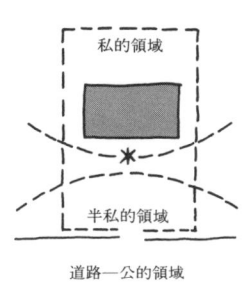

日本　イギリス　アメリカ

延藤安弘:計画的小集団開発,学芸出版社

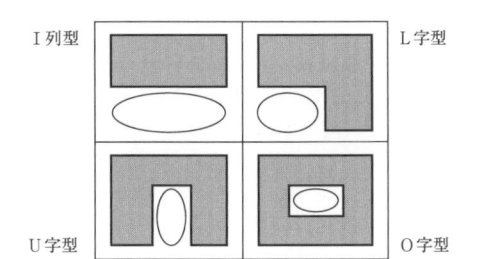

図-4 建物の配置パターンと庭

I列型　L字型　U字型　O字型

図-5 通りの景観

道路に面した専有庭を道路境界から90cm後退させ,植栽によい景観の統一を図る。

3-3-2 住戸の集合構成

集合住宅の発展／わが国における近代的な集合住宅の発生は明治末期とされ，大正期に入り，時代の先端をいく集合住宅として"文化アパート"が登場する。

さらに大正12年の関東大震災を契機として，公的な住宅供給機関同潤会が設立され，初めて鉄筋コンクリートアパートによる集団住宅が建設された。

昭和16年には同潤会を吸収して住宅営団が設立され，その住戸計画の理念は，戦後の公営住宅，公団住宅に引き継がれる。昭和30年代には，日本住宅公団を中心として，本格的な集団住宅団地の建設が進められ，大規模団地，ニュータウン開発へと発展する。

一方，戦後の経済復興に伴う急激な人口集中に対して，個人経営の木造アパートが大都市に林立し，建物の区分所有法公布，東京オリンピックと前後して，民間企業による分譲マンションの建設が増加する。さらに住宅産業によるプレハブ住宅の普及と多様化，住宅需要者参加のコーポラティブ住宅の出現等，さまざまな供給形態が生まれ，建設，計画技術の進展とともに，集合住宅は中層を主体としながら，低層高密あるいは高層化，超高層化と多様な展開をみせている。

住戸集合の形態／一戸建住宅に対し，連続建住宅，共同住宅を集合住宅といい，住棟を構成する個々の住宅を住戸という。また一戸建住宅，集合住宅を問わず，集団的に計画され建設される住宅の総称を集団住宅という。

集合住宅の形態は様々な形式が発達し多様化しているが，接地性による分類では，接地住宅（ハウス），非接地住宅（フラット，アパートメント）のほかに，近年その中間的形態としての準接地住宅が新たな空間形成を生み注目されている。

また住戸の連続，積層における画一性を避け，居住性のアップ，住棟景観形成に向けてアクセスの形式に，共用の階段，廊下，エレベーターによるさまざまな方式を生み，住棟の形状に変化をもたらし，積層の形式もフラット，スキップ，メゾネットとその組合せにより多様化する。住棟の階数区分は，低層(1～3階)，中層(4～5階)，高層(6～10数階)，超高層(20数階以上)があり，高層化により密度が高まる。

計画的住宅地の形態／集合住宅団地の初期の計画理念は，日照確保とその均一な恩恵を根拠とした住棟の南面平行配置と，生活行動圏，空間形態を踏まえた住棟のグルーピングの手法が主導的であり，冬至日照時間から隣棟間隔が求められた。しかし団地規模の拡大に伴って，その画一的な配置の無機性，単調さは否み難くなり，日照を若干犠牲にしても住宅地の景観形成，まとまった屋外空間の確保をめざして，住棟を東西に振り，囲み型配置がつくられる。さらに，ニュータウン計画では，分区—近隣住区（小学校区）—地区—都市と，住宅・住棟群を段階的にまとめ上げる近隣住区理論や段階機能をもたず網の目状の道路網でどこへも開かれ，人々の定着に合わせて建設拡大していくオープンコミュニティという計画手法，車と人との調和を図る歩車道分離，クルドサック，集中駐車方式等の試みが積み重ねられていった。

表-1 集合住宅の展開

年	元号	事項
1910	明43	●本格的な集合住宅の発生（上野倶楽部・千富館）
	大 7	●長崎県端島（軍艦島）鉱員住宅（RC）
1921	10	●東京市初の市営住宅（月島）
		●近代的・洋風の文化アパート流行（RC，5F，EV，家具付）
	14	●お茶の水文化アパート（RC，5F，EV，家具付）
		●（財）同潤会設立，ロビー，食堂，共同浴場をもつ近代的集合住宅を東京，横浜に11か所建設
	15	●青山アパート，中之郷アパート（同潤会）
1932	昭 7	●江戸川アパート（同潤会最後のアパート）
1941	16	●住宅営団設立，労務者・庶民用住宅供給を目的
	22	●都営最初のRCアパート建設（高輪アパート）
1951	26	●公営住宅標準設計51C型，台所兼食事室提案
	30	●日本住宅公団設立，RC集合住宅団地を建設
	31	●住宅公団初の団地（金岡団地）マンション登場（四谷信販コーポラス）
		●木造賃貸（通称モクチン）アパートの増加
	32	●ステンレス流し台開発，ダイニングキッチン普及
	33	●初の高層アパート（住宅公団：晴海住宅　民間：東急スカイライン）
	34	●初のプレファブ住宅「ミゼットハウス」（大和）
1961	36	●二室木賃アパートの出現
		●千里ニュータウン事業開始（大阪府，1,150 ha　15万人）
		●高蔵寺ニュータウン事業開始（公団，702 ha　9万人）
	37	●建物区分所有法公布
	39	●千里ニュータウン入居開始
		●木賃アパート全盛，都区部全住宅の1/4を占める
		●多摩ニュータウン事業開始（公団，3,020 ha，33万人）
	40	●第一次マンションブーム（高級，高層）
	41	●筑波研究学園都市事業開始（公団，2,696 ha，10万人）
		●リビングルームのあるLDK型式の流行
	43	●第二次マンションブーム（大衆化）
		●マンション日照権紛争多発
	44	●港北ニュータウン事業開始（公団1,317 ha，22万人）
1971	46	●広島基町高層住宅（20F），20階以上の超高層住宅建設ふえる
	48	●複合家族用の公団ペア住宅第1号（1DK＋3DK）
		●ミニ開発の急増
	50	●コーポラティブハウス（柿生コープ）
		●低層高密の見直し，タウンハウス登場
		●タウンハウスブーム
	51	●茨城県営　六番ヶ池団地（準接地型）
		●公営住宅の革新始まる
	55	●間仕切可変型KEP住宅建設（公団，前野町団地）
1981	昭56	●日本住宅公団，住宅・都市整備公団へ改組
	58	●ワンルームリースマンション急増
	60	●老人ペア都営住宅入居（練馬区光が丘団地）
		●第五次マンションブーム（億ション）
		●公団近居優先入居開始
		●ユーコート（京都洛西ニュータウン）
	平元	●シルバーピア入居（東京都）
		●ベルコリーヌ南大沢（住都公団）
1991	3	●長寿社会対応公共集合住宅設計指針（建設省）
		●熊本県営保田窪第一団地
		●第六次マンションブーム（1次取得者向け中心）
		●スケルトン・インフィル分離方式（スケルトン住宅）
	6	●NEXT21実験開始
	7	●阪神大震災
		●幕張ベイタウン
		●シニア住宅（ボナージュ横浜）
		●災害復興公営ふれあい住宅（コレクティブハウジング）
	11	●都市整備公団発足

表-2 集合住宅計画の課題

視点	課題	対応
住宅計画の視点	核家族の画一的な住宅 →	多様な家族形態への対応 永住型居住への対応
	全国一律の近代化 →	地域性，伝統性への配慮 日本型集合住宅の模索
住居集合，まちづくりの視点	住戸中心の住宅づくり →	住戸の内と外の関係の重視 住棟の共用空間やコミュニティ形成の重視
	既成市街地と集合住宅の乖離 →	高層から低層へ（タウンハウスの実践） 都市型住宅の模索（中層・街区型など） まちづくりとの連携 （都市施設との連携，景観形成の重視）
	コミュニティ形成の欠如 →	居住者参加型住まい・まちづくり （コーポラティブ住宅，コ・ハウジングなど）
環境，省資源の視点	新築重視の住宅づくり →	フローからストックへ 増改築・建て替えへの対応 省資源への配慮 環境共生型住まい・街づくり

小林秀樹：「集合住宅計画の現代史と今日の課題」，住宅，1999年6月号

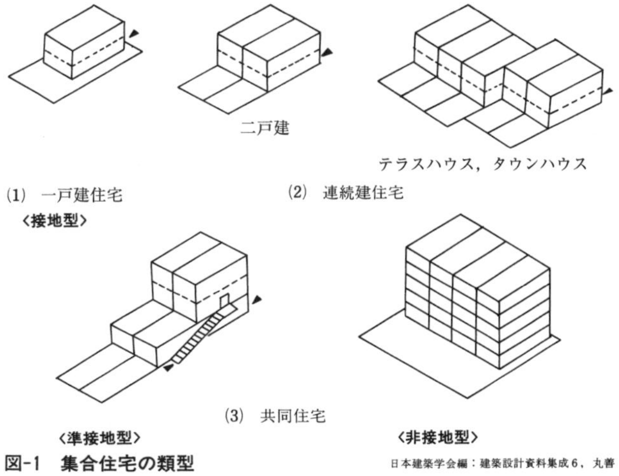

図-1 集合住宅の類型

(1) 一戸建住宅　〈接地型〉
(2) 連続建住宅　二戸建　テラスハウス，タウンハウス　〈準接地型〉
(3) 共同住宅　〈非接地型〉

日本建築学会編：建築設計資料集成6，丸善

3-4 住まいの設計

3-4-1 設計の進め方

　人と物，人と空間に関係する個々の場面の知識や理解は，住まいの設計を通して，一つの住まいにまとめ上げる過程で，より確かに，総合的に深めさせ得るといえる。住まいの設計における，企画から設計完了までの作業の流れと，所要設計図書は次のとおりである。

設計プロセス／通常，企画，基本設計，実施設計，現場監理の4段階を経る。

　基本設計は，住まいの基本的な構想を具体的な形に表現するもので，1/100ぐらいのプラン（平面図）とエレベーション（立面図）で示される。実施設計は，さらに設計意図の細部を表現するもので，平面図は通常1/50で表示され，具体的建築材料を示し，建築をするための実施図面を完成する。現場監理は，工事中の設計変更や図面通り出来ているかのチェック，色や材質の決定，家具の選択などを含む，設計を最終的に仕上げる過程に関する業務である。

　なお，設計内容は，大きくは「建築設計」，「構造設計」，「設備設計」，「インテリアデザイン」の四つの分野に分けられる。

　企画から基本設計までに検討すべきことがらを順を追ってみると，企画段階では，住み手の条件と住まいの建つ敷地の条件の整理検討を行う。住み手の条件には，どれだけの予算で行うかという経済的条件，家族構成とその将来予測，住み手の生活様式，生活感，趣味，住要求を把握して，計画される住宅にどのような生活像を求めているか，を明らかにする。敷地条件としては，気温，湿度，雨量などその地域の自然条件，敷地の地盤，地質，規模，形状，方位，周辺道路の状況，近隣プライバシーなどの立地条件，用途地域・地区制（高さ制限，面積制限，容積制限，斜線制限など）や道路と敷地，壁面線との関係などの法的条件，都市ガス・下水道施設などの設備環境にかかわる条件がある。

　これらの情報を収集，整理して，住宅規模や所要室の種類，面積，数，建物の構造など，大まかに押さえた設計条件を決める。変動を含んだ設計条件を踏まえて計画案が作成される。計画案は，平面や立面などスケッチ（エスキス）で表現される。ゾーニング，動線計画など間取りの具体的な検討，設備や室内デザイン，建物の外観などの検討が加えられる。多くの要素に対する機能の軽重の調整，選択と修正を繰り返して計画案を決定し，所要の設計図書を作成する。

設計図書／建築確認申請に必要な設計図書は，付近見取り図，配置図，平面図，立面図，断面図，浄化槽見取り図（し尿浄化槽のある場合）である。その他実施設計の図面は，矩計図，屋根・基礎・床等の各伏図，軸組図，主要部の展開図，詳細図，仕上表，建具表，電気・給排水・ガス等の各設備工事図，造園工事図など数十枚におよぶ。図面は，誰もが共通した理解が得られるように表示方法を規定している製図通則，建築製図通則によるJIS製図規格に従って描かれる。文字，尺度，線の用法，寸法の単位と表示，各種表示記号などが定められている。

図-1 設計プロセス

設計条件の把握
① 家族構成と将来予測
② 家族の住要求と生活像
③ 経済的条件
④ 自然的条件
⑤ 法的規制

→ 設計条件の整理・決定
① 住宅規模
② 所要室の種類, 数, 面積
③ 構造

→ エスキスの作業・検討
① 間取り
② 設備
③ 外観, 内装のデザイン
④ 家具

→ 本設計
① 平面, 立面
② 構造, 設備
③ 内・外部デザイン
④ 内・外装等の材料仕様
⑤ 法規上のチェック
⑥ 設計図書作成

→ 施工

建築確認申請許可

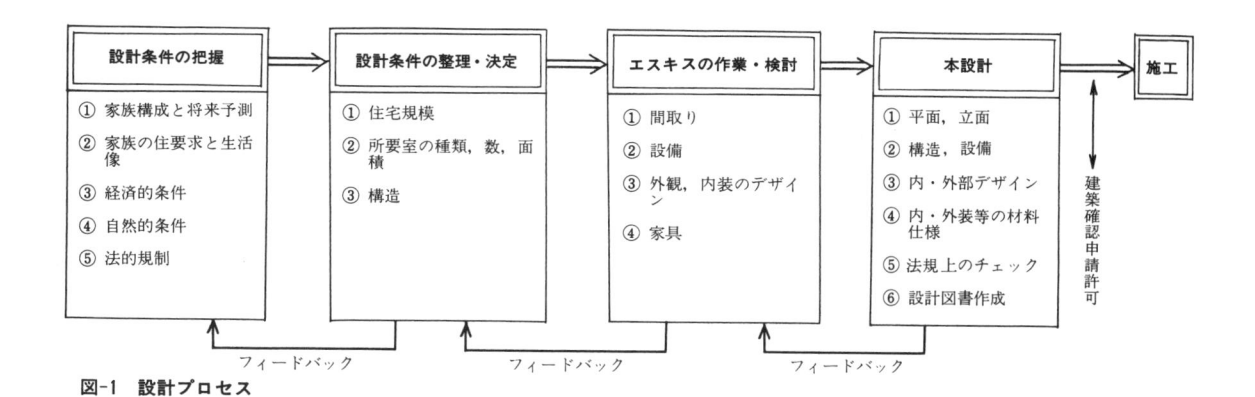

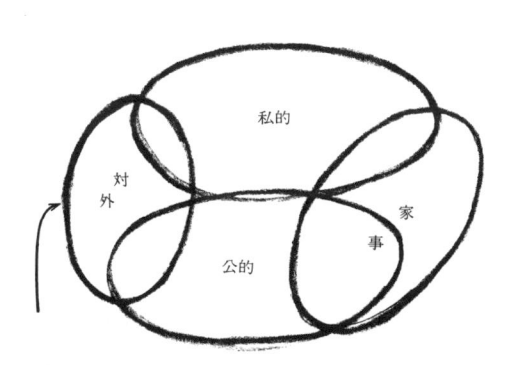

フィードバック

Ⓐ どこに, どのような空間を配置するか, おおざっぱに区分してみる。

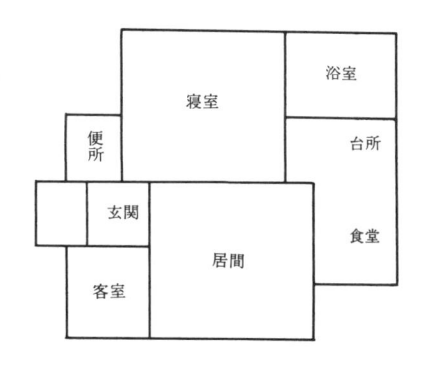

Ⓑ 所要室のおおよその規模を考慮しながら, 具体的にあてはめていく。

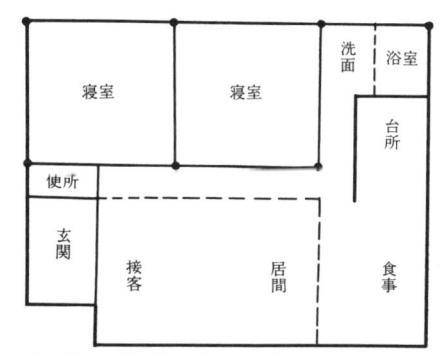

Ⓒ 各室の相互関係を調整し, 動線をチェックし, 全体としての形を整える。

図-2 エスキス-スケッチから基本設計へ

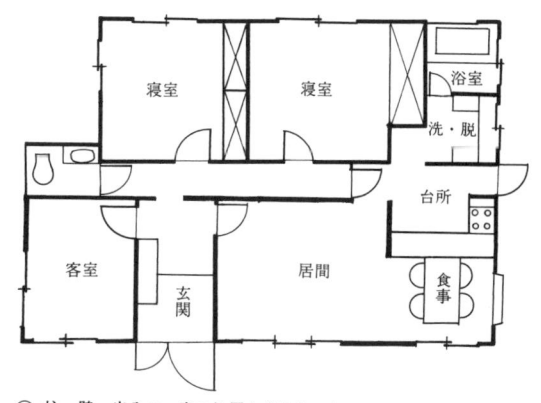

Ⓓ 柱, 壁, 出入口, 窓の位置を考えながら, より具体的に間取りをつくりあげていく。

表-1 設計図の種類と縮尺

		よく使用	ときどき使用	まれに使用			よく使用	ときどき使用	まれに使用
一般図	付近見取図	1/3000	1/500		詳細図	部分詳細図	1/20, 1/10	1/5	1/50, 1/30
	配置図	1/500, 1/200	1/100						
	平面図	1/100, 1/50	1/200			一般詳細図	1/20		1/50, 1/30
	立面図	1/200, 1/100	1/50						
	断面図	1/200, 1/100	1/50			現寸図	1/1		1/2
	矩計図	1/20	1/50	1/30					
	伏せ図	1/100	1/200	1/50					
	展開図	1/50		1/100					

3-4-2 各室，各部位の構成

　設計は正確なスケールによる表現が要求され，設計を通して，住空間のスケール感覚を養うことになる。「3-2-1 間取りの基本」で述べた各室について補足し，特に設計につながるスケール，規模の問題を主として付け加える。

個室空間／寝室の広さは，就寝寸法すなわちふとんやベッドの大きさに，周囲の通過や更衣などの動作寸法，衣類の置場所，家具類の寸法を加えたものになる。最低限確保したい面積は，大人1人の場合5 m^2 強，2人で10 m^2，子ども2人の場合7.5 m^2 である。夫婦寝室の場合，更衣や身仕度を考えると13 m^2，子ども室では机，本棚などの面積を含めて10 m^2 程度はほしい。

公室空間／居間の面積は，どこまでの機能を含むかによって大きな幅があるが，ユカ坐式で13 m^2，イス坐式の場合16〜20 m^2 以上はほしい。

家事空間／台所作業台の高さは，できるだけ直立して屈曲しない姿勢が疲労も少ない。JIS規格では80 cmと85 cmがあり，さらに体位の向上で90 cmも普及している。流し台の作業面は，シンクの深さ（15〜18 cmが適正）分下がり，頭が前傾するので，流し台上の吊戸棚や水切棚の奥行や高さに微妙な配慮を要する。

　作業台下部の物の出し入れや作業者の後ろを通り過ぎるためには，前後80 cm以上の作業空間をとりたい。台所の広さはむやみに広いと使いにくいが，作業台，戸棚類，電気冷蔵庫や各種調理用電気製品置場が必要であり，かなりの壁面がふさがれ，食事室や廊下，勝手口などの開口部も必要であるので，最低限8 m^2 はほしい。

　家事室は，2〜5 m^2 ぐらいで可能であり，畳室が減少している今日，ぜひ設けたい。水回り作業を含める場合と分ける場合，コーナー利用等が考えられる。

衛生空間／入浴は，"体を洗う"ほかに"温まる"，"リラックスする"といった性格も含まれており，シャワーを取り入れながらも，この伝統的な入浴習慣は根強い。浴槽は，脚を軽くのばした形で入れる，和風と洋風の折衷型が最も具合がよい。浴室の面積は2.5 m^2 以上，湿気を考えて外気に面することも必要である。洗面所は浴室の前室としての脱衣室を兼ねるのが一般的であり，タオル類や下着などの収納スペースを設けると便利である。洗濯機置場にもなりやすく，面積は2.5〜3.3 m^2 以上はとりたい。

　便所は，日本の慣習から浴室とは分離させたい。水洗化により，位置は比較的自由になり，2階に個室群がある場合，2階にも便所を設けたい。

通路空間／出入口としての玄関は，コートや履物の着脱，物の受け渡し，簡単な接客などの機能を必要とする。この物理的機能のほかに，住み手の趣味や性格を表すシンボルとしての機能ももつため，適度なゆとりと品位が求められる。廊下は限られた面積の中では最小限に抑えたい。階段は，手すり，すべり止め等昇降の容易さと安全に配慮する。階段の傾斜は踏面と蹴上げ寸法の割合から決まるが，40°以下にすることが望ましい。一般階段は30〜35°，最適階段は30°，エネルギー最小消費勾配は25〜30°と提案されている。

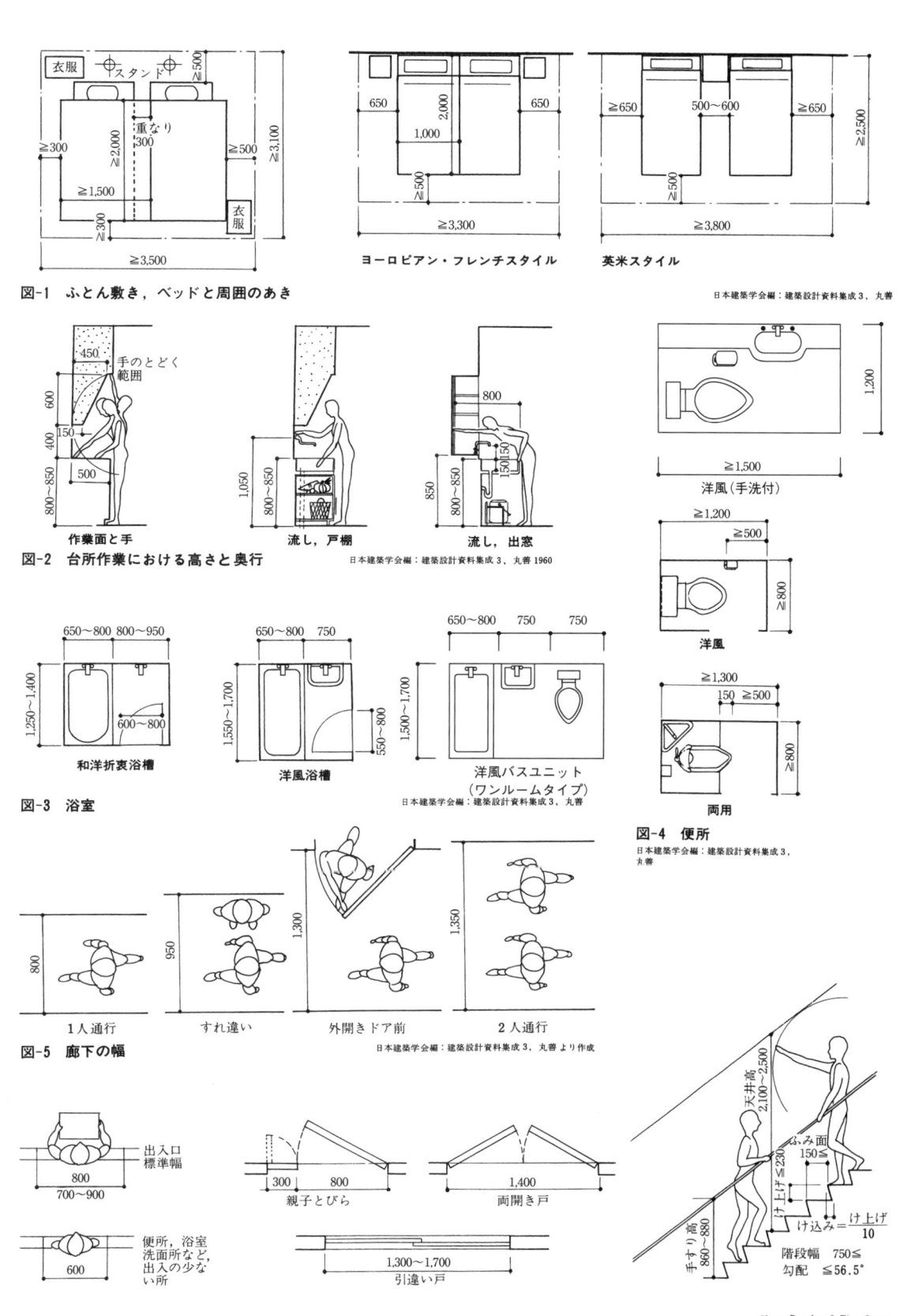

図-1 ふとん敷き，ベッドと周囲のあき

ヨーロピアン・フレンチスタイル　英米スタイル

図-2 台所作業における高さと奥行

図-3 浴室

図-4 便所
洋風（手洗付）
洋風
両用

図-5 廊下の幅
1人通行　すれ違い　外開きドア前　2人通行

図-6 出入口幅
出入口標準幅
親子とびら　両開き戸
便所，浴室洗面所など出入の少ない所
引違い戸

図-7 住宅の階段

3-付　配置図，平面図の描き方

〈配置図の描き方〉

(1) 敷地の位置を決める（敷地境界線をかく）

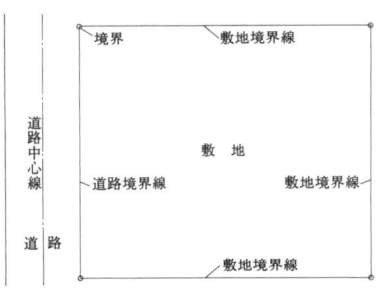

① 敷地境界線を各辺の寸法にもとづいてかく
② 道路中心線，道路をかく

(2) 建物の位置を決める

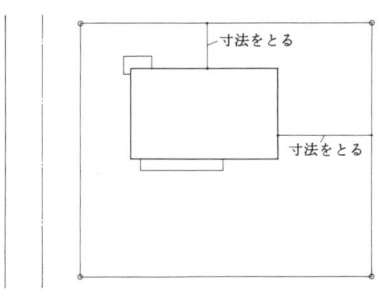

① 建物の位置を決め，その位置に外壁中心線でかく
② ポーチ，テラスなどもかく

(3) 敷地全体の空間構成を示す

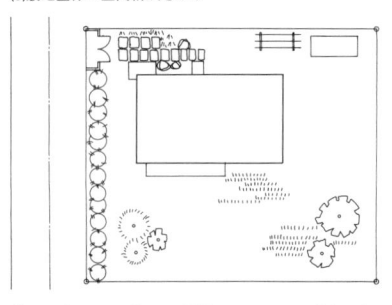

① 境界線まわりの塀や，玄関などのアプローチをかく
② 門，物置などの屋外施設をかく
③ プラントボックス，庭木，芝などをかく

(4) 文字をかき込み，仕上げる

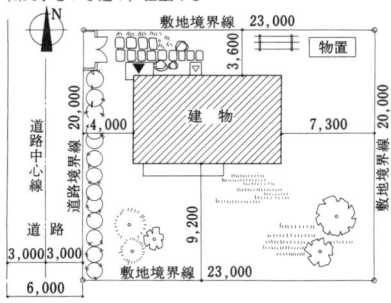

① 建物にハッチングを施す
② 方位，寸法および文字をかき込み仕上げる

〈平面図の描き方〉

(1) 中心線を入れる

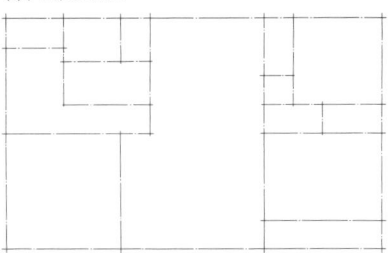

① 柱または壁の中心線によって，間取図をかく
② この線は，一点鎖線または実線の細線でかく

(2) 柱および壁を割りふる

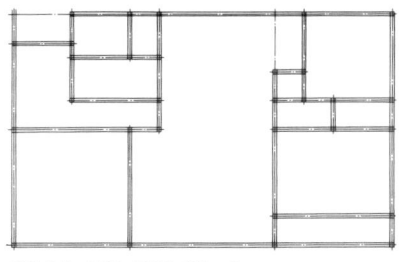

① 中心線の両側に柱幅を割りふる
② 柱，開口部の位置を明らかにする

(3) 柱，壁，建具を図示する

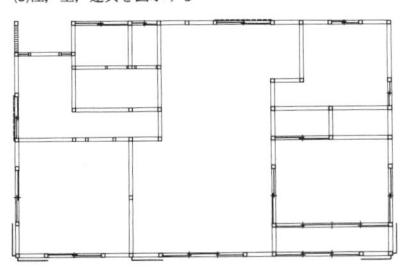

① 柱，壁，開口部を太線でかく
② 建具も柱，壁と同様に切断されているので強い線でかく
③ 窓格子，戸袋などもかく

(4) 床の仕上げ，寸法，文字を記入する

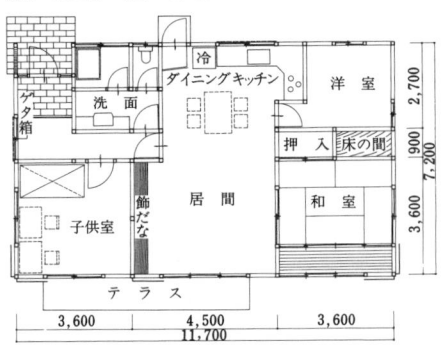

① 板，畳などの床仕上げを細線でかく
② 便器，浴そう，洗面器，家具などをかき入れる
③ 寸法，室名をかいて完成させる

4 住宅構造と室内環境

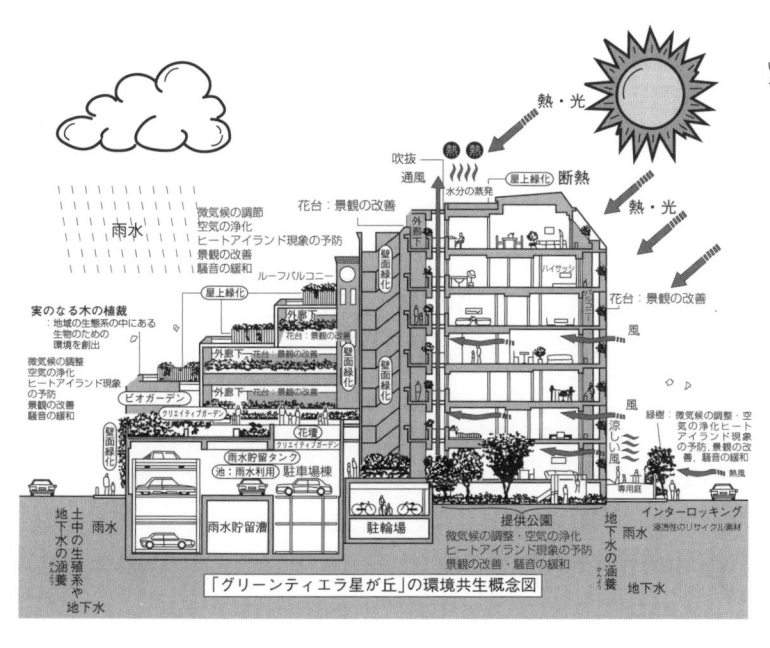

● 環境共生住宅（大京パンフレット）
屋上や壁面の緑化、ビオトープによる自然の復元、雨水の地下浸透や通風の確保、永久日影の解消等の工夫で、省エネルギーを図りながら環境負荷を最小限にしている。

4-1 住宅と暮らし

4-1-1 住宅の性能

住まいと暮らし／人は自然の中に裸のままでどれだけ生きつづけることができるであろうか。最も原始的な暮らしにおいても，毛皮や布を身にまとい，洞穴や木の茂みに身を寄せ，風雨を避けて夜を過ごした。火の使用により夜の闇から解放され，食物を煮炊きして飢えをしのぎ，冬は暖を採り，豊かな春が再び巡ってくるのを待ちつづけたことであろう。洞穴や大樹は住宅の原形であり，炉は最初の設備であった。自然環境は地域により異なっても，人は常にその風土や文化に応じた住まいの工夫を積み重ねることによって，より豊かな暮らしを創造してきた。

住まいは自然のシェルターの利用に始まり，やがて身近にある材料を用いて意図的に構築されるようになり，安全に，健康に，効率よく，快適に，また耐久性と経済性とを，必要な機能と性能を求めてついに現在の姿に至ったといえよう。

住宅の構造と設備／住宅は，かつては木，石，土と水など各地域に特有な自然材料と構法により構築された。日本の木造軸組構法，アメリカの木造枠組壁構法，西欧の石造やアラブの日乾煉瓦(れんが)造による組積構法などが伝統技術として形成された。近代にはコンクリート，鉄，ガラス，合板，プラスチックスなどの工業材料が大量生産されるようになり，鉄骨造の架構式構法や鉄筋コンクリート造の一体式構法などが現れた。また施工の合理化からパネル構法，カーテンウォール構法も一般化し，広義のプレハブ化が進行しつつある。これらの技術は，力学的には組積構法に代表される壁式構造と鉄骨造に代表される柱梁式構造とに大別される。

住宅は一般に，屋根（天井），壁，床などの主要部位により外部環境から仕切られた空間であって，壁には窓，ドア等の開口部が開かれ，採光や通風，内外の通行が確保される。近代には，電気やガス，上下水道などの社会資本の整備とともに給水，排水，衛生，厨房，照明，換気，暖房，冷房等の設備が普及し，住宅の室内環境の居住性を高めている。

住宅の機能と性能／住宅の室内環境は，構造（躯体）によって自然環境から切りとられ，設備によって調節される人工環境であり，物理，生理の面からも心理，文化の面からも，住み手の生活の場としてふさわしい役割を果たすことが求められる。住宅の果たすべき役割は，生活の側から住宅の機能と考えられ，その機能がどの程度達成されているかは，技術の側から住宅の性能とみることができる。生活の器としての住宅あるいは室内環境を総合的に評価する尺度は，風土，文化，民族，個人等により異なる。

良い住宅を造るためには，まずどのような物理的条件が人間の生理的水準において望ましいかを十分に理解することが大切である。この環境の性能に関する尺度はまた，近代になって自然的あるいは伝統的な枠を離れて常に革新されつつある住宅の新しい材料，構造，設備，施工といった諸分野の技術の目標ともなり，住み手と供給者との共通言語とみることができる。

図-1 室内環境と自然環境

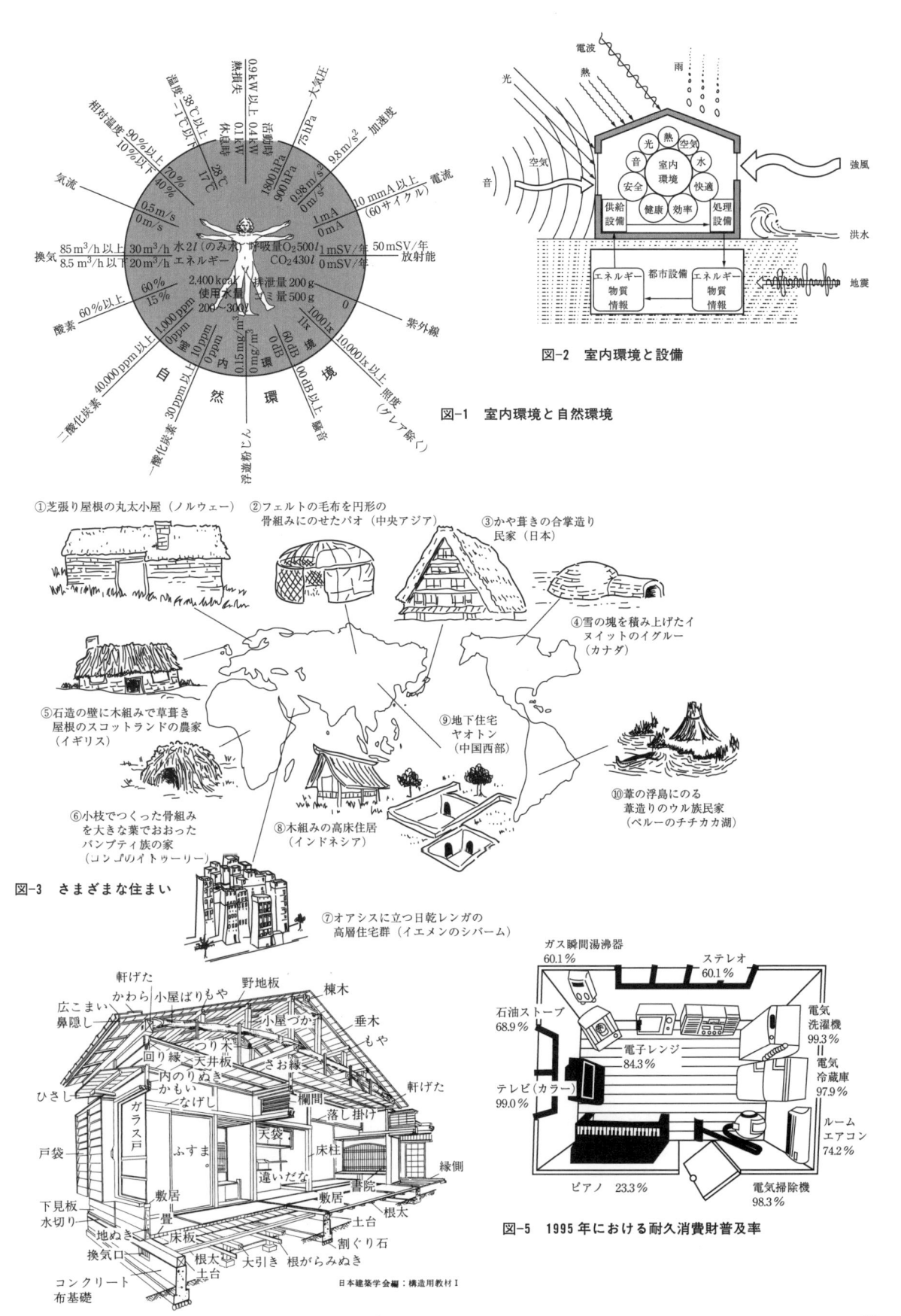

図-2 室内環境と設備

図-3 さまざまな住まい
① 芝張り屋根の丸太小屋（ノルウェー）
② フェルトの毛布を円形の骨組みにのせたパオ（中央アジア）
③ かや葺きの合掌造り民家（日本）
④ 雪の塊を積み上げたイヌイットのイグルー（カナダ）
⑤ 石造の壁に木組みで草葺き屋根のスコットランドの農家（イギリス）
⑥ 小枝でつくった骨組みを大きな葉でおおったバンブティ族の家（コンゴのイトゥーリー）
⑦ オアシスに立つ日乾レンガの高層住宅群（イエメンのシバーム）
⑧ 木組みの高床住居（インドネシア）
⑨ 地下住宅ヤオトン（中国西部）
⑩ 葦の浮島にのる葦造りのウル族民家（ペルーのチチカカ湖）

図-4 和風構造

日本建築学会編：構造用教材Ⅰ

図-5 1995年における耐久消費財普及率
ガス瞬間湯沸器 60.1%
ステレオ 60.1%
石油ストーブ 68.9%
電子レンジ 84.3%
電気洗濯機 99.3%
電気冷蔵庫 97.9%
テレビ（カラー）99.0%
ルームエアコン 74.2%
ピアノ 23.3%
電気掃除機 98.3%

4-2　安全な住宅

4-2-1　住宅と災害

安全な環境／住宅は本来，雨露，風雪，寒暑，猛獣などの脅威から人間の生命や財産を守るために作られるが，他方では住宅そのものを原因とする日常事故や非常災害も発生している。地震や津波，大雨時の洪水や崖崩れなどの災害は，地盤の質や地形（高低差，傾斜）等の自然的条件を主因とするが，ずさんな宅地造成や山林の乱伐などの人為的条件も誘因となる。また火災や交通災害は，人間が自ら作り出した災害であり，出火防止や事故防止などの個人の注意とともに，住宅の防・耐火性を地域ぐるみで高めたり，交通規制を行うなどの社会的配慮も必要となる。

火災に強い住宅／日本の伝統的木造住宅は火に弱く，災害統計上，全被害戸数のうち8割近くが火災による全半焼で占められている。このため人や物の集まる都心部には防火地域等が指定され，鉄筋コンクリート造のような耐火建築物その他の火災に強い建物とすることが義務づけられている（建築基準法第61，62条）。

　住宅における出火原因は，放火（またはその疑い）が最も多く，ガスこんろ，たばこ，電気コード，その他（東京消防庁管内）などである。放火は外部の人が入り込みやすい共用部分等に多く，台所では調理器具，一般居室ではたばこや暖房器具が火源となっている（図-6, 7）。

　住宅の防火対策は，第一に出火防止のため火気を用いる設備等の誤操作，誤動作，たばこの不始末をなくし，第二に出火後まず炎のまわる天井や壁は着火防止や耐火のため不燃材料や耐火構造等とし，また消火や避難を促すため火災報知器等を設置し，第三に周辺建物からの延焼防止のため屋根，軒裏，外壁を不燃材料，防火構造，耐火構造等とし，また開口部を防火戸とするなどの方法が用いられる。

　屋根材の瓦，スレート，亜鉛鉄板は不燃材料の例であり，鉄網モルタル塗や漆喰塗は外壁や軒裏の防火構造として一般的なものである。また窓ガラスは火災時には容易に破砕されて延焼の原因となるため，網入ガラスを用いることもある。

地震や台風に強い住宅／建物は一般に柱や壁を通して基礎より地盤に自重や積載荷重を伝達している。これらは鉛直荷重と呼ばれる。地震や風圧により建物が受ける水平荷重の大きさは，地震では震度に対応して加速度（関東大震災で200ガル），風では風速によって決定される。建物が水平力に抵抗する強さは，柱梁式構造では骨組の部材，継手，仕口の強度や筋かいなど斜材の量により，壁式構造では耐力壁の長さや壁倍率により決定され，いずれの構造でも斜材や耐力壁はバランス良く配することが大切である。鉄骨造や鉄筋コンクリート造では，確認申請時に構造計算書の提出を義務付けられているため，経験的判断にのみ依存する木造よりも合理的ではあるが，構造計画の誤り，施工上の手抜き，居住者の誤った改造等には注意を要する。地震では建物の倒壊だけでなく，家具の転倒や高所の物の落下のほか火災による二次災害の被害も大きく，転倒防止や消火は特に大切である。このため，石油ストーブなどには対震自動消火装置が設置されている。

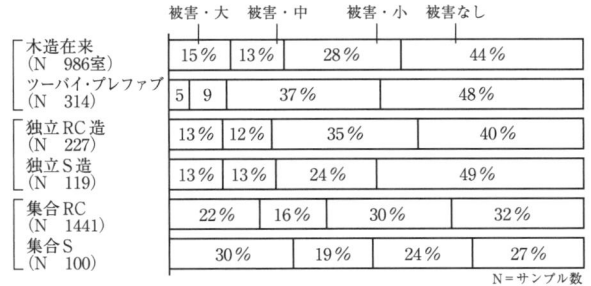

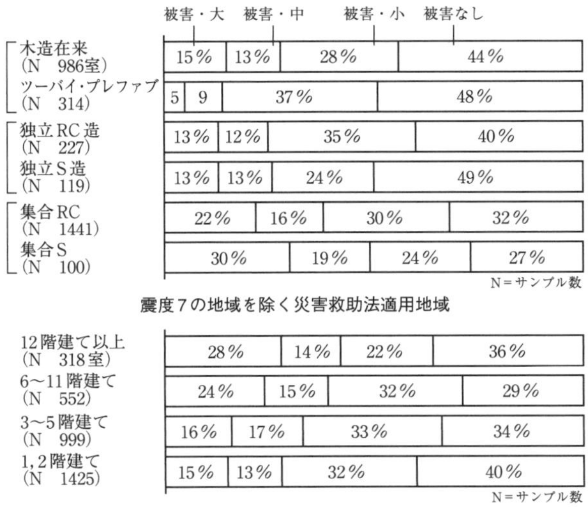

図-1 災害救助法適用地域

	被害・大	被害・中	被害・小	被害なし
木造在来 (N 986室)	15%	13%	28%	44%
ツーバイ・プレファブ (N 314)	5	9	37%	48%
独立RC造 (N 227)	13%	12%	35%	40%
独立S造 (N 119)	13%	13%	24%	49%
集合RC (N 1441)	22%	16%	30%	32%
集合S (N 100)	30%	19%	24%	27%

N=サンプル数
震度7の地域を除く災害救助法適用地域

	被害・大	被害・中	被害・小	被害なし
12階建て以上 (N 318室)	28%	14%	22%	36%
6〜11階建て (N 552)	24%	15%	32%	29%
3〜5階建て (N 999)	16%	17%	33%	34%
1,2階建て (N 1425)	15%	13%	32%	40%

N=サンプル数
震度7の地域を除く災害救助法適用地域

阪神淡路大地震の時には，震度7地域で被害が大きかった。これ以外の「災害救助法適用地域」では，家具転倒・散乱等の被害が，独立住宅より集合住宅（特に鉄骨造）に多く，上層階ほど多かった。

図-1 災害救助法適用地域　北浦かほる他：地震時における建築内部空間の安全性，1997

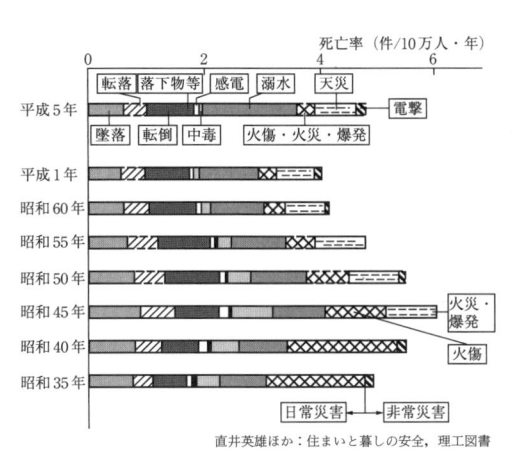

図-2 建築災害による死亡率の経年的推移

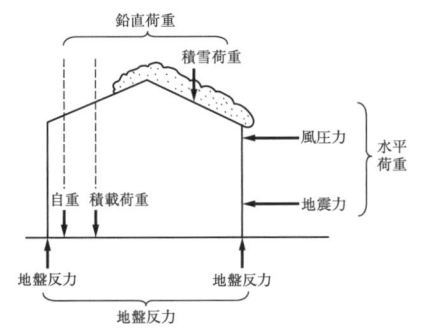

直井英雄ほか：住まいと暮しの安全，理工図書

図-3 住宅に作用する力

表-3 気象庁震度階

震度		加速度 gal(cm/sec²)	程度
0	無感	0.8以下	人体に感じないで地震計に記録される程度
I	微震	0.8〜2.5	静止している人や特に地震に注意深い人だけに感じる程度
II	軽震	2.5〜8.0	大勢の人に感じる程度のもので，戸，障子がわずかに動くのがわかるくらいの地震
III	弱震	8.0〜25.0	家屋が揺れ，戸，障子がガタガタと鳴動し，電灯のようなつり下げ物は相当揺れ，器内の水面の動くのがわかる程度の地震
IV	中震	25.0〜80.0	家屋の動揺が激しく，すわりの悪い花びんなどは倒れ，器内の水はあふれ出る。また歩いている人にも感じられ，多くの人々は戸外に飛び出す程度の地震
V	強震	80.0〜250.0	壁に割れ目がはいり，墓石，石灯ろうが倒れたり，煙突，石垣などが破損する程度の地震
VI	烈震	250.0〜400.0	家屋の倒壊は30%以下で，山くずれが起き，地割れを生じ，多くの人々はすわっていることができない程度の地震
VII	激震	400.0以上	家屋の倒壊が30%以上に及び，山くずれ，地割れ，断層などを生じる

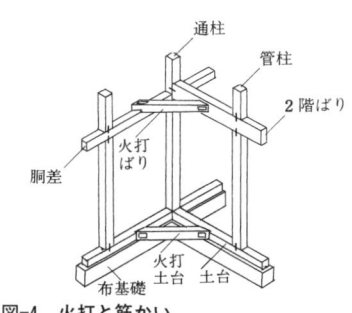

図-4 火打と筋かい

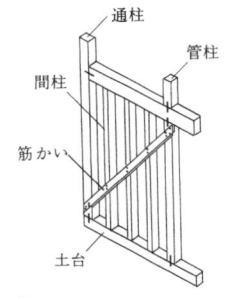

図-2 筋かい

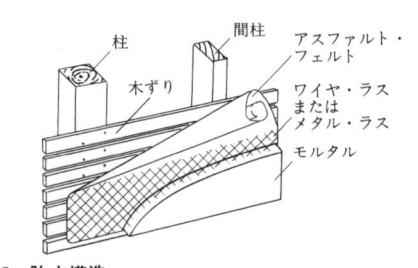

図-5 防火構造

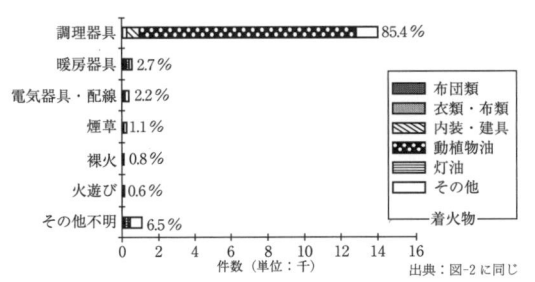

図-6 台所における火源と着火物のパターン

- 調理器具 85.4%
- 暖房器具 2.7%
- 電気器具・配線 2.2%
- 煙草 1.1%
- 裸火 0.8%
- 火遊び 0.6%
- その他不明 6.5%

着火物：布団類／衣類・布類／内装・建具／動植物油／灯油／その他
件数（単位：千） 出典：図-2に同じ

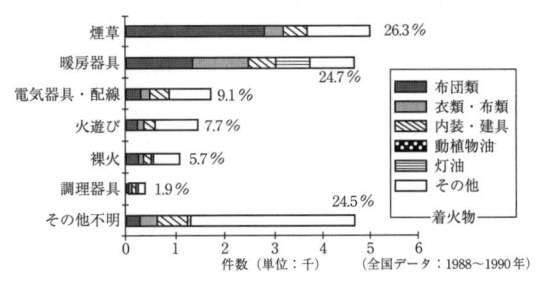

図-7 居室における火源と着火物のパターン

- 煙草 26.3%
- 暖房器具 24.7%
- 電気器具・配線 9.1%
- 火遊び 7.7%
- 裸火 5.7%
- 調理器具 1.9%
- その他不明 24.5%

着火物：布団類／衣類・布類／内装・建具／動植物油／灯油／その他
件数（単位：千） （全国データ：1988〜1990年） 出典：図-2に同じ

4-2-2　住宅と日常災害

日常生活と事故の実態／住宅において安全を脅かす現象は，主として外部から襲ってくる火災，地震，台風，洪水等による非常災害と，住宅に内在する原因により生活に伴う事故として現れる日常災害とに分けられる。住宅内の日常災害による事故死は，毎年5,000人規模で発生しており，絶対数の変化は少ないが，事故死に占める相対的割合は増加している。死亡事故を1とすると，重・中傷30～70倍，軽傷10,000～15,000倍に達するとされ，住宅内で負傷する人は年間2人に1人という推計もある。年齢別では0～4歳の乳幼児と65歳以上の高齢者に集中し，事故の種類では，溺水，転倒，墜落，転落，火傷等の順となっている。

日常災害の原因／日常災害は，人間側（年齢，身体能力，生活様式，精神状態等）と建築側（滑り，段差，火と水等）の原因が重なって発生する。人間側の原因に対して，何も分からない乳児には親が危険を取り除き，注意することに尽きるが，理解力はあっても身体能力の低い幼児や老人には，建築側の改善とともに危険性の認識を高める教育も大切である。

建築側の原因は，住居各部と人体の事故発生メカニズムから12種類に分けられるが，さらに落下型，接触型，危険物型に大別している。落下型は，人体と物体間の大きな落差，床が濡れて滑りやすいことなどにより頭部や腰部等を打撲するもの，接触型は，人体とドア，壁などの物体が接触して指や皮膚等を損傷するもの，危険物型は，火，水あるいは電気，ガスなどの危険物で火傷や中毒，溺水等に至るものなどである。これらの背景としては，①建物の立体化・高層化，②狭い空間に大量の耐久消費材，③危険に対する無知，無関心等があると考えられる。

日常災害の防止対策／日常災害の事故を防ぐには，建築側の原因を軽減し，人間側の安全意識を高めることである。

墜落防止には，窓やバルコニーに高さ110cm以上の手すりを設置し，手すり子は足をかけて昇る水平部分がなく，間隔は幼児の頭が通らない11cm以下とする。

転落防止には，階段は上部に回り部分のない平面形とし，できれば中間に踊り場を設け，勾配は少なくとも45度以下とし，手すりを設置したい。なお，階段を昇りきった部分に外開きのドアを設けてはならない。

転倒防止には，床の段差をできる限りなくすことが大切で，また滑りにくい床仕上材を選ぶ必要があるが，水に濡れると滑りやすくなるので特に注意したい。浴室の床に目地の細かいモザイクタイルが使われるのはこのためである。

ぶつかりやはさまれ防止には，窓やドアの配置に注意し，また玄関ドアは，風にあおられて幼児が指をはさむことのないようドアクローザーを設置する。

火傷防止には，最も多い天ぷら火災などに安全な温度センサー付ガスこんろや電気式のIH（電磁誘導）ヒーター，台所用自動火災消火装置等が有効である。

溺水防止には，浴槽に水を張っている場合に滑りにくい蓋を使用すること，立ち上がり時のために手すりを設置すること，老人の入浴時の体調変化に対しては非常ベルを設置することなどが有効である。

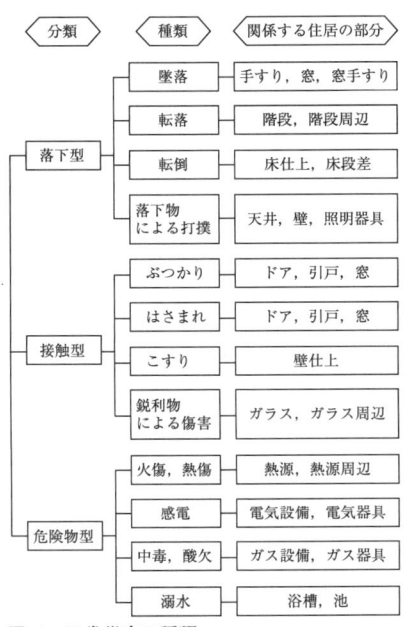

図-1　日常災害の種類
　　　直井英雄ほか：住まいと暮しの安全，理工図書

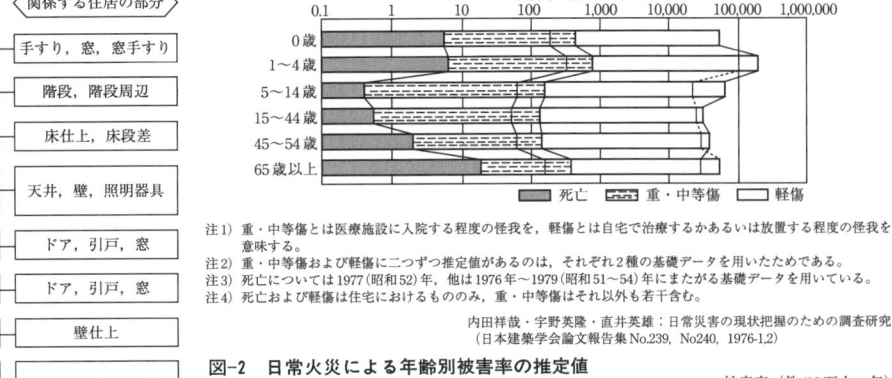

分類	種類	関係する住居の部分
落下型	墜落	手すり，窓，窓手すり
落下型	転落	階段，階段周辺
落下型	転倒	床仕上，床段差
落下型	落下物による打撲	天井，壁，照明器具
接触型	ぶつかり	ドア，引戸，窓
接触型	はさまれ	ドア，引戸，窓
接触型	こすり	壁仕上
接触型	鋭利物による傷害	ガラス，ガラス周辺
危険物型	火傷，熱傷	熱源，熱源周辺
危険物型	感電	電気設備，電気器具
危険物型	中毒，酸欠	ガス設備，ガス器具
危険物型	溺水	浴槽，池

図-2　日常火災による年齢別被害率の推定値

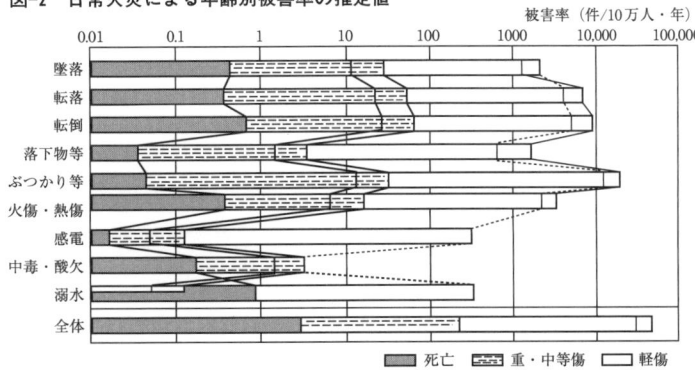

注1）重・中等傷とは医療施設に入院する程度の怪我を，軽傷とは自宅で治療するかあるいは放置する程度の怪我を意味する。
注2）重・中等傷および軽傷に二つずつ推定値があるのは，それぞれ2種の基礎データを用いたためである。
注3）死亡については1977（昭和52）年，他は1976年〜1979（昭和51〜54）年にまたがる基礎データを用いている。
注4）死亡および軽傷は住宅におけるもののみ，重・中等傷はそれ以外も若干含む。

　　内田祥哉・宇野英隆・直井英雄：日常災害の現状把握のための調査研究
　　（日本建築学会論文報告集No.239，No240，1976-1,2）

図-3　日常災害による種類別被害率の推定値

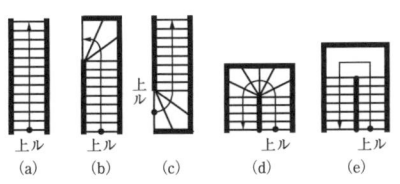

注1）重・中等傷とは医療施設に入院する程度の怪我を，軽傷とは自宅で治療するかあるいは放置する程度の怪我を意味する。
注2）重・中等傷および軽傷に二つずつ推定値があるのは，それぞれ2種の基礎データを用いたためである。
注3）死亡については1977（昭和52）年，他は1976年〜1979（昭和51〜54）年にまたがる基礎データを用いている。
注4）死亡および軽傷は住宅におけるもののみ，重・中等傷はそれ以外も若干含む。

　　内田祥哉・宇野英隆・直井英雄：日常災害の現状把握のための調査研究
　　（日本建築学会論文報告集No.239，No240，1976-1,2）

図-5　住宅階段のタイプの例
(a) (b) (c) (d) (e)

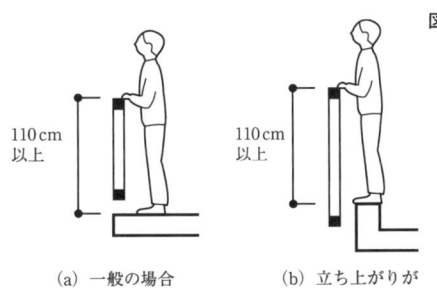

図-4　手すりの高さのとり方
(a) 一般の場合　110cm以上
(b) 立ち上がりがある場合　110cm以上
(c) 幼児がよじ登る危険　65cm程度以上
(d) 幼児がよじ登れないように
(e) 幼児がよじ登っても落ちないように　80cm以上

出典：図-1に同じ

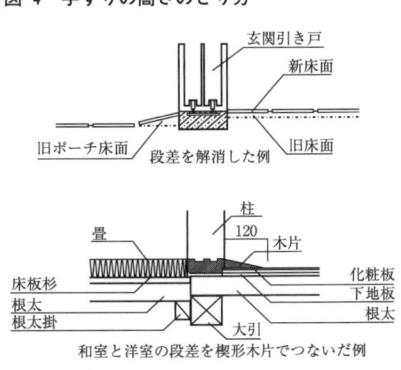

図-6　段差の解消の仕方
段差を解消した例（玄関引き戸，新床面，旧床面，旧ポーチ床面）
和室と洋室の段差を楔形木片でつないだ例（畳，柱，120，木片，化粧板，床板杉，下地板，根太，根太掛，大引）
出典：図-1に同じ

図-7　住宅における溺水事故（1993年）とその対策
死亡率（人/10万人・年）
0〜4歳／5〜14歳／15〜44歳／45〜64歳／65〜以上（男女別）
高齢者対応の浴室の例
出典：図-1に同じ

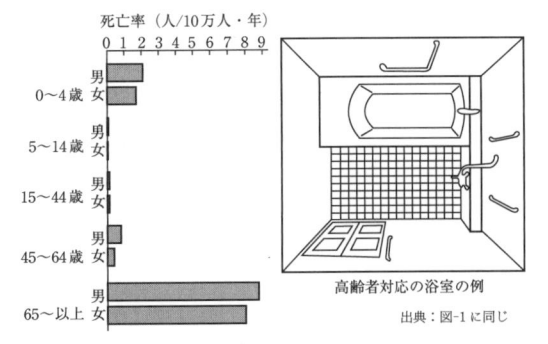

4-3 健康な住宅

4-3-1 住宅と明るさ

光と目／太陽の放射線は，人間の目に見える可視光と熱を伝える赤外線および生体の成長や殺菌作用に係る紫外線等からなる。可視光が波長の長い方から赤(R)，黄(Y)，緑(G)，青(B)，紫(P)などの分光をもつことはプリズムにより確かめられる。目の構造はカメラの機構と似て，瞳孔（絞り）と水晶体（レンズ）が光量と焦点距離を調節して，網膜（フィルム）上に外界の像を結ぶ。人間は，夜の暗闇（約1ルクス）から直射日光下（約130,000ルクス）の明るさまで慣れにより対応することができる。

明るさは，1カンデラの強さ（光度）の光源から1m離れた垂直面照度を1ルクスとして，光電池式照度計により測られる。健康的な明視環境を得るためには，昼間の自然採光と夜間の人工照明によって適正な照度とその分布（均斉度）を与えること，また光源が直接視野に入らぬようにしてグレアを避ける。なお太陽光，白熱灯，蛍光灯は，それぞれ分光分布が異なるため，物の色彩は色味が違って見え，白熱灯では赤みが，蛍光灯では青みが強くなる。

日照と採光／一般に住宅では，少なくとも一室は日照が得られることが望ましい。また住宅の居室には床面積の1/7以上の有効採光面積が必要である（建築基準法第28条）。太陽の直射光と天空光による日照と採光は，わが国では伝統的に重視され，住宅は南面させることが好まれてきた。日影曲線により，冬至において4時間以上の日照時間が得られるよう住宅の配置を行うことが望ましい。

採光は，天空光を窓から採り入れるもので，室内外の明るさの比である昼光率(%)に応じて採光窓の効率が決まる。部屋の用途に合わせて基準昼光率が定められている（住宅の食堂，居間で0.7%）。天空照度は天候，時刻，季節，地域等により変化するため，室内照度は一定ではなく，変化自体が自然採光の特徴といえる。照度分布は，窓の位置と寸法や内装仕上材の反射率により異なるが，窓はできれば2面に設け，天井や壁には明るい仕上材を用いるとよい。

照明／人工照明は自然採光と異なり，光源の数，強さや位置を自由に選べ明るさも安定している。照明の方法は，主たる機能から全般照明，局部照明，装飾照明等に分けられ，配光分布から直接照明，全般拡散照明，間接照明等に，取付方法からダウンライト，シーリングライト，ブラケット，ペンダント，スタンド等に，また光源から白熱灯，蛍光灯等に分類される。

照明計画では，部屋の寸法，形状，仕上げ材の反射率，家具配置や模様替えなどを考慮して作業面上（洋室では床上85cm，和室では40cm）での必要照度を得ることとし，室内の照度分布は主作業面の1/3以上とする。器具は，1m²当たり10～30W程度のものとし，まぶしくないものを用いる。玄関ポーチには防滴形，廊下には常夜灯，台所には手元灯，浴室には防湿形などそれぞれの用途の器具を用いる。またスイッチは，住宅内の公室空間では出入口の外側に，私室空間では内側に設ける。階段には，上下階から自由に点滅可能な3路スイッチを用いるとよい。

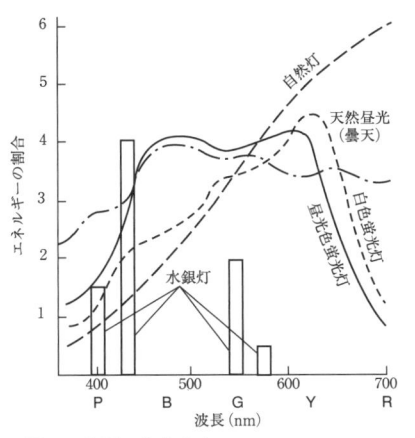

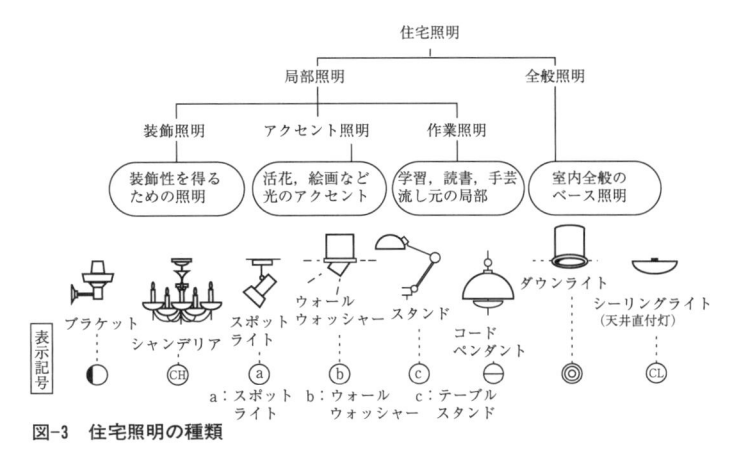

図-1 光源の分光分布

図-2 光源の色温度と演色性

図-3 住宅照明の種類

図-4 照明器具の種類

図-5 部屋の広さと照明器具 (単位：W)

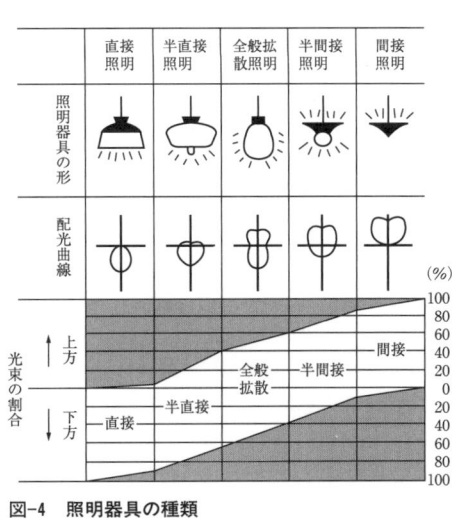

室の広さ	蛍光灯			白熱灯	
	直付	吊下(直)	吊下(環)	グローブ	不透明セード
4.5畳	80	40	60	200	180
6	100	60	90	220	190
8	120	60	90	300	260
10	120	80	120	330	290
12	140	80	120	400	350

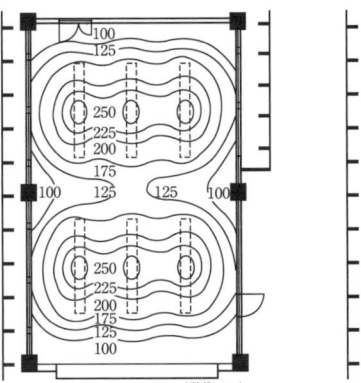

図-6 人工照明の照度分布の例（実測値より作成）
日本建築学会編：建築設計資料集成1，丸善

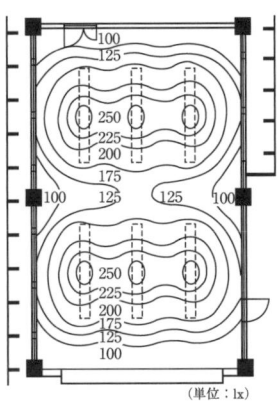

図-7 昼光率分布図の例（実測値より作成）
出典：図6に同じ

表-1 JIS照度基準 (lx)

照度階段	標準照度範囲	住宅
aaa	**1,000** 1,500〜700	裁縫
aa	**500** 700〜300	勉強 細字読書
a	**200** 300〜150	読書，洗濯，調理，化粧，着付け，食事，娯楽
b	**100** 150〜70	居間，書斎，応接室，子供室，食堂，台所，家事室，浴室
c	**50** 70〜30	玄関，ホール，納戸，廊下，階段，便所
d	**20** 30〜15	寝室，車庫

4-3-2 住宅と静かさ

音と耳／音は空気の疎密波で，高さ，強さ，音色の三要素をもつ。人間の耳は，高さは約20〜20,000ヘルツ（Hz）の周波数範囲を聞くことができ，強さは最小可聴値より強い音を感知する。音の物理的な強さは，純音1,000 Hzの最小可聴値にほぼ等しい音の強さ10^{-12}（W/m²）に対する比の対数値デシベル（dB）である音圧レベルで表示され，騒音計の平たん特性（dB）で測られる。音の感覚的な強さは，人間の聴覚に近似した騒音計のA特性（dB）で測られ（騒音レベル）これをもとに音の大きさを近似的に評価している。音は音源を中心に空気中を放射状に伝わるため，その強さは距離の自乗に反比例して減衰する。空気中を伝わる音は，物体の表面で反射するほか一部は吸収され，残りは透過する。

コンクリートやガラスなど表面が固く平滑な材料は吸音率が小さく，ロックウールやインシュレーションボードなど表面が柔らかく多孔性の材料は吸音率が大きい。またコンクリート造のように重くて厚い壁は遮音性が高い（透過損失が大きい）。

生活音と騒音／住宅の音環境を考える時には，静寂が不可欠である。人間の活動は常に何らかの音（生活音）を伴うが，同じ音が聞き手によって不快な音（騒音）にも快い音にもなり得るように，主観的要因が大きい。騒音は，住宅の外から侵入してくる外部騒音と，室内で発生する内部騒音に分けられる。

外部騒音……交通騒音，街頭騒音，工場騒音，建設騒音，近隣からの生活音
内部騒音……人声，歩行音，楽器や音響機器音，設備機器の騒音

このような騒音は，人間の心理・生理に作用する（不快感，集中力低下，睡眠妨害など）だけでなく，都市的居住の深刻な問題となっている。また，集合住宅において特に問題となる音に床衝撃音と給排水音がある。騒音対策としては，騒音の発生源をなくし，騒音が伝わらないようにすることが肝要である。音源には騒音の限度（騒音防止法）が，地域の騒音には環境基準（環境基本法）が定められており，室内の静かさについては室内許容騒音レベル（日本建築学会）が提案されている。

静かな住宅／静かで落ち着いた住まいを実現するためには，交通規制や土地利用規制など地域全体の対策により静かな環境を確保し，夜間には騒音を発生させない相隣同士の生活ルールを確立し，さらに住宅の遮音性を高めて室内の騒音レベルを下げることが必要である。都市において密集して建てられる住宅や幹線道路に面した住宅では，外周部を構成する部位（屋根，天井，外壁，開口部，床等）の遮音性能を高めることが特に重要となる。

部位の遮音性能は，部位に入射した音の強さと透過した音の強さとの比（音圧レベル差）である透過損失Rによってデシベル単位で表示され，一般にすき間がなく重くて厚いほど性能が高い。ボード張りの壁に比べてコンクリートの壁は高い性能をもつが，窓サッシは，ガラス1枚であり，建具のすき間も多いために弱点となりやすい。なお，住宅の内部では，設備や家具等の不快な発生音を抑え，適度な吸音性の仕上とすることが望ましい。

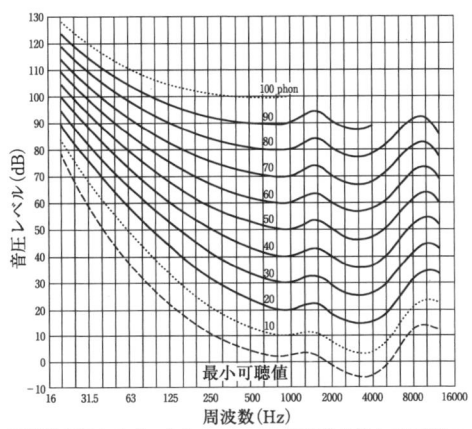

周波数が異なる音の大きさのレベルは等感曲線上では等しい。

図-1　純音の大きさの等感曲線

図-2　普通騒音計

騒音レベルdB	20	25	30	35	40	45	50	55	60
音環境の例	木の葉のそよぎ ────				静かな室内 ────				にぎやかな街角
うるささ	無音感 ────		非常に静か ────		特に気にならない ────		騒音を感じる ────		騒音を無視できない
会話，電話への影響			5m離れてささやき声が聞こえる		10m離れて会話可能 電話は支障なし		普通会話（3m以内）電話は可能		大声会話（3m）電話やや困難
ホテル，住宅，一般事務室				書斎 大会議室	寝室，客室，応接室	宴会場 小会議室	ロビー	一般事務室	計算機室

図-3　室内騒音の許容値

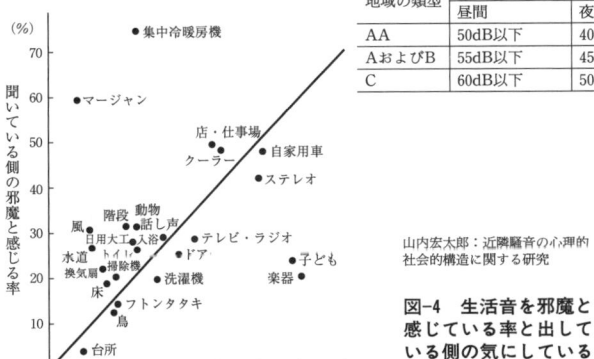

表-1　騒音の環境基準（環境基本法：評価は等価騒音レベル L_{Aeq}（dB））

地域の類型	基準値	
	昼間	夜間
AA	50dB以下	40dB以下
AおよびB	55dB以下	45dB以下
C	60dB以下	50dB以下

注1　等価騒音レベルは変動する騒音とエネルギー的に等しい変動しない騒音のレベルで示したもの。
注2　昼間は午前6時～午後10時，夜間は午後10時～翌午前6時
注3　AAは療養施設，社会福祉施設などが集合して設置される特に静穏を要する地域
注4　Aはもっぱら住居の用に供される地域
注5　Bは主に住居の用に供される地域
注6　Cは住居と併せて商業，工業の用に供される地域

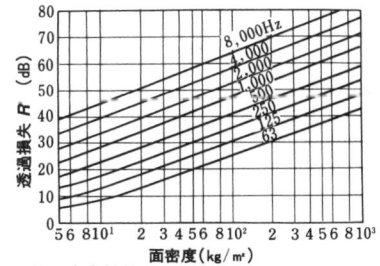

図-4　生活音を邪魔と感じている率と出している側の気にしている率

山内宏太郎：近隣騒音の心理的社会的構造に関する研究

図-5　一重壁の遮音性能

日本建築学会編：実務的騒音対策指針より作成

表-2　各種構造の透過損失　　　　　　　　　　（単位：dB）

構造	厚さ(mm)	面密度(kg/m²)	周波数（ヘルツ）						平均
			125	250	500	1,000	2,000	4,000	
ラワン合成	6	3.0	11	13	16	21	25	23	18.2
石膏ボード	9	8.1	12	14	21	28	35	39	24.8
石膏ボード	12	10.8	18	17	22	29	37	35	26.3
合板(6 mm)＋空気層(10 cm)＋合板(6 mm)	112	10.28	11	20	29	38	45	42	30.8
石膏ボード(9 mm)＋ガラスせんい(45 mm)＋石膏ボード(9 mm)	63	15	22	22	28	42	56	60	38.3
コンクリート(100 mm)＋空気層(19 cm)＋石膏プラスター板(26 mm)	145	260以上	51	55	59	57	53	—	55.0
アルミ引違サッシ(ガラス5 mm)			18	20	23	21	22	25	21.5
普通コンクリート	150		35	40	48	55	60	65	50.7

設定条件
・スラブ厚：120mm程度
・スパン：4～5m程度
・吸音力：10m²程度

日本建築学会編：建築設計資料集成1，丸善

図-6　床仕上げと床衝撃レベル

4-3-3　住宅と空気

空気汚染と換気／人体は熱エネルギーを放出し，酸素を消費して炭酸ガスを排出し，水蒸気を発生する。また，衣類やふとんからの塵埃(じんあい)，食物や衛生設備からの臭気，燃焼器具からの廃ガス，高湿によるカビや細菌なども汚染原因となる。

　汚染の程度は，ガスは検知管，浮遊粉塵は粉塵計によって測る。換気は，汚染された空気を屋外に排出し，室内に新鮮な空気を採り入れることを目的とする。

　日本の伝統的住宅は夏向きに作られており，1時間に室内空気を平均3回も換気する（換気回数3回）。最近の住宅は，アルミサッシの普及などにより気密化が進む一方で，新建材から放散されるホルムアルデヒド等の揮発性有機化合物（VOC）によるシックハウス症候群が問題となってきた。換気は必然的に室内外の熱の授受を伴うため，暖冷房の実状に応じた計画的な換気を行うことが望ましい。

換気の方法／換気の方法には，風力もしくは室内外温度差による自然換気と換気扇や送風機などの動力を用いる機械換気とがある。住宅では自然換気を主体にして必要な場所に機械換気を併用することが多い。風力による自然換気は，最も一般的な換気方法で，居室では，床面積の1/20以上の換気に有効な窓等を設けることが義務づけられている（建築基準法第28条2）が，風が通るためには，風上と風下の両方に開口部を設けることが大切である。温度差による自然換気は，いわゆる煙突効果による換気で，上下一対の開口部間での温度差，落差および開口面積が大きいほど換気量は大きくなる。この換気方法では，窓が縦に長ければ一つだけの場合でも，暖房時には上部から暖かい空気が流出し下部から冷気が流入し，冷房時は逆の状態となってかなりの換気量が得られる。

　住宅の機械換気には，壁付換気扇による簡易な方法が用いられるが，給気口と排気口の両方が必要で，換気扇をそのどちらに設置するかで異なった排気特性となる。便所や浴室等の小空間で効率よく排気するためには，同時給排式という排気用換気扇に給気口を備えたものもある。

必要換気量／汚染物質を室内許容濃度以下に保つために必要な換気量は，室内での発生量に比例し，室内外の濃度差に反比例する。一般居室の場合には呼吸のための必要酸素量や人体の発生する熱，炭酸ガス，水蒸気，粉塵および喫煙者の煙について，ガスストーブや石油ストーブなどの室内空気を消費する開放式燃焼器具を用いる部屋の場合には酸素補給，炭酸ガス，水蒸気および一酸化炭素について，また台所，便所，洗面所，浴室など水回りの場合には臭気，煙，水蒸気などについて，考慮する必要がある。一般居室の在室者からの必要換気量は，検出が容易な炭酸ガスを目安として決めればよい。

　室内での炭酸ガス濃度の許容値を建築基準法やビル管理法に従い1,000 ppmとすると，30 m³/h人程度となる。ただし，喫煙者に対しては必要な割増を行う。開放式燃焼器具からの必要換気量は，建築基準法に従い理論廃ガス量の40倍とすると，1 kW当たり36 m³/hの多量な換気量が必要となる。水回り空間では，湿気や臭気を避け，カビの発生を防ぐために，十分な換気を行うことが望ましい。

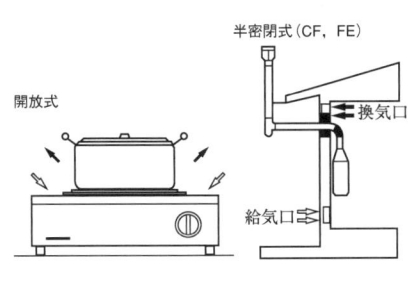

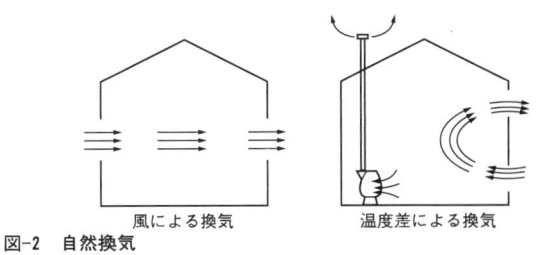

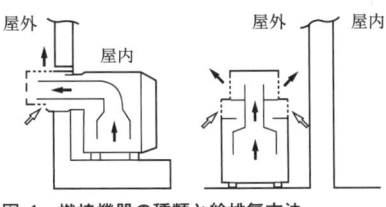

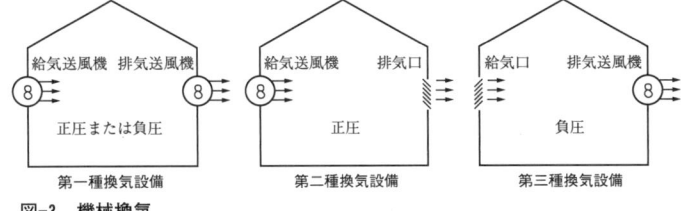

図-1 燃焼機器の種類と給排気方法

開放式 / 半密閉式(CF, FE) / 密閉式(BF, FF) / 屋外用(RF)

図-2 自然換気

風による換気 / 温度差による換気

図-3 機械換気

第一種換気設備（正圧または負圧）／第二種換気設備（正圧）／第三種換気設備（負圧）

表-1 換気指標としての二酸化炭素（CO_2）

濃度（%）	意　味	
0.07	多数継続在室する場合のじょ限度（Pettenkofer 説）	二酸化炭素の増加に比例する空気の物理・化学的性状の悪化を仮定したときのじょ限度（最大許容濃度）
0.10 (1,000 ppm)	一般の場合のじょ限度（Pettenkofer 説）	
0.15	従来換気計算に使用されたじょ限度（Rietchel 説）	
0.2〜0.5	相当不良	
0.5 以上	最も不良	
0.1	呼吸器、循環器、大脳などの機能に影響が見られる（Eliseeva 説）	二酸化炭素そのものの人体への影響を濃度ごとに調べたもの
4	耳鳴り、頭痛、血圧上昇などの徴候が現れる（Lehmann 説）	
8〜10	意識混濁、けいれんなどを起こし呼吸が止まる（Lehmann 説）	
20	中枢障害を起こし生命が危険となる（Lehmann 説）	

佐藤 鑑：新訂建築学大系 22, P 414〜417, 彰国社より作成

表-2 建築物環境衛生管理基準

基 準 項 目	建築物環境衛生管理基準（日本，1971 年制定）
浮遊粉じんの量	空気 1 m^3 につき 0.15 mg 以下
一酸化炭素の含有率	10 ppm（厚生省令で定める特例ではその数値）以下
二酸化炭素の含有率	1,000 ppm（0.1%）以下
温　度	1 17℃以上 28℃以下 2 居室内温度を外気温度より低くする場合には、その差を著しくしないこと
相対湿度	40% 以上 70% 以下
気　流	0.5 m/s 以下

資料：建築物における衛生的環境の確保に関する法律による

表-3 一酸化炭素（CO）の人体影響

濃度（ppm）	ばく露時間	影　響	
5	20 min	高次神経系反射作用変化	一酸化炭素による中毒のじょ限度は、濃度、ばく露時間、作業強度、呼吸強度、個人の体質の差などで、それを設定することは難しいが、Hendersonによれば、濃度(ppm)＋時間(b) 　＜600 であるといわれる。
30	8 h 以上	視覚・神経機能障害	
200	2〜4 h	前頭部頭重、軽度の頭痛	
500	2〜4 h	激しい頭痛、悪心、脱力感、視力障害、虚脱感	
1,000	2〜3 h	脈はこう進、けいれんを伴う失神	
2,000	1〜2 h	死亡	

東京都公害局編：公害防止管理者ハンドブック（1973）、および生活環境審議会編：一酸化炭素（CO）による大気汚染の測定と人への影響，大気汚染研究，Vol.7，(1972) より作成

表-4 必要換気量

在室者	在室者一人当たりの換気量	20〜30 m^3/h（機械換気のときは 20 m^3/h——建築基準法）
	喫煙者がいる場合	喫煙状況によって割増しをする（30 m^3/h・人以上——0.5 本/人として）
燃焼器具	燃焼廃ガスが室内に放出されるとき（開放型）	1 kW 当たり 36 m^3/h（理論廃ガス量の 40 倍——建築基準法）
	煙突付きの燃焼器具があるとき（半密閉型）	1 kW 当たり 1.8 m^3/h（理論廃ガス量の 2 倍——建築基準法）

表-5 揮発性有機化合物の室内濃度に関する指針値（2001 年 7 月 8 日現在）

揮発性有機化合物	毒性指標（ヒト,マウス,ラット等）	室内濃度指針値
ホルムアルデヒド	鼻咽頭粘膜への刺激	100 $\mu g/m^3$ (0.08 ppm)
トルエン	神経機能、生殖発生への影響	260 $\mu g/m^3$ (0.07 ppm)
キシレン	中枢神経発達への影響	870 $\mu g/m^3$ (0.20 ppm)
パラジクロロベンゼン	肝臓、腎臓などへの影響	240 $\mu g/m^3$ (0.04 ppm)
エチルベンゼン	腎臓、肝臓への影響	3,800 $\mu g/m^3$ (0.88 ppm)
スチレン	脳、肝臓への影響	220 $\mu g/m^3$ (0.05 ppm)
クロルピリホス	神経発達、脳への形態	1 $\mu g/m^3$(0.07 ppb) ただし小児の場合は 0.1 $\mu g/m^3$ 0.007 ppb
フタル酸ジ-n-ブチル	生殖器異常などの影響	220 $\mu g/m^3$ (0.02 ppm)
※テトラデカン	肝臓への影響	330 $\mu g/m^3$ (0.041 ppm)
※ノナナール	毒性学的影響	41 $\mu g/m^3$ (7.0 ppb)
※フタル酸ジ-2-エチルヘキシル	精巣への影響	120 $\mu g/m^3$ (7.6 ppb)
※ダイアジノン	血漿、赤血球性への影響	0.29 $\mu g/m^3$ (0.02 ppb)

注）両単位の換算は 25℃の場合による。
※は '01 年 5 月 17 日に追加された指針値案

厚生労働省

4-3-4　住宅と暖かさ，涼しさ (1)

温熱感覚と快適条件／体温に個人差はあるが日中 36.5℃ 前後に保たれるのは，エネルギー代謝と放熱が平衡しているためで，体表での熱収支が寒さ暑さの感覚を決定する。放熱は，伝導，対流，放射，蒸発の形で行われ，放熱量は，人体の健康状況，空腹度合い，作業状態，衣服の保温性および室内気候などに左右される。作業状態は，イス坐安静時を 1 Met (58.2 W/m^2) とする作業量（エネルギー代謝率）で測られ，衣服の保温性は室内（気温 22℃，湿度 50% RH，気流 0.1 m/s）で 1 Met の作業時に快適（熱流が平衡）と感ずる着衣量を 1 clo として測られる。

　室内気候は，温度 (K)，湿度 (% RH)，気流 (m/s)，平均放射温度 (K) 等からなり，乾湿球温湿度計，自記温湿度計，アスマン通風温湿度計，グローブ温度計，微風速計等により測定される。住宅の室内の快適条件は，作用温度[*1]および相対湿度から決定される新有効温度 (ET) を指標として検討される。

夏涼しく冬暖かく／モンスーン地帯に属し，比較的温和な四季に恵まれて自然に親しむわが国の住まいは，むし暑い夏に適合する反面，冬の寒さには無防備に近かった。夏涼しく冬暖かい快適な住宅を作るためには，次のような方法がとられる。

①　断熱性を高める：住宅の外周部位からの熱伝導による熱の貫流を防ぐことで，断熱材や空気層などが有効であり，夏冬ともに効果がある。熱抵抗値は，厚さに比例し熱伝導率に反比例する。多層構成の場合は，各層の値の和となる。

②　日射の利用と防御：太陽の放射線のうち赤外線（波長 780 nm 以上）は，熱線と呼ばれる。日射エネルギーは，太陽の高度と方位から，冬は南壁面に，夏は屋根面に特に強く受ける。南面の大きな開口部は冬の採暖に有効であり，屋根面および東西外壁面の断熱および深い庇は，夏の涼しさに効果が大きい。

③　気密性と夏期の通風：換気による暖房時の熱損失と，冷房時の熱取得は，暖冷房の負荷を大きくする。従来，すき間の多かった木造住宅は，アルミサッシの普及により，気密性が高くなったため，換気回数 1 回（コンクリート造の共同住宅では 0.5 回）を暖房負荷計算時の換気量の標準値とする。気密性が向上したために，夏期の通風や台所，浴室，便所の換気の必要性も高くなった。

④　熱容量を大きくする：外気温の季間，日間，昼夜間の変化に対する室内気温の変動は，熱容量が大きいほど少なくなる。温度変化は緩慢である反面，冬期の暖房の立上げ時間を要したり，夏期の夜間に室外気温が下がっても熱気が残り換気が必要となる。一般に，コンクリート造住宅は，木造に比べ熱容量が大きい。

暖冷房と経済性／上記の各方法は，住宅の立地条件や居住者の生活様式等に合わせて，重要度を検討する必要がある。自然環境の違いから，北海道では冬の対策，沖縄では夏の対策が重要となり，社会環境の差から，都市住宅は閉鎖的で人工制御の必要度が高く，郊外住宅は開放的で自然に融和する要素が多くなる。冬暖かい住まいと暖房設備，夏涼しい住まいと冷房設備については，次項に示す。設備に関する費用は，設備費と維持費を総合的に検討する必要がある。

[*1]　室温と平均放射温度の平均値。0.2 m/s 以下の静穏気流時にはグローブ温度に一致。

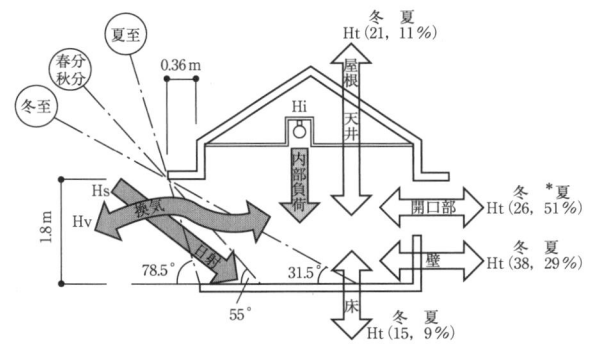

住宅内部と外部の熱のやりとりを熱収支といい，冬の暖房期は内から外へ熱が流れ（熱損失），夏の冷房期は外から内へ熱が流れる（熱取得）。
熱収支 $H = Ht$（貫流）$+ Hv$（換気）$- Hs$（日射）$- Hi$（内部負荷）
その熱収支により暖房または冷房の容量を決定するが，立上げ時の負荷などを考慮して，その2倍程度とする。
貫流熱収支 Ht：断熱材の使用により低減させられる。
換気熱収支 Hv：開口部の気密性向上により低減される。生活上の必要換気量は確保しなければならない。
日射熱取得 Hs：窓からの直射光（日射）を避けることで低減される。冷房時のみ考慮。
内部負荷 Hi：照明・電力あるいは人体からの熱取得。冷暖時のみ考慮。
図中の *印には Hv, Hs を含む。

図-1　住宅における熱収支

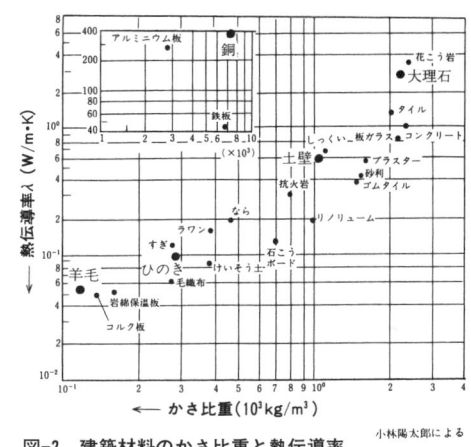

図-2　建築材料のかさ比重と熱伝導率　　小林陽太郎による

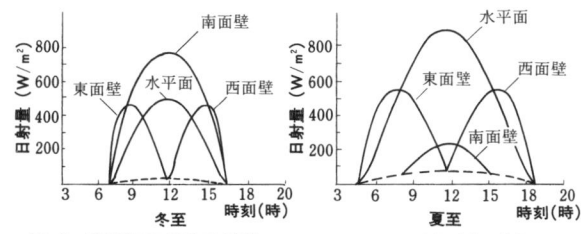

図-3　東京における日射量　日本建築学編：建築設計資料集成1, 丸善より作成

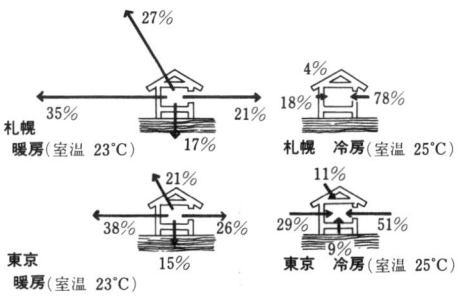

図-4　部位別負荷の構成比（寒冷地，温暖値）

図-5　地域別年間負荷　（LESCOM'80計算結果による）図-1に同じ

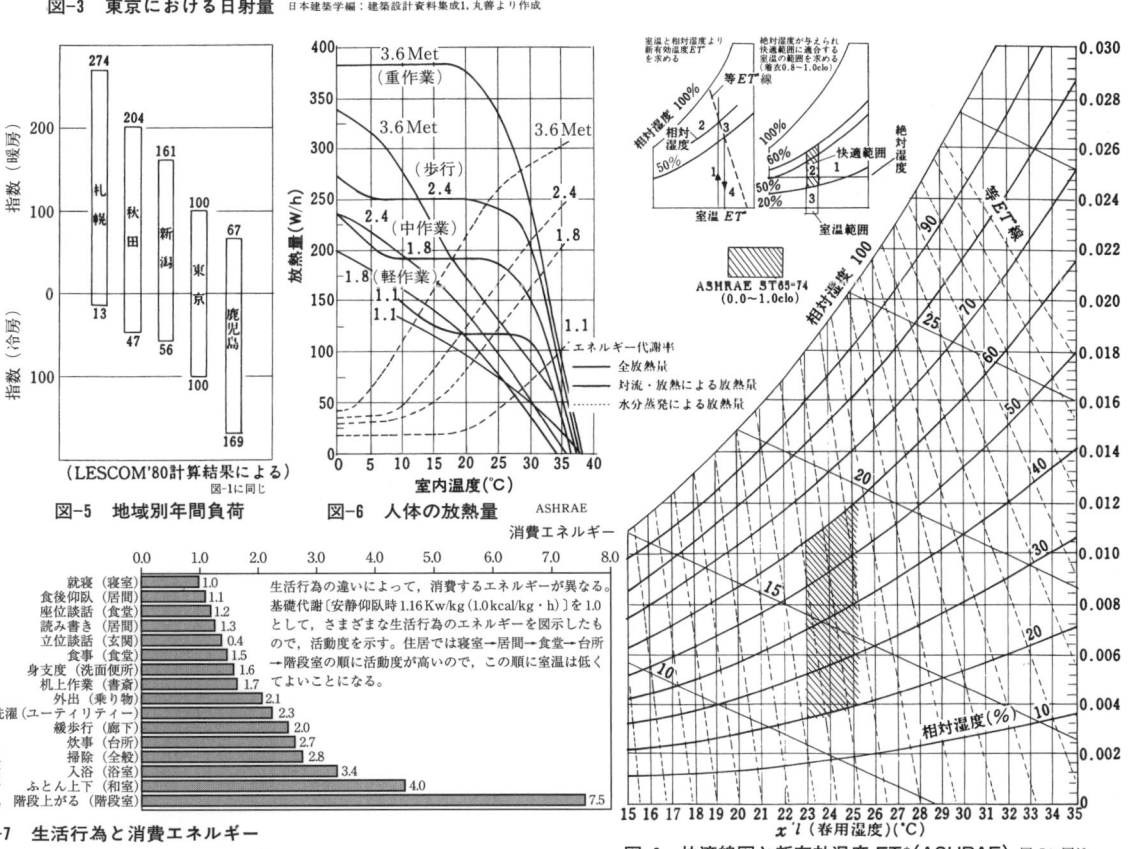

図-6　人体の放熱量　ASHRAE

図-7　生活行為と消費エネルギー

生活行為の違いによって，消費するエネルギーが異なる。基礎代謝（安静仰臥時 1.16 Kw/kg（1.0 kcal/kg・h））を1.0として，さまざまな生活行為のエネルギーを図示したもので，活動度を示す。住居では寝室→居間→食堂→台所→階段室の順に活動度が高いので，この順に室温は低くてよいことになる。

図-8　快適線図と新有効温度 ET^*（ASHRAE）　図-7に同じ

4-3-5 住宅と暖かさ，涼しさ (2)

冬暖かい住宅／古い日本家屋は，すき間風が多く室温を上げることが困難なため，ひばちやこたつ等の局所暖房が用いられたが，住宅の気密化や断熱化につれて，より活動的な生活に適した衛生的な暖房方式が一般化してきた。

暖房時の熱損失（暖房負荷）は，換気やすき間風により空気と共に失われる熱損失と，住宅の構造躯体を通して熱貫流により失われる熱損失に大別される。建具まわりなど各部の気密性を高めて不要な換気を防ぎ，床，壁，天井などの部位の断熱性を高めて貫流熱を防ぐと，快適で省エネルギーな住宅にすることができる。窓にカーテン，複層ガラス，雨戸等を用いるのも効果的である。

暖房機器は，暖房負荷に見合ったものを用いるが，立上げ負荷を考慮して余裕が必要となる。なお，日照は採暖上あるいは健康上，積極的に取り入れたい。

夏涼しい住宅／日本の夏は高温多湿のため，実気温よりむし暑く感じられる（体感温度）。夏期の室内は，換気による熱取得，構造躯体からの貫流熱取得，日射による熱取得，内部で発生する熱取得（内部負荷）等のため，外気より高温になりやすい。夏に涼しい住宅は，貫流熱，日射熱，内部負荷を小さくするとよいが，換気の扱いは，通風によるパッシブ方式と冷房によるアクティブ方式では異なる。

冷房のない時代に，夏を旨として作られた古い民家は，厚い屋根や壁を持ち，大きく開く建具と深い庇(ひさし)を備え，夏でも室内は涼しい。屋根や壁の断熱は貫流熱を少なくし，大きな開口部からの通風をふさがぬよう間仕切り壁や家具が配置され，深い庇は日差しを室内に入れないよう工夫されている。現代の住宅でも，冷房をしないでよい季節や地域においては，このパッシブ方式が有効である。

冷房をする場合には，電気エネルギーを用いて積極的に冷房を行うが（アクティブ方式），この場合でも，床，壁，天井を断熱し，庇やブラインドで日射を避け，すき間や窓からの換気を押さえるなどパッシブ手法は冷房負荷を小さくし，省エネルギー化する効果がある。

暖房および冷房／暖冷房には個別式と集中式があり，また各種方式の特徴を理解して選ぶ必要がある（表-2）が，装置の容量は表-1を参考として決めればよい。

石油やガスのストーブ方式は，個別式暖房の代表的なものであるが，開放燃焼式のものは，換気不足から不完全燃焼による一酸化炭素中毒を起こす恐れがあり，安全，衛生の面からは密閉燃焼式の強制給排気筒（FF）型式のものが望ましい。

ヒートポンプ方式は，外気を熱源にして正逆運転により暖冷房に利用できるもので，最近の暖冷房の主役となっている。

床暖房方式は，熱放射により人体を直接温めるもので，室温の垂直分布が均一で快適である。ボイラーから温水を回す温水式と電気による面状発熱体式があり，前者は放熱器を用いて居室暖房と浴室乾燥を組み合わせることもできる。

ストーブ，放熱器あるいは吹出口は，開口部や家具との位置関係に注意し，室内での気流が室温分布を均一化させるように配置することが望ましい。また，暖冷房時の換気には，全熱交換型換気扇を用いると省エネルギーになる。

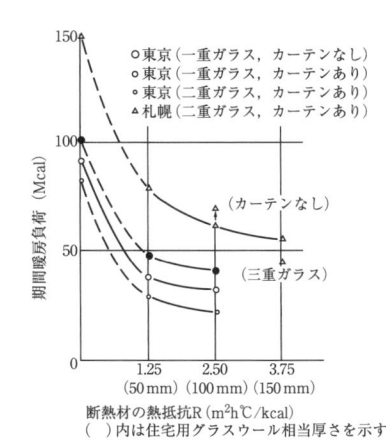

図-1 期間暖房負荷の減少

表-1 暖冷房負荷（単位床面積当たり）

負荷および算出条件 室条件		単位床面積当たりの負荷 W/m²＝860 kcal/hm²			単位床面積当たりの暖冷房負荷算出の条件			
		冷房 (W/m²)	ヒートポンプ暖房 空冷式 (W/m²)	電熱暖房 (W/m²)	換気回数 (回/h)	窓面積床面積 (%)	床面積10 m²当たりの在室者数 (人/10 m²)	照明（蛍光灯）(W/m²)
住宅（木造平屋）	和室 南向き(1)	220	275	230	1.5	40	3	0
	和室 北向き(1)	160	265	215	1.5	20	3	10
	洋室 南向き(1)	190	265	215	1	30	3	0
	洋室 西向き(1)	230	265	215	1	30	3	0
集合住宅（鉄筋）南向き洋間	最上階	185	250	205	1	30	3	10
	中間階	145	220	180	1	30	3	10

（注）(1) 南向きとは、外気に接している窓が南側だけにあることをいう。北向き、西向きも同様の意味である。

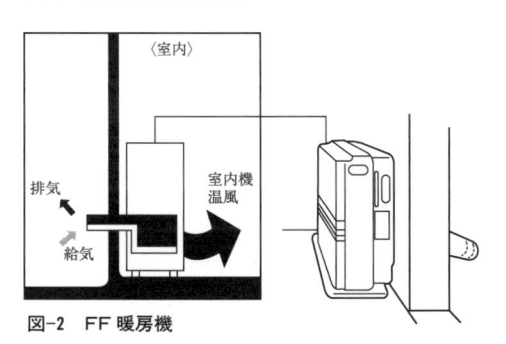

図-2 FF暖房機

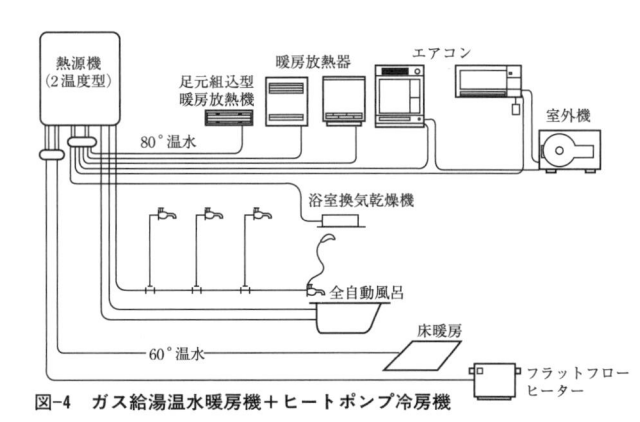

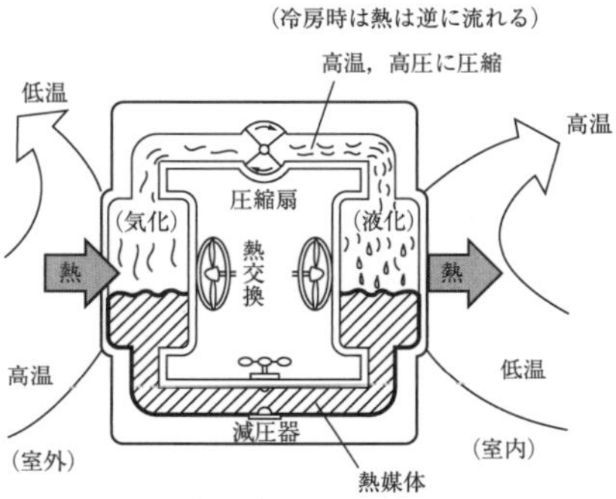

図-3 ヒートポンプの原理

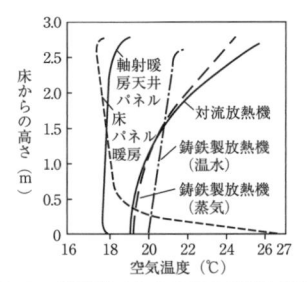

図-4 ガス給湯温水暖房機＋ヒートポンプ冷房機

図-5 各種冷房方式の室内垂直温度分布

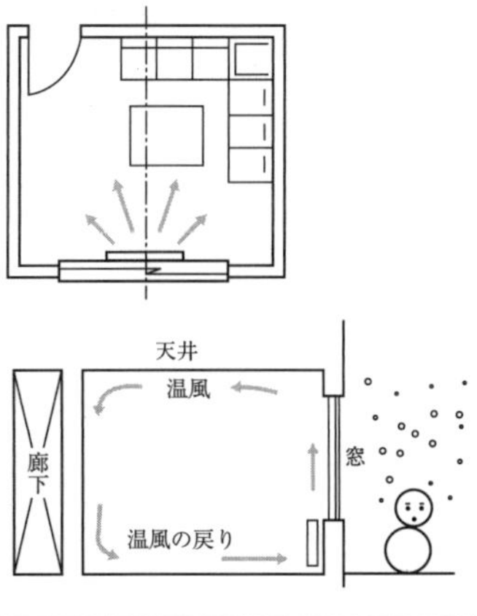

図-6 放熱機の設置位置

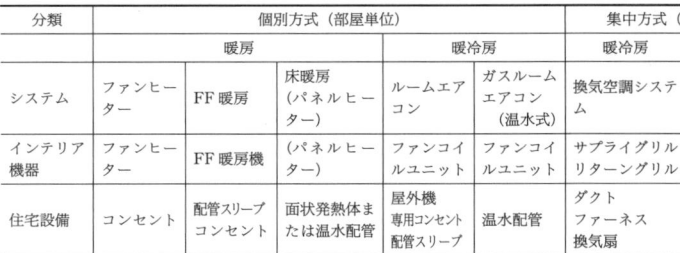

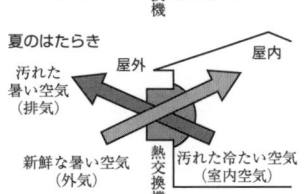

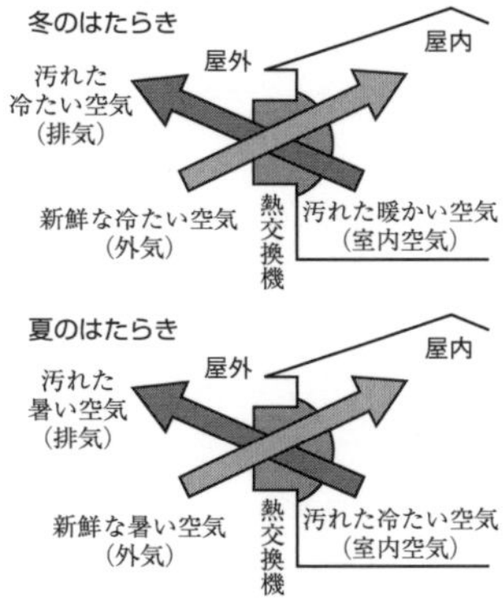

図-7 全熱交換型換気扇（熱交換率70%）

表-2 主要な暖冷房機器

分類	個別方式（部屋単位）					集中方式（住戸単位）	
	暖房			暖冷房		暖冷房	暖冷房給湯
システム	ファンヒーター	FF暖房	床暖房（パネルヒーター）	ルームエアコン	ガスルームエアコン（温水式）	換気空調システム	温水暖房＋給湯＋ヒートポンプ冷房
インテリア機器	ファンヒーター	FF暖房機	（パネルヒーター）	ファンコイルユニット	ファンコイルユニット	サプライグリルリターングリル	ファンコイルユニット
住宅設備	コンセント	配管スリーブコンセント	面状発熱体または温水配管	屋外機専用コンセント配管スリーブ	温水配管	ダクトファーネス換気扇	温水配管
熱源	ガス, 石油	ガス, 石油	電気, ガス, 石油	電気	ガス, 電気	ガス, 電気	ガス, 電気

4-3-6 住宅と衛生

清潔な住宅と設備／住宅は，見た目の汚れ，ごみ，ほこりばかりでなく，ネズミ，ゴキブリ，ハエ，ダニ，カビなどの生物あるいは微生物により，不潔な環境に陥りやすい。台所や食堂，洗面室，便所，浴室などの空間は，換気や採光をよくし，湿気を呼ばない構造とし，耐水性や耐汚性など清掃しやすい仕上とすることが必要である。また住み手は，清潔に住む習慣を養い，設備機器，器具等の適正な使用法，手入法，補修法などの正しい知識を持つことが求められる。

住宅設備は，工事の関係から給排水設備，電気設備，ガス設備に大別されるが，生活面からはキッチン設備とサニタリー設備に分けて計画することもある。

上水道の給水方式は，一戸建ては水道直結方式であるが，集合住宅には高置水槽方式などが採用され，給水に用いる水栓は手軽なシングルレバー型が多く使用されている。また排水は汚水，雑排水，雨水に分けられるが，公共下水道の完備していない地域で水洗便所を作るには，浄化槽設備が必要となる。機器類の排水側には排水トラップが設置され，臭気や衛生害虫の室内への侵入を防いでいる。

電気設備では，エアコン，照明器具，スイッチやコンセントなども衛生的で快適な住まいに欠かせない要素であり，ホームオートメーションの普及に伴い，ホームバスなど弱電系の配線設備が重要となってきている。

キッチン設備／台所や食堂，居間は，家族が集まる暮らしと住まいの中心であり，健康を直接左右する大切な空間であるが，食物や水などのために腐敗の原因となりやすいので，衛生的で，明るく働きやすい空間としたい。

キッチン設備は，冷蔵庫，シンク，加熱調理機器の三点を結ぶキッチントライアングルの計画が，機能性と収納性から重要である。また，廃ガスを排気する換気扇，フードと給気口，シングルレバー型湯水混合水栓，ワークトップを照らす手元灯のほか，近年は多様な調理機器や浄水器，食器洗い乾燥機なども利用されている。多様な住生活に対応するキッチン空間を実現するため，収納キャビネットとビルトイン機器がモジュール化されたシステムキッチンが普及しつつある。

サニタリー設備／浴室，洗面室，便所は，住まいの衛生空間（サニタリースペース）とも呼ばれ，1室，2室，3室にまとめるタイプがある。身体や衣服の汚れを落とし汚物を処理するために，常時多量の水を使用し，また住宅の北側に配置されることが多いので，湿気を呼びやすい。汚れやすい床や壁，汚れた手で触れる水栓やドアノブ等の清掃に努め，また十分な換気が求められる。

浴室は，従来は浴槽や風呂釜，水栓類を現場施工するコンポーネント方式が多かったが，防水性の高いプラスチック製のユニット式の浴室が増えている。

洗面室は，化粧室，脱衣室，洗濯室としても利用されるケースが多く，洗面器や化粧キャビネット，照明などを一体化したコンポーネント式や，システムキッチンと同様なシステム式が広く利用されている。

便所は，腰掛式洋風便器による水洗便所が普及し，和風洗出し式から流れのよいサイホン式，サイホンゼット式へと変化し，手洗いの設備も一般化している。

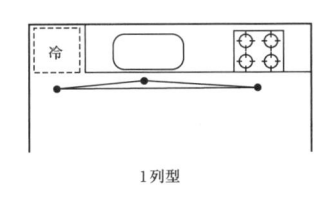

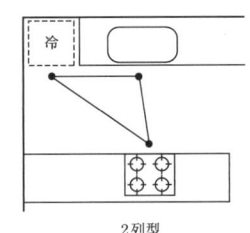

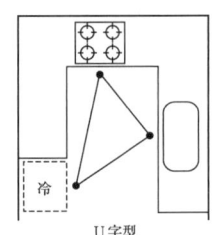

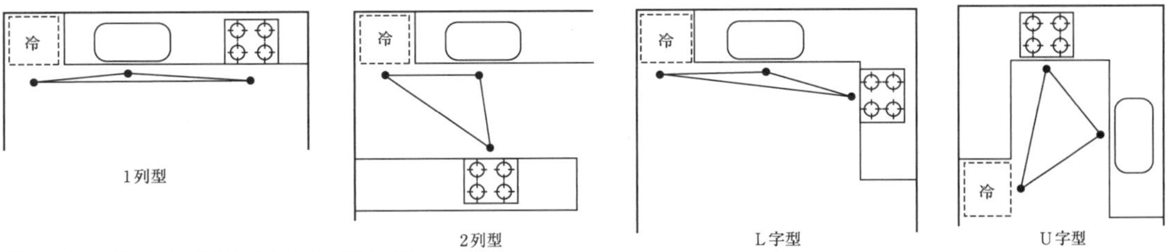

図-1　キッチンのレイアウトとトライアングル

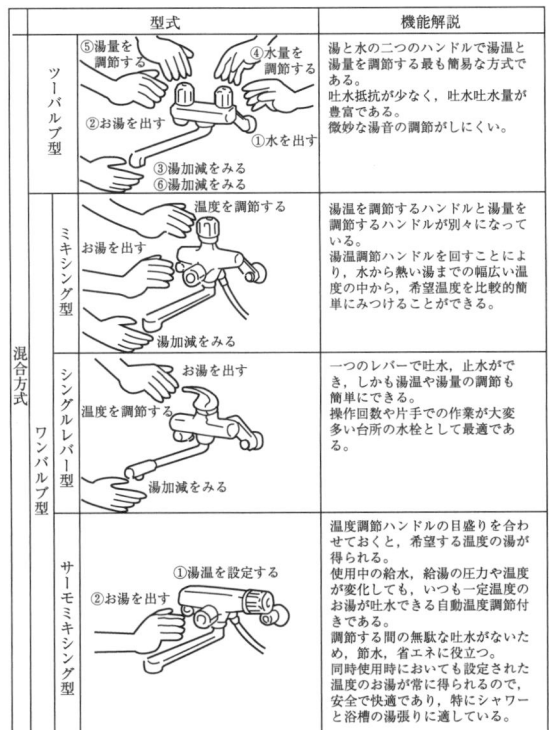

型式			機能解説
混合方式	ツーバルブ型	⑤湯量を調節する ④水量を調節する ②お湯を出す ①水を出す ③湯加減をみる ⑥湯加減をみる	湯と水の二つのハンドルで湯温と湯量を調節する最も簡易な方式である。吐水抵抗が少なく、吐水吐水量が豊富である。微妙な湯温の調節がしにくい。
	ミキシング型	温度を調節する お湯を出す 湯加減をみる	湯温を調節するハンドルと湯量を調節するハンドルが別々になっている。湯温調節ハンドルを回すことにより、水から熱い湯までの幅広い温度の中から、希望温度を比較的簡単にみつけることができる。
	ワンバルブ型 シングルレバー型	お湯を出す 温度を調節する 湯加減をみる	一つのレバーで吐水、止水ができ、しかも湯温や湯量の調節も簡単にできる。操作回数や片手での作業が大変多い台所の水栓として最適である。
	サーモミキシング型	①湯温を設定する ②お湯を出す	温度調節ハンドルの目盛りを合わせておくと、希望する温度の湯が得られる。使用中の給水、給湯の圧力や温度が変化しても、いつも一定温度のお湯が吐水できる自動温度調節付きである。調節する間の無駄な吐水がないため、節水、省エネに役立つ。同時使用時においても設定された温度のお湯が常に得られるので、安全で快適であり、特にシャワーと浴槽の湯張りに適している。

図-2　水栓金具の種類と機能

(図の寸法：mm)

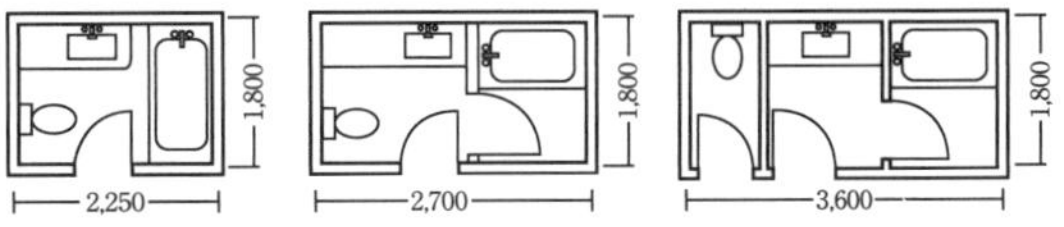

1室タイプ(浴・洗・便)　2室タイプ(浴室＋洗面・便所)　3室タイプ(浴室＋洗面室＋便所)

図-3　サニタリーの形式

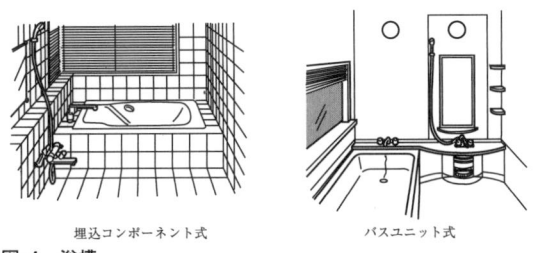

埋込コンポーネント式　　バスユニット式

図-4　浴槽

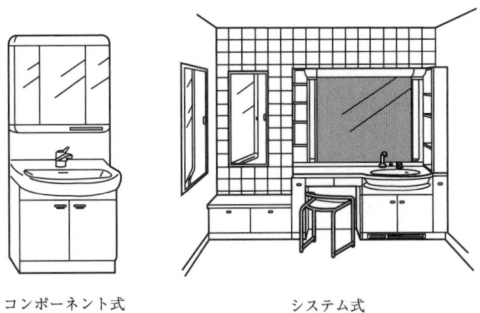

コンポーネント式　　システム式

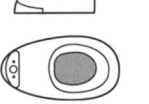

図-5　洗面器

サイホンゼット式 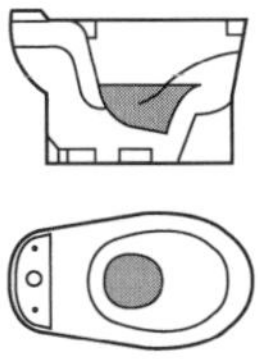　サイホン式

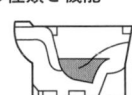

図-6　便器

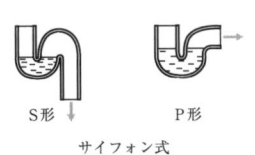

S形　P形
サイフォン式

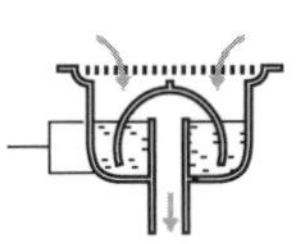

わん形(ベル形)
非サイフォン式

図-7　排水トラップの種類

水道本管　量水器
水道直結方式

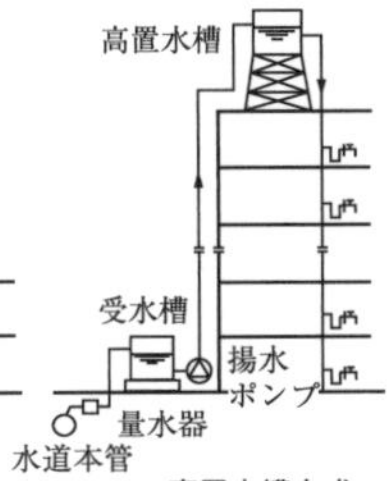

高置水槽　受水槽　揚水ポンプ　水道本管
高置水槽方式

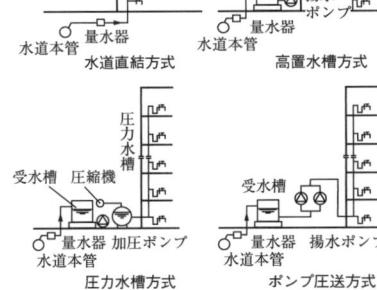

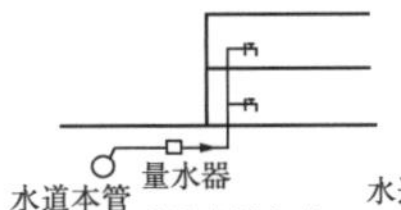

圧力水槽　圧縮機　受水槽　量水器　加圧ポンプ　水道本管
圧力水槽方式

受水槽　量水器　揚水ポンプ　水道本管
ポンプ圧送方式

図-8　給水方式

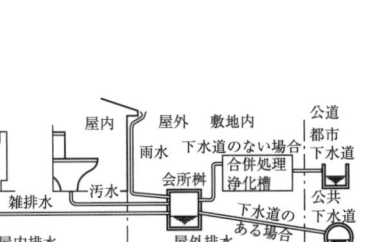

屋内　屋外　敷地内　公道都市下水道
雨水　下水道のない場合
雑排水　汚水　会所桝　合併処理浄化槽　公共下水道
　　　　　　　　　下水道のある場合
屋内排水　屋外排水
分流式　合流式

公共下水道が完備、または合併処理浄化槽を設置する場合

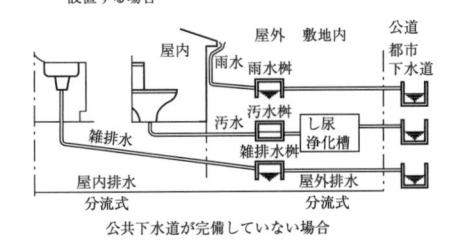

屋内　屋外　敷地内　公道都市下水道
雨水　雨水桝
雑排水　汚水　汚水桝　し尿浄化槽　雑排水桝
屋内排水　屋外排水
分流式　分流式

公共下水道が完備していない場合

図-9　排水方式

4-4 経済的な住宅

4-4-1 経済的な住まい

地球環境問題／20世紀後半になって人口の増加や生産力の拡大に伴い，さまざまな廃棄物により大地や大気，海洋などが汚染されるのみならず，温室効果により地球が温暖化しつつあり，人類の未来を危惧する声が強くなってきた。「地球に優しい」，あるいは「サスティナブル」という言葉は，私たちの暮らしを，環境破壊を避けつつ持続的に発展させることを意味している。

今後の住まいは，住宅単体の経済合理性だけでなく，地球環境の視点から見て合理的であり，経済的であることが求められる。このためには素材の生産から廃棄に至るまで，環境負荷を最小にすることが必要で，「reduce-reuse-recycle」がその標語となっている。

経済的な住まい／住宅の経済性は，建設から廃棄までの総費用で考えることが大切である。これはライフサイクルコストといい，住宅の建設費などのイニシャル，電気，ガス，水道，光熱費など運用や管理にかかるランニング，保全や修繕等にかかるメンテナンス，廃棄や回収に要するリサイクルなどのコストを合計したものである。ライフサイクルコストは，イニシャルコストの数倍との試算もあるので，ランニングコストのかからない暖冷房，メンテナンスの楽な外壁の仕上，リサイクルしやすい素材の使用などを，設計当初から考慮しておきたい。

住宅を，長期的に使用するスケルトン（骨組，躯体構造や基幹配管，配線など）と短期的に造り替えるインフィル（仕上や設備機器など）に分けて，耐久性がありながらも，生活に合わせた可変性のある住まいを実現するスケルトン・インフィル（SI）住宅は，資源の合理的な利用を図る設計思想である。スケルトンの要素技術としては，100年の耐久性を持つ躯体システム，電気，ガス，水道，情報等のライフライン・シャフトを共用部外廊下に集中する方式，設計や施工からリフォームまで住宅生産の効率化を図るモデュラーコーディネーション（寸法調整）などが研究されている。また，インフィルの要素技術としては，リフォームのしやすい床先行内装工法やテープケーブル配線方式などが検討されている。

自然エネルギーの利用／住宅は，変化する自然環境から人工環境を切取り，窓から日照，採光や通風を取り入れ，さらに暖冷房，照明，換気などの設備的工夫により，安定した生活をするための器とする仕掛けであった。環境を制御する方法のうち，床，壁，天井，屋根や窓，庇などの材料，形状や寸法等の工夫をパッシブ手法といい，より積極的に人工的エネルギーを利用する暖冷房，換気，照明などのアクティブ手法と比べて，メンテナンスコストがかからない特徴がある。

屋上緑化や壁面緑化等のパッシブ手法を取り入れたり，自然の生態系に配慮する環境共生住宅の建築が普及しつつあり，また，石油やガスなどの化石燃料の限界性から，自然エネルギーの利用手法の開発が注目され，太陽光発電，風力発電なども身近になってきている。

オゾン層破壊
地球温暖化
酸性雨
砂漠化
熱帯雨林の減少
産業廃棄物
野生生物の種の減少
開発途上国の公害
海洋汚染

図-1　地球の環境問題

環境基本法（1993.11.9）
循環型社会形成推進基本法（2001.1.6）
　廃棄物処理法（1971.9.24）
　資源有効利用促進法（2001.4.1）
　容器包装リサイクル法（1997.4.1）
　建設リサイクル法（2000.11.30）
　家電リサイクル法（2001.4.1）
　食品リサイクル法（2001.4.1）
　グリーン購入法（2001.4.1）

・ゴミの発生抑制と適正なリサイクルや処分を確保
・リデュース、リユース、リサイクルの推進
・容器包装の製造および利用事業者にリサイクル義務化
・建設工事の受注者等に分別解体や建設廃材のリサイクル義務化
・家電製品の製造および販売事業者に廃家電の回収およびリサイクルの義務化
・食品の製造および販売事業者、レストランなどに食品残渣の発生抑制やリサイクルを義務化
・国等が率先し再製品等調達推進

＊PRTR法（2000.3.30）
＊ダイオキシン類対策特別措置法（2000.1.15）
＊地球温暖化対策推進に関わる法（1999.4.8）

図-3　環境関連法規の体系および品目との関係（年度は施行日）

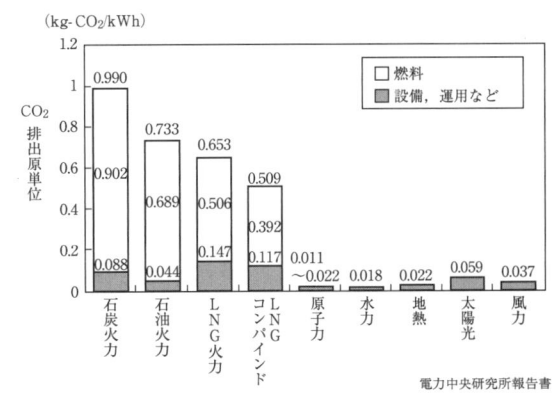

(kg-CO₂/kWh)

CO_2排出原単位

石炭火力　0.990（0.902 + 0.088）
石油火力　0.733（0.689 + 0.044）
LNG火力　0.653（0.506 + 0.147）
LNGコンバインド　0.509（0.392 + 0.117）
原子力　〜0.022　0.011
水力　0.018
地熱　0.022
太陽光　0.059
風力　0.037

□ 燃料
■ 設備、運用など

電力中央研究所報告書

原料の採掘から建設、輸送、精製、運用（実際の発電）、保守など（原子力発電の使用済燃料の再処理・放射性廃棄物の処分などを含む）のために消費されたすべてのエネルギーを対象としてCO_2排出量を算定。

図-2　各種エネルギーの二酸化炭素排出量の計算

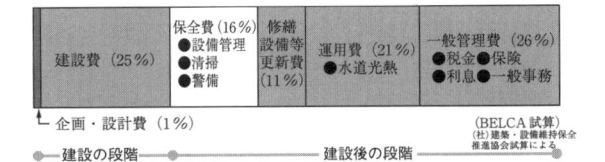

建設費（25％）｜保全費（16％）●設備管理●清掃●警備｜修繕設備等更新費（11％）｜運用費（21％）●水道光熱｜一般管理費（26％）●税金●保険●利息●一般事務

↑企画・設計費（1％）

←建設の段階→　←建設後の段階→

(BELCA試算)
(社)建築・設備維持保全推進協会試算による

（注）4,000 m²の事務所ビルをモデルとして試算。
建物は新築時の建設費だけでなく、使用時に保全費、修理更新費、運用費のほか管理費も大きな要素となる。

図-4　建築物のライフサイクルコスト（LCC）内訳

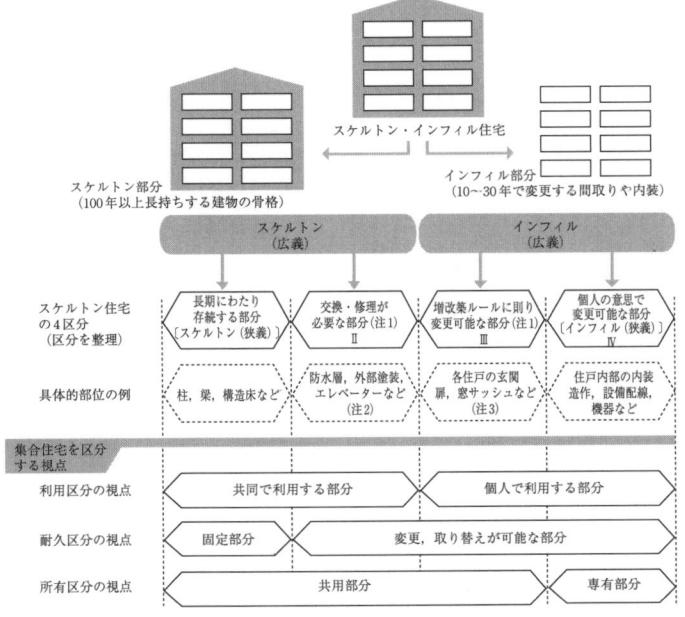

スケルトン・インフィル住宅

スケルトン部分（100年以上長持ちする建物の骨格）
インフィル部分（10〜30年で変更可能な間取りや内装）

スケルトン（広義）／インフィル（広義）

スケルトン住宅の4区分（区分を整理）：
長期にわたり存続する部分［スケルトン（狭義）］I
交換・修理が必要な部分（注1）II
増改築ルールに則り変更可能な部分（注1）III
個人の意思で変更可能な部分（インフィル（狭義））IV

具体的部位の例：
柱、梁、構造床など
防水層、外部塗装、エレベーターなど（注2）
各住戸の玄関扉、窓サッシなど（注3）
住戸内部の内装造作、設備配線、機器など

集合住宅を区分する視点：
利用区分の視点：共同で利用する部分／個人で利用する部分
耐久区分の視点：固定部分／変更、取り替えが可能な部分
所有区分の視点：共用部分／専有部分

（注1）スケルトン（狭義）とインフィル（狭義）の中間的な領域で、名称も含めて今後検討が必要とされている部分である。
（注2）構造体部分を雨風から守るために付加される部分や共用の設備で、交換や修理をすることによって長持ちさせる。
（注3）これらの変更は近隣住戸などへ影響を与えるので、居住者等で増改築ルールを事前に定め、これに基づく必要がある。

図-5　スケルトン・インフィル住宅の区分の考え方　　出典：都市基盤整備公団

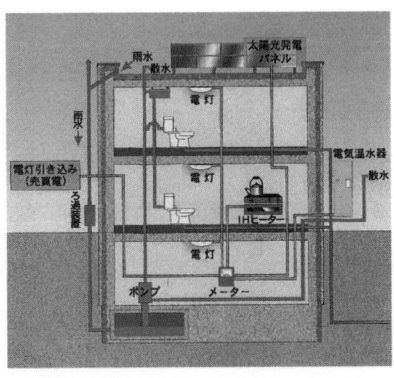

家三代というように家族、世代、社会の変化に適応できる住宅は、高耐久性スケルトンと更新性インフィルによりライフサイクルコスト（LCC）を押さえる必要がある。この実験住宅では外断熱、真空3層ガラスと24時間空調と換気、太陽光発電と雨水利用、バリアフリーとエレベーター、床や天井下地先行間仕切と後付け枠、扉など、新しい試みが検証されている。出典：東急建設（株）「外断熱サスティナブル住宅、2001」

図-6　100年住宅

4-付　住宅の構造とHA機器

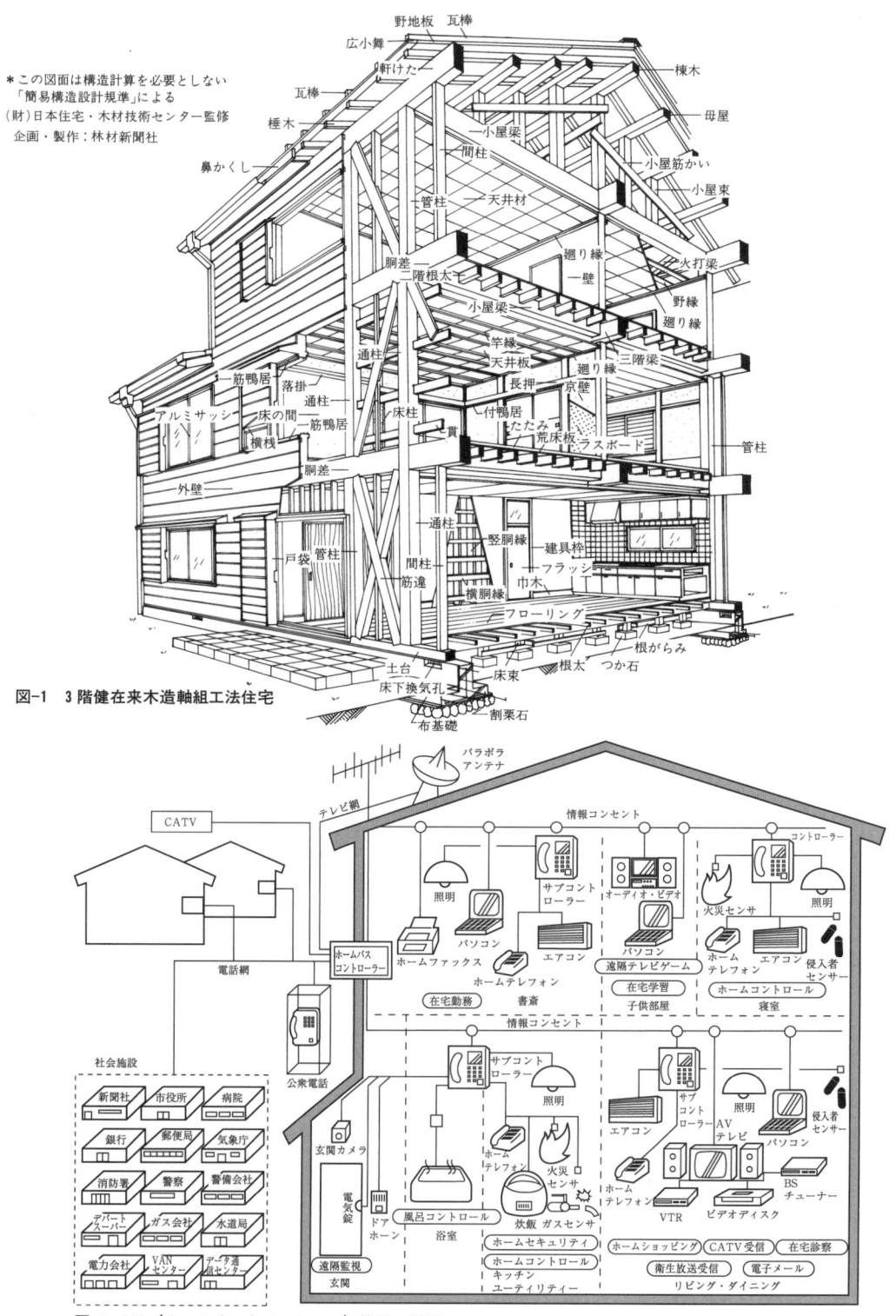

図-1　3階健在来木造軸組工法住宅

図-2　HA（ホームオートメーション）機器の種類

5 住まいと管理

● ドイツの絵本からみた集合住宅内のさまざまな暮らし
("Rundherum in meiner Stadt")

5-1 住まいの維持管理

住まいの寿命／住まいは建てた時から老朽化が始まる。住まいの寿命を耐用年数という。物理的耐用年数は木造で30〜40年，鉄筋コンクリート造で約70年とされている。この寿命は建設時の施工の仕方，材料の質，完成時以降の維持・管理によって長くもなれば短くもなる。また，住まいは生活様式，居住水準などの社会的要求の変化に対応できなくなることがある。これは機能的耐用年数といえる。住まいの設計時には維持管理や機能の柔軟性を考慮しておくことが重要である。

点検と修理／建物の損傷は放置するとその度合いが大きくなって修理を施しにくくなる。部位によって老朽化の進み方が異なるので，周期的に住まいの健康診断をして，早期に発見，修理することが重要である。住まいの外まわりの主なチェックポイントは，屋根のゆがみ，瓦のずれ等，樋のはずれ，外壁の亀裂，塗装のはがれ，錆等に関するものである。室内のチェックポイントは床，壁，天井の結露や雨もり，浮き，カビ，タイル部の亀裂や目地の欠損，建具の建てつけ，漏水，排水管のつまりや悪臭などである。

　木造建物の老朽化は，風化，磨耗，腐朽，虫害などが原因で起こる。風化は木材が外気にされされ，紫外線，風雨，塵埃などによって侵されて起こるので，防止には塗装を行う。磨耗は階段・床などが人により表面を損傷されて起こる。敷物はこれを防止する。

　腐朽は担子菌類の菌糸（キノコ部分は胞子）が木材を栄養源として分解するため材質が非常にもろくなる現象である。腐朽菌の生育は多湿を条件とするので，土台や水まわりに生じやすい。床下の通風，換気をよくして防湿を行う。虫害は外見からわかりにくく，被害が大きいことがある。ヤマトシロアリは湿材を食害するので防虫剤を塗ったり床下の通風，換気をよくする。イエシロアリは近年では鉄筋コンクリート造の床や壁の内部の構造材を食害する例も多い。シロアリを見かけたら専門業者に駆除を依頼した方がよい。鉄骨造，鉄筋コンクリート造の建物では，建築時の塗装の不備や地盤沈下などから金属の腐食やコンクリートの亀裂を生じ，老朽化の原因となる。

長期修繕計画／建物の各部は定期点検で補修しておいても，一定年数が経つと全面的な傷みとなるので，取替え，塗替えなどの修繕による建物の再生が必要である。3年，5年ごとのサイクルで計画修繕や改良修繕を行い，新築当時の性能に修復し，20年目，30年目には配管，配線やサッシュ，外装などの構造躯体を除いた全てをリニューアルする必要がある。これによって住まいの耐用年数は長くなり，資金の準備も計画的に行える。住居費は，家賃，地代，設備修繕費等で構成されている。さらに，住居関連費としては，光熱・水道費，家具・家事用品費，固定資産税，住民税，土地・家屋の借金・ローン返済，火災保険料，増改築・購入の準備金（減価償却費）などがある。長期修繕費用は積立てておく必要がある。

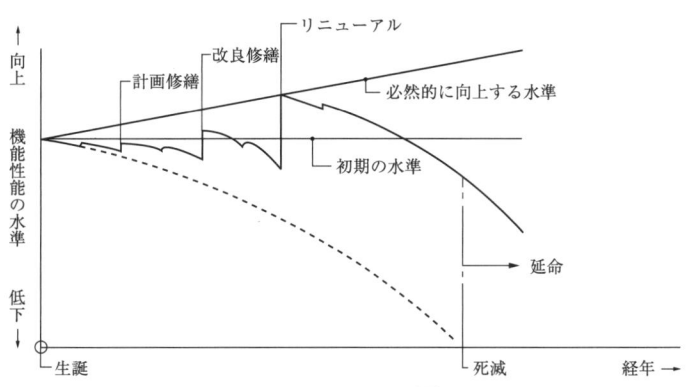

出典：「建築設計資料50 集合住宅のメンテナンスとリニューアル」

図-1 計画修繕と建物の性能

図-2 柱の太さと住宅の耐用年数の関係

柱の太さ(mm)	耐用年数
90×90	20年
105×105	40年
120×120	60年

木造住宅3耐久性向上の手引　建設省住宅局住宅生産課監修
日本住宅・木材技術センター編　丸善

表-1 住宅のメンテナンス・チェックシート

△：点検（清掃）　○：点検補修　●：手入および取替

項目	部位	材質別項目	補修項目	1	2	3	4	5	6	7	8	9	10	15	20	25	30
外部仕上	屋根	瓦(和・洋瓦)，彩色石綿セメント板，カラー鉄板	ずれ，欠け，ひび割れ，退色，錆，塗膜はがれ					△					○	●	●		●
		樹脂系シート防水，アスファルト防水	きず，損傷，モルタルの亀裂		△		△		△				○	●	●		●
		雨樋(塩ビ，金属板)	つまり，損傷，受け金物のゆるみ	△		△		△		○			●	●	●		●
	外壁	モルタル，リシン吹付け，吹付けタイル	ひび割れ，剥離，汚れ					△					○	●	●		●
		石，タイル	ひび割れ，剥離，コーキング，モルタル破損					△					△	○	○		●
		金属板サイディング，石綿セメント板	コーキングの切れ，塗装剥がれ，割れ					△					○	●	●		●
		木枠および木製板	退色，腐食				△						△	○	●		●
		コンクリート打放し	亀裂，汚れ					△					△	○	○		●
	外部建具	アルミサッシ，木製建具，雨戸（金属，木製）	ゴムビート，コーキングの破損，退色，塗膜の浮き，建付け，戸車				△						○	●	●		●
	門扉	門扉，フェンス	塗膜の浮き，錆			△							○	●	●		●
		ブロック(吹付)，万年塀，レンガタイル	倒れ，亀裂，汚れ				△						△	○	○		●
内部仕上	天井	クロス，ビニールクロス	剥がれ，破れ，シミ，カビ					△					○	●	●		●
		板張り，化粧合板	汚れ，剥がれ					△					○	●	●		●
		塗装(樹脂系)	汚れ，剥がれ					△					○	●	●		●
	内装	クロス，ビニールクロス	剥がれ，破れ，シミ，カビ					△					○	●	●		●
		しっくい，プラスター，ジュラク(新京壁)	ひび割れ，剥離，汚れ，きず					△					○	●	●		●
		タイル	亀裂，目地切れ，剥離					△					△	○	○		●
		塗装	汚れ					△					○	●	●		●
	床	カーペット，ビニールシート	摩耗，汚れ，剥がれ，日焼け					△					○	●	●		●
		縁甲板，フローリング(合板)	汚れ，きしみ，剥がれ					△					○	●	●		●
		畳	摩耗，汚れ，日焼け					△					○	●	●		●
		タイル	亀裂，目地切れ，剥離					△					△	○	○		●
	建具	引き戸，開き戸，襖，障子	汚れ，破れ，反り，建付け，蝶番ゆるみ，戸車減り	△				○					●	●	●		●
設備	給水管	ビニールライニング鋼管，硬質塩化ビニール管	主に点検										△	△	○		
	給湯管	鋼管，ステンレス管，耐熱塩ビ管	主に点検										△	△	○		
	排水管	硬質塩化ビニール管，雑排水桝，汚水桝	汚泥，汚物の付着（点検，清掃）										△	△	○		
	衛生器具	洗面器，大小便器	付属品の錆，パッキン，カランの摩耗					△					○	●	●		●
		蛇口	パッキン，カランの摩耗					△					○	●	●		●
	ボイラー	瞬間湯沸器，循環フロ釜，給湯用ボイラー，暖房用ボイラー	バーナー				△						○	●	●		●
	冷暖房器	ヒートポンプエアコン	故障				△						△	○	●		●
		床暖房(温水)，床暖房(電気)	故障				△						△	△	○		●
		冷凍機(チラー)，ファンコイルユニット	故障				△						△	●	●		●
	換気	レンジフード，換気扇	汚れ，故障	△	△	△	△	△	△	△	△	△	●	●	●	△	●
	キッチン・浴室	キッチンセット，浴槽	汚れ，亀裂	△	△	△	△	△	△	△	△	△	○	●	●	○	●

出典：「建築士のための指定講習会テキスト（平成9年度）」

5-2 住まいの日常的管理

住まいの汚れ／住まいの汚れは接触によって引き起こされ，その過程には二つの原因があげられる。一つは，空気中の汚れや手についた汚れが建材に付着した状態によって生じる物理的な汚れである。物をぶつけたり，足で蹴って生じる建材の傷も物理的な汚れである。ほかには熱による変形，変色や静電気などによって化学反応が生じる化学的，生物的な汚れがある。人間が頻繁に接触する部位は汚れやすく，床から 30 cm くらいまでと，床から 100～160 cm の部分に汚れが目立つ。

清　掃／汚れの除去は，建材や家具材の性質と汚れの成分の両方に適した用具や洗剤で，除去作用が優れていると同時に材質や環境への影響が少なく安全な方法を選ぶ。建材は，水，溶剤，酸またはアルカリ，研磨剤などに対する性質をチェックする。除去する汚れの成分に応じて各種の洗剤があるので，品質表示で用途を確かめて用い，あとは洗剤が残らないようによくふきとる。水を用いない乾式清掃の用具には，ほうき，電気掃除機，ダストクロス，ケミカルモップなどがあり，畳，白木生地，合板などのほこりを除去するのに適している。

衛生管理／建築生産技術の進展とともに，不燃化住宅としてのコンクリート造住宅が出現し，アルミサッシュが使用され，それが木造住宅にまで使用されるに及んで住まいは気密性が高くなった。高温多湿の気候風土のうえに通風と換気が不十分なために，最近，住宅内にカビ，ダニの成育が増えてきており，不快感を与えるばかりでなく，気管支喘息やアレルギー症など健康面においてもその有害性が問題となってきている。建築物から検出されるカビ類は約 200 種類といわれる。その増殖条件は，①湿度 60％ 以上，② 20～30℃ の最適温度，③栄養（わずかなほこりなども栄養となる），④ pH 2.0～8.0 の間で増殖，pH 4.0～6.0 が最適となっている。水回り，押入れなどがカビに汚染されやすい部位である。十分な通風と換気を行うこと，結露を発生させないこと，加湿しすぎないことが大切である。

　住宅の畳のほこり 1 g 当たりには 700～1,000 匹のダニがいる。住宅内のダニの種類はコナダニ，チリダニ，チャタテムシ，メダニ等である。ダニの生息条件は，①温度 25～30℃，②湿度 60～80％，③栄養（塵，人のフケ，食品のかけら），④潜り込める場所，である。ダニを防除するためには，日常の清掃，部屋の換気と通風を十分にして湿気を少なくすること，畳やカーペットを直射日光にあて，乾燥させること，床面積 1 m² 当たり 20～60 秒かけてていねいに掃除機をかけること，ダニは 50 度以上の高温と乾燥に弱いので，畳をマイクロ波，高周波による誘電加熱処理をすることなどが有効である。

　近年は住居内で使われる化学物質が健康に悪い影響を与えていることにも注意を払う必要がある。中でも家庭用の殺虫剤や防虫剤，防カビ製品，防ダニ製品，白アリ駆除剤等には発ガン性が認められる成分が含まれることもあり，多用を避けるか，ほかの安全性の高い方法をとることが望ましい。

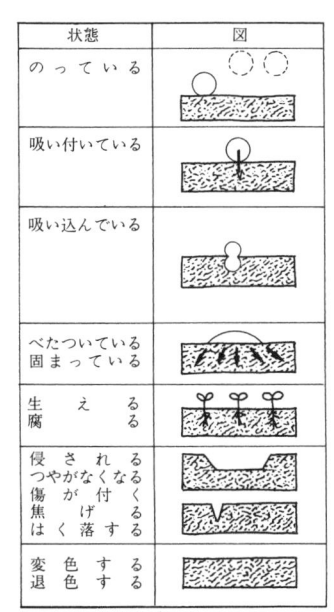

状態	図
のっている	
吸い付いている	
吸い込んでいる	
べたついている 固まっている	
生える 腐る	
侵される つやがなくなる 傷が付く 焦げる はく落する	
変色する 退色する	

図-1 汚れと損傷のいろいろ
日本建築学会編：設計計画パンフレット19,
建物のよごれ, 彰国社より作成

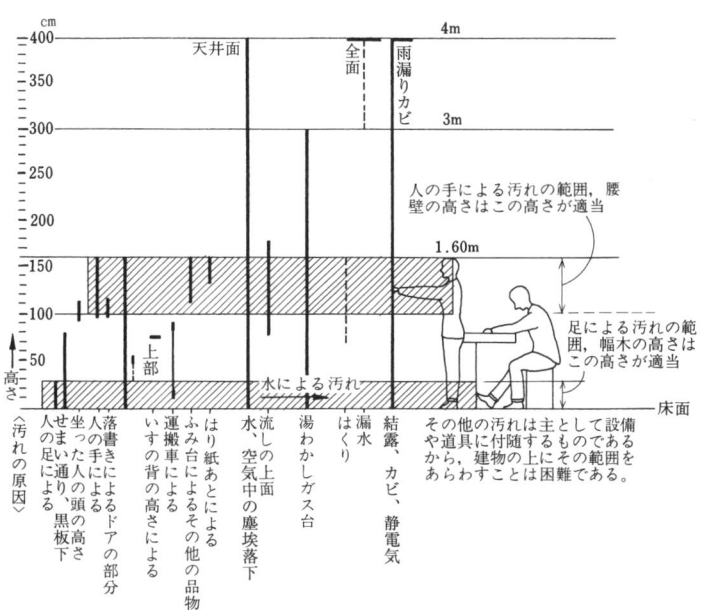

図-2 汚れの原因と汚れの発生範囲（高さ方向） 図1に同じ

表-1 汚れと除去に効果のある成分

出典：「ビルメンテナンス」p.35, 昭和59年8月

汚れ		成分	界面活性剤	アルカリ剤	溶剤	酸剤	漂白剤 酸化型	漂白剤 還元剤	研磨剤	製品としての表示例 成分	製品としての表示例 液性
		働き	乳化, 分散 再汚染防止	分解, 分散	膨潤, 溶解	分解	漂白, 分解		研磨		
一般汚れ	どろ, 手あか, 油		◎	○	—	—	—	—	—	界面活性剤(10%)	弱アルカリ性
特殊汚れ	変性油		○	◎	◎	—	—	—	—	界面活性剤(6%)	アルカリ性
	石けんかす		○	—	—	◎	—	—	○	界面活性剤(12%)	弱酸性
	し尿		○	—	—	◎	○	—	○	塩酸(9.5%)	酸性
										界面活性剤(3%)	中性
	こげつき		○	—	—	—	—	—	◎	けんま材(45%) 界面活性剤(8%)	中性
	カビ		—	—	—	—	◎	—	—	次亜塩素酸ナトリウム 界面活性剤	アルカリ性
	鉄分による 黄変, 鉄さび		—	—	—	—	—	◎	○	二酸化チオ尿素*	弱アルカリ性

◎汚れ除去の効果が大きい　○汚れ除去の効果がある　*衣料用漂白剤（還元型）として販売されている。

表-2 家庭用殺虫剤に含まれる毒性成分

毒性物質名	おもな用途
ピレスロイド系	
ピレトリン	蚊取り線香, スプレー, 油剤, 乳剤
アレスリン	蚊取り線香, 電気蚊取り, スプレー
dl・d-T 80-アレスリン	蚊取り線香, 電気蚊取り
フタルスリン	スプレー, 油剤
d-T 80-フタルスリン	スプレー, 油剤
レスメトリン	スプレー
d-T 80-レスメトリン	スプレー
フラメトリン	電気蚊取り
d-T 80-フラメトリン	電気蚊取り
フェノトリン	スプレー, 乳剤, 粉剤
ペルメトリン	スプレー, くん煙剤, 乳剤, シート剤
d-T 80-シフェノトリン	スプレー
d・d-T 80-プラレトリン	スプレー, 電気蚊取り
エムペントリン	衣料用防虫剤
有機リン系	
ジクロルボス	くん煙剤, プレート剤, 乳剤
ダイアジノン	スプレー, 乳剤
フェニトロチオン(MEP)	スプレー, 乳剤

「家庭用殺虫剤とピレスロイド　その使い方と安全性」（日本殺虫剤工業会）より作成

表-3 安全性の高い防蟻処理方法

無農薬の防蟻処理	木酢液やヒバ油などを使用し, 防蟻処理をする方法。無農薬処理をしてくれる業者がある。
ホウ酸防蟻剤	ホウ酸塩でシロアリから木材を守る. 駆除剤ではなく予防剤として使用する。水溶性なので, 雨や水がかかるところには不向き。
管理型防蟻システム	家の周りに人や動物にはほとんど害のない薬剤を数カ所埋め, それを食べたシロアリが脱皮できなくなり, 死滅させるというシステム。

注）このほかに, 自分でできる予防策として木酢液の噴霧や, 普通の蟻が部屋に入って困るときは, 石灰やチョークで線を引くと予防できる。

ひと・環境計画編：健康な住まいづくりハンドブック, 建築資料研究社

5-3 住まいとモノ

生活とモノ／私たちの生活は多種多様な生活財（モノ）によって営まれている。一度で消費される消費材（食品，衛生用品等）や繰り返し使用される耐久消費財などのモノがあり，これが「質」「量」ともに急速に増加して住まいにはモノがあふれているといっても過言ではない。現代の平均的な一世帯のモノの保有品目数は800〜900ぐらいであり，このうちよく使用されるモノは700品目で死蔵しているモノは60品目といわれる。収入程度，住まいの広さ，ライフステージによって保有する数には差がみられるが，高度経済成長期以降，特に各種電気製品，大型洋風家具，各種の収納家具等の耐久消費財の増加が目立つ。このような生活財の増加は，居住面積を狭めることになり，生活を便利にしている反面，生活が歪められている側面も生じてきている。ヨーロッパでは先代から相続された家具など伝統に対する信頼や愛着が強く，新しいモノを次々に買い求めることは少ないといわれている。各自のライフスタイルの確立によって，必要なモノを選択して長く使用していくことが重要である。

収納と整理／モノは活用するために分類・整理し，秩序づけて収納するとよい。分類の条件には，使用目的，使用頻度や季節，使用者，使用場所，モノの大きさと重さ，モノの温湿度条件などがある。使用頻度別では，①毎日使うもの，②ときどき使うもの，③季節的に使うもの，④行事に使うものに分類できる。使用場所との関係で収納場所は，①と②は使用する部屋に，③と④は物置，納戸などとなる。収納位置は，取り出すときの能率を考慮して，使用頻度の高い①，②は手の届きやすい高さと奥行のところに，その中でも重いものは低い位置に収納しなければならない。住まいの収納面積は全体の約15％（公営住宅では居室の9％）が標準的である。収納空間をとるには，デッドスペースの利用や収納と間仕切りの兼用，壁面の利用などの工夫をする。地下室は年間の温度がほぼ一定して低いために，食品貯蔵庫やトランクルームなどとしての利用価値が見直されている。

廃棄物の管理／廃棄物とは，人間の活動に伴って発生するもので，使用価値のないすべての液体または固体のことをいう。私たちが日常ごみといっているものは，「固形状一般廃棄物」のことをいう。家庭から出るごみは調理によって出てくる屑や残渣（ざんさ），使用価値がなくなった家具，まだ使用できるが新しい製品に取り替えられた家電製品等，種々ある。家庭内モノの増加に伴ってごみとして廃棄される量も年々増えてきており，一人一日当たり1.1〜1.2kgのごみが排出されている。可燃ごみの組成を調べると生ごみと紙の割合が多く，またごみに含まれている水分は平均50％になる。これらのごみは焼却処理や埋立処理が行われているが，焼却物の設置，埋立地の限界，年々上昇する処置費など様々な問題があり，現状の処理方法の継続は困難になってきている。ごみの中には再利用可能なものが少なくない。各家庭のごみの減量化と不燃ごみの分別収集による資源化（空き缶，空き瓶，カレット，古紙，布など）・リサイクルが重要な課題となってきている。

表-1 主要耐久消費財の普及率

年	電気冷蔵庫	電気洗濯機	洗濯機(全自動)	電気掃除機	白黒テレビ	カラーテレビ	ルームエアコン	乗用車	VTR	ワープロ	ビデオカメラ	電子レンジ	パソコン
1960	10.1	40.6		7.7	44.7								
1965	51.4	68.5		32.2	90.0		2.0	10.5					
1970	89.1	91.4		68.3	90.2	26.3	5.9	22.1				2.1	
1975	96.7	97.6		91.2	48.7	90.3	17.2	41.2			7.9	15.8	
1980	99.1	98.8		95.8	22.8	98.2	39.2	57.2	2.4		8.6	33.6	
1985	98.4	98.1	34.0	97.4		99.1	52.3	67.4	27.8		8.4	42.8	
1990	98.2	99.5	39.8	98.8		99.4	63.7	77.3	66.8	24.1	15.6	69.7	10.6
1995	97.8	99.0	58.0	98.3		98.9	77.2	80.0	73.7	39.4	31.3	87.2	15.6

総務庁：全国消費実態調査より作成

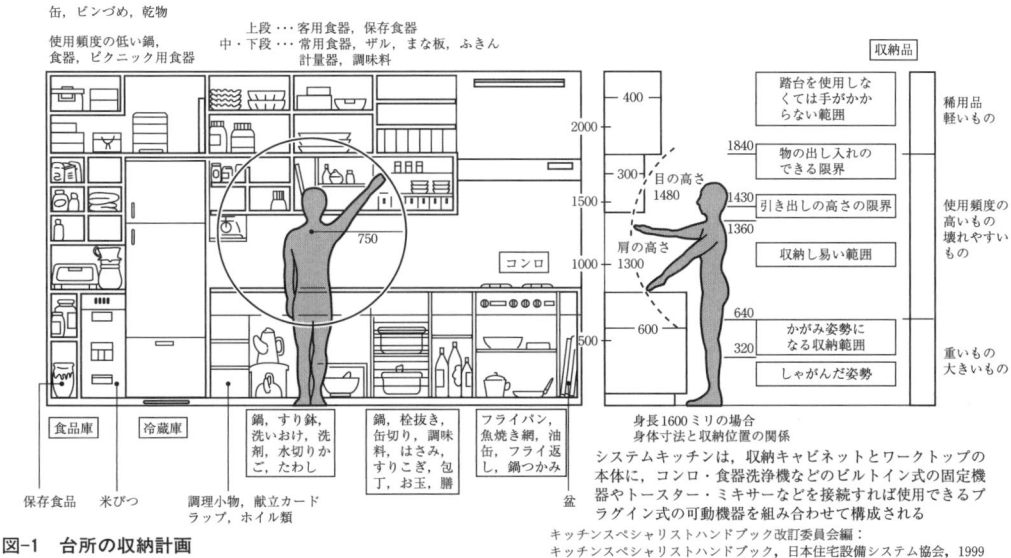

図-1 台所の収納計画

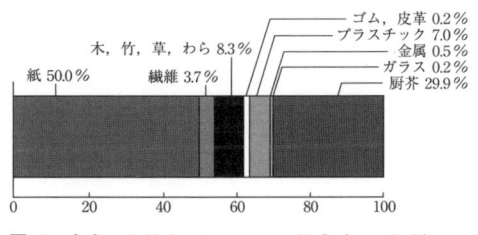

システムキッチンは、収納キャビネットとワークトップの本体に、コンロ・食器洗浄機などのビルトイン式の固定機器やトースター・ミキサーなどを接続すれば使用できるプラグイン式の可動機器を組み合わせて構成される

キッチンスペシャリストハンドブック改訂委員会編：キッチンスペシャリストハンドブック，日本住宅設備システム協会，1999

図-2 家庭から排出されるごみの組成（1997年度）（東京都区部の場合）

紙 50.0%　繊維 3.7%　木，竹，草，わら 8.3%　ゴム，皮革 0.2%　プラスチック 7.0%　金属 0.5%　ガラス 0.2%　厨芥 29.9%

表-2 使用済み家電製品の排出台数
（通商産業省推計：平成9年度調査） （単位：千台）

	1997年	1998年	1999年	2000年	2001年	2002年
カラーテレビ	7,937	8,280	8,687	9,031	9,175	9,102
冷蔵庫	3,749	3,832	3,940	4,071	4,210	4,331
洗濯機	3,925	4,075	4,294	4,530	4,719	4,817
エアコン	2,678	2,666	2,774	3,023	3,378	3,788
4品目合計	18,289	18,853	19,695	20,655	21,482	22,038

(財)家電製品協会　環境総合ハンドブック，1998

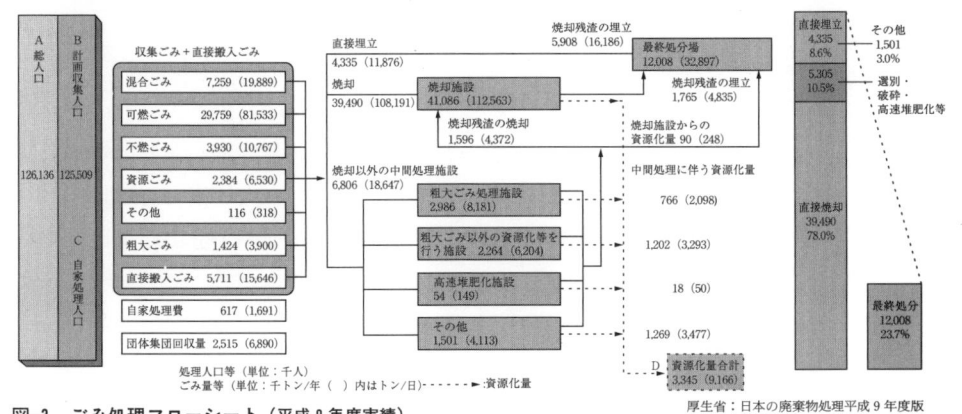

図-3 ごみ処理フローシート（平成9年度実績）

厚生省：日本の廃棄物処理平成9年度版

5-4　集合住宅の管理

管理をめぐる問題／地価高騰による土地の高度利用，職住近接への高い要望，購入に対する融資制度の整備を背景として中高層分譲共同住宅（いわゆるマンション）の供給は大都市圏や地方中核都市圏において普及し，新しい都市型住居形式として定着しつつある。しかし住戸が立体的に重なって住むという経験が浅いため，種々の問題が起きている。その中でも特に居住者が不安や不満を抱いている問題は，集合住宅の維持，管理に関することである。「マンションを買うなら管理を買え」とまでいわれているように，管理の善し悪しが集合住宅での快適な生活を左右するといえる。さらに，マンション管理においては，ごみ処理，生活騒音，ペット，駐車，駐輪問題について管理組合の場で話し合い，共同生活ルールとして確立していくことが重要である。

管理方式と内容／分譲マンションのような区分所有建築物は「建物の区分所有等に関する法律」（いわゆる区分所有法）によって，権利関係や管理運営の基本原則が定められている。この法律は昭和37年に制定されたが，昭和59年1月に改正され，管理組合を組織して共同で建物の維持管理をすることが義務付けられた。区分所有法の改正された点は，管理組合の自動的成立のほかに，①建物の専有部分と敷地利用権（敷地に対する所有権，地上権，賃借権などの権利）とを分離処分できないこと，②規約の設定，改廃は4分の3以上の多数決をもって行うこと，③共用部分の変更も4分の3以上の多数決で行うこと，④賃借人にも共同の秩序を守るよう義務付けられたこと，⑤特に悪質なルール違反者には退去を請求できること，⑥建て替えは5分の4以上の多数決で行うことができることである。

　管理業務は，共有部分の清掃，保守点検および修繕，管理費の徴収・運用，共用部分の使用上の管理，防火管理，管理規約の制定，管理組合の運営，総会の開催と業務の報告などである。管理方式には，業務のすべてを組合で行う自主管理（または自力管理），業務の全部または一部を管理会社に委託する委託管理とがある。委託管理の場合，専門知識により管理できる反面，管理会社の善し悪し，会社と居住者間のトラブルという問題もある。自主管理は管理費が安くなり居住者間に連帯意識が生まれやすいが，役員に負担が大きくかかりがちである。

修繕計画／分譲マンションを購入するときに確認する要素として，「業者の信用」が高い割合を占めているが，管理方式，将来の修繕計画，管理費の使われ方といった管理にかかわる事柄は重視されていないという問題がある。修繕計画においては，日常点検や経常修繕を十分に行うとともに，大規模な修繕に対する長期修繕計画がたてられていて，それに対する修繕積立金が十分に蓄積されていなければ，適切な物的管理は行われないことになる。国土交通省では，大規模修繕の実施を円滑に行うために，「(財)マンション管理センター」（昭和60年8月設立）を設け，マンションの適正な管理や大規模修繕の実施に対するアドバイスを行い，修繕積立金の効率的な運用と情報の提供業務を行っている。

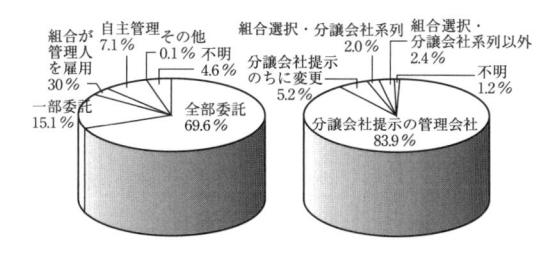

図-1 管理業務の実施方法　図-2 管理会社の決定方法

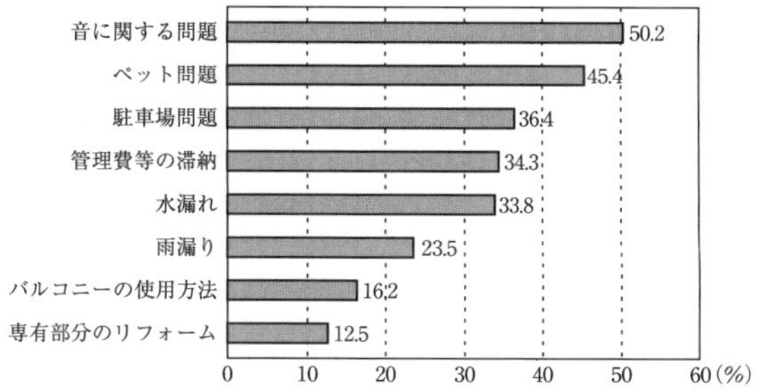

（財）マンション管理センター編：図で見るマンション管理，大成出版社

図-3 管理組合が経験したおもなトラブル（重複回答）

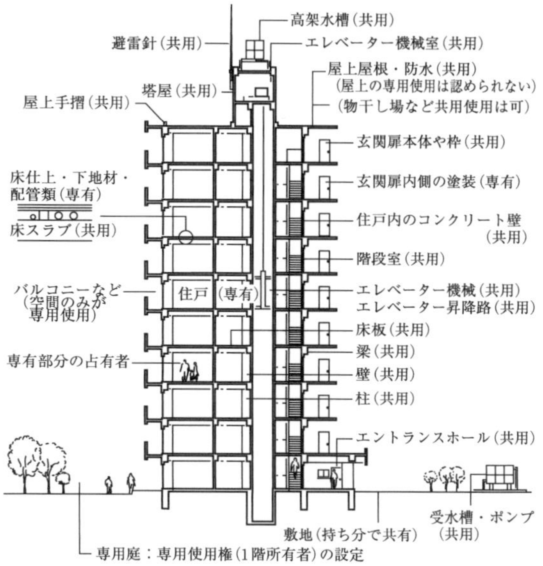

建設省：11年度マンション総合調査

図-4 マンションの専有部分と共用部分

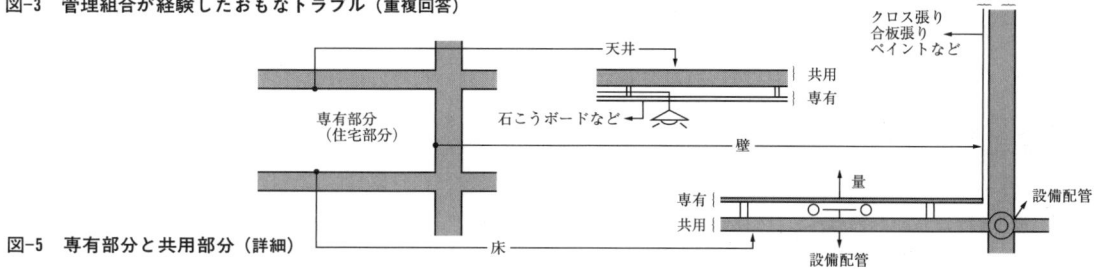

建築思潮研究所編：建築設計資料50 集合住宅のメンテナンスとリニューアル，建築資料研究社

図-5 専有部分と共用部分（詳細）

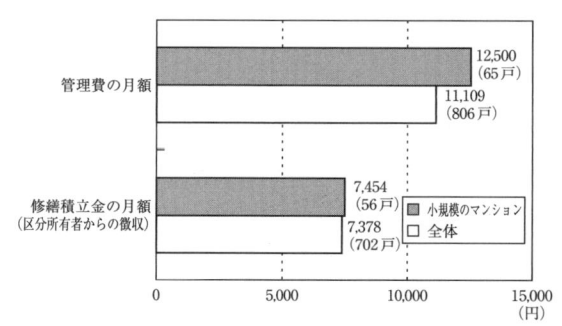

図-6 小規模のマンションの管理費と修繕積立金（月額・戸当たり）

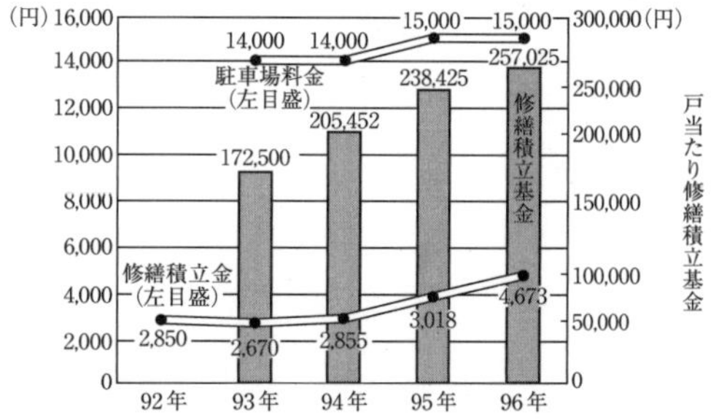

建設省：11年度マンション総合調査
注）小規模のマンションとは，総戸数2戸以上29戸以下のものをいう。

図-7 首都圏マンションの月額費用

注）数値は首都圏平均，修繕積立金，修繕積立基金は専有面積75m^{2}で換算
（社）高層住宅管理業協会：首都圏高層住宅調査　平成8年度版

表-1 マンションストックの推移

（単位 万戸，％）

	昭和55年(1980年)		平成2年(1990年)		平成7年(1995年)		平成11年(1999年)		平成12年(2000年)	
	戸数	割合	戸数	割合	戸数	割合	戸数	割合	戸数	割合
総ストック	94.3	100.0	216.1	100.0	295.7	100.0	368.7	100.0	384.2	100.0
5年超のもの	51.1	54.2	151.1	69.9	215.5	72.9	276.2	74.9	295.2	76.8
10年超のもの	13.4	14.2	94.2	43.6	150.5	50.9	198.6	53.9	215.0	56.0
15年超のもの	2.0	2.1	51.0	23.6	93.6	31.7	138.9	37.7	150.0	39.0
20年超のもの	—	—	13.3	6.2	50.5	17.1	82.1	22.3	93.2	24.3
25年超のもの	—	—	1.9	0.9	13.0	4.4	43.0	11.7	50.0	13.0
30年超のもの	—	—	—	—	1.8	0.6	7.2	2.0	12.1	3.1
35年超のもの	—	—	—	—	—	—	—	—	1.6	0.4

注）平成12年(2000年)の供給戸数については，年間16.0万戸（過去10年間の平均供給戸数）と仮定して計算した。

統計―都道府県別住宅水準(昭和63年住宅統計調査)

	持家率（％）	非木造住宅率（％）	共同住宅率（％）	一住宅当り居住室数（室）	一住宅当り延べ床面積（m²）	持ち家の延べ床面積（m²）	最低居住水準未満（％）	都市居住型誘導居住水準未満（％）	一般型誘導居住水準未満（％）
全　国	61.3	27.0	30.5	4.9	89.3	116.8	9.5	52.1	71.3
北海道	53.3	23.7	25.6	4.6	83.4	111.4	3.3	39.9	63.8
青　森	71.2	7.4	13.9	5.7	116.2	141.6	4.3	34.0	54.5
岩　手	73.3	7.6	14.0	5.8	115.6	139.8	5.2	34.0	53.5
宮　城	61.6	18.8	25.2	5.0	98.0	128.7	6.3	46.8	67.7
秋　田	80.9	6.3	9.3	6.2	136.1	155.0	2.9	27.1	47.2
山　形	80.6	7.1	9.5	6.0	132.7	151.2	3.7	34.5	57.1
福　島	69.9	13.7	14.1	5.5	111.5	137.9	6.8	43.3	63.9
茨　城	73.6	13.9	13.3	5.1	98.9	117.4	7.3	49.3	71.5
栃　木	71.5	14.5	13.4	5.1	100.2	120.6	7.6	49.0	71.2
群　馬	72.2	13.5	11.2	5.1	101.5	121.9	7.5	48.4	70.3
埼　玉	64.8	24.3	30.0	4.5	79.4	99.7	10.4	60.8	80.3
千　葉	63.4	28.4	34.0	4.6	81.5	102.4	8.8	56.9	77.2
東　京	41.4	42.4	61.5	3.6	60.3	93.2	17.7	69.0	82.2
神奈川	53.7	32.7	46.3	4.1	70.3	96.3	13.1	64.3	81.2
新　潟	78.5	9.8	12.9	6.2	131.4	152.6	3.5	32.6	53.6
富　山	84.9	12.2	9.3	7.0	153.2	170.4	2.4	25.2	52.2
石　川	72.3	16.4	19.4	6.6	130.9	161.1	3.4	31.3	51.0
福　井	79.3	15.3	12.2	6.3	140.4	162.2	3.9	34.2	55.6
山　梨	72.0	16.7	13.8	5.3	108.5	131.7	6.9	44.6	64.6
長　野	75.6	11.1	10.0	5.8	122.9	145.5	4.5	33.5	54.2
岐　阜	75.8	18.1	13.4	6.2	117.9	140.0	4.7	34.3	55.0
静　岡	68.0	21.6	19.0	5.1	96.5	119.2	7.2	48.1	70.2
愛　知	59.9	33.8	31.7	5.2	92.5	122.8	8.0	48.1	68.5
三　重	79.5	15.9	9.7	6.0	108.0	122.4	4.5	37.4	59.4
滋　賀	77.6	20.9	12.9	6.6	121.4	140.3	4.2	35.4	57.0
京　都	60.1	27.9	30.2	4.9	83.8	109.6	9.3	55.5	73.1
大　阪	49.5	39.9	46.4	4.2	68.9	96.8	16.2	65.2	81.6
兵　庫	60.2	32.9	36.4	5.0	87.1	114.3	11.5	54.4	72.6
奈　良	72.0	23.0	17.8	6.0	108.0	128.8	6.1	42.0	63.6
和歌山	69.6	22.4	14.1	5.3	96.7	118.5	9.7	50.8	70.9
鳥　取	74.5	13.1	11.0	6.2	120.4	143.9	5.6	40.3	60.8
島　根	77.2	11.3	10.0	6.0	121.2	140.4	5.0	40.2	60.6
岡　山	69.8	17.2	14.3	5.7	104.9	129.1	6.2	43.7	64.4
広　島	61.0	25.4	26.3	5.2	92.7	120.5	6.3	45.7	65.8
山　口	65.5	24.4	18.2	5.3	96.1	120.2	6.9	45.9	65.9
徳　島	73.0	25.3	15.4	5.6	101.6	121.3	6.2	43.1	63.9
香　川	71.2	21.7	14.5	5.8	108.1	129.8	4.8	39.9	60.5
愛　媛	67.6	22.9	16.9	5.3	94.7	116.1	6.3	46.1	67.0
高　知	67.3	17.7	16.2	5.1	88.5	108.3	8.7	51.5	71.5
福　岡	55.0	33.4	33.4	4.7	83.7	113.1	8.5	54.4	74.7
佐　賀	73.4	11.9	10.8	5.7	114.1	135.4	9.9	45.3	67.2
長　崎	67.1	18.3	18.2	5.0	92.2	111.5	8.7	53.6	73.3
熊　本	65.4	20.1	19.8	4.9	94.1	117.8	8.6	53.1	72.9
大　分	65.1	23.0	21.2	5.2	95.1	119.4	6.4	46.6	67.2
宮　崎	69.6	20.5	15.1	4.7	88.3	109.2	8.4	52.4	73.6
鹿児島	68.9	19.7	17.8	4.5	77.8	91.0	9.4	54.6	75.0
沖　縄	57.7	84.7	38.5	4.5	70.3	89.6	14.5	63.4	82.2

6 住環境教育

- まちの宝さがし——まちワーク
- まちの宝の地図づくり 
- 発見したまちの良さの発表

6-1　はじめに

　現在，衣食住すべてにおいて私たちの生活は豊かになり，より快適さを求める時代となったといえよう。しかし，その一方で，生活を取り巻く新たな問題も発生し，新しい豊かさや生活の知恵ともいえるものが求められるようになっている。
　このような状況において，人々の価値観形成にも影響を与えることになる教育の役割が問われている。住まいと環境に対する主体的なかかわりを可能にする知識や技術といった情報は，どこでどのように学ばれるのだろうか。
　本章では，学校教育を中心に，生涯学習の観点も考慮しながら，日本の現状と同時に英米の住環境教育をも参照しつつ，今後の課題と可能性を探っていきたい。
　なお，ここでは住まい，地域，都市に関する教育すべてを包含するものとして「住環境教育」という言葉を用いる。それを改めて整理すると次のようになる。住環境教育とは，「生活を取り巻く自然，建築物，人間等と，それにかかわる文化的，社会的，自然的環境の相互関係を含めた認識を深め，問題と課題を発見し，その解決，創造に主体的にかかわる能力と態度を養う教育」である。

6-2　住環境教育の現状と課題

6-2-1　住環境教育と学校教育

　現在の学校教育において住環境教育にかかわりをもつ教科としては，家庭科，社会科，理科，保健，美術等がある。現在のところ，家庭科だけが一つの領域として住まいや住環境に関する学習を展開することになっている。したがって，家庭科教育の充実を図ることは重要であるといえる。しかし，一方で，家庭科教師の多くは住環境領域の授業に関して苦手意識を持っているとの指摘もあり，十分な学習が保証されているとは言えない状況もある。今後の学校教育においては，総合的な視点から教科間の連携をとりながら学習を深めていくことも必要であろう。

学習指導要領／現在の学校教育の基本的内容を定めているのが，学習指導要領（文部科学省）である。学習指導要領は，およそ10年おきに改訂されており，家庭科における住環境に関する内容についてみるならば，以前から「住まいの内部の問題やハード的な内容に偏っている」「ものづくり中心である」といった問題点として指摘されてきた内容が，時代を経るごとに改善される方向で変化してきているといえる[*1]。たとえば，平成10年告示の小学校の学習指導要領では，住まいに関する学習について，「身の回りを快適に整えるための手だてを調べ」「気持ちよい住まい方を考える」といった言葉で学習内容について述べられている。中学校では，衣食住が個別の領域としてではなく，「生活の自立と衣食住」としてひとつの領域として表されている。また新たに，それまでになかった「家庭生活と地域と

のかかわり」に関する内容も加わっている。この記述は，住まいに限らず地域全体を対象に学ぶ可能性をもたらすものといえる。1年遅れて告示された高等学校学習指導要領（平成11年告示）では，教科の目標が，それまでの家庭経営的立場から「人の一生」を中心に据え，「生活課題に主体的に」取り組む能力と態度を育てるということが強調されるようになった点に大きな変化がみられる。また，住まいに関する内容としては，衣食住別々の領域ではなく，「生活の科学と文化」「生活文化の伝承と創造」といったまとまりの中で取り上げられ，文化的側面が重視される方向性が強調されているのが特徴である（注：この分析においては，現行の「家庭一般」に近いとされる「家庭総合」についての内容記述をもとにしている。その他に，「家庭基礎」「生活技術」が家庭科の科目としておかれている）。

教科書／学習指導要領の改訂に伴って，新しい教科書が編集され，発行されている。教科書では，学習指導要領の記述に対して編者や執筆者らによる解釈がなされ，検定はあるものの，各社の編集方針にしたがって独自の構成，内容がみられる。各学校段階の教科書を住環境に関する記述から分析してみると，小学校では，従来の第5, 6学年の2分冊から1冊にまとめられた点が大きな変化であるといえるが，内容については基本的には大きな変化はみられないようである。中学校の教科書は，新しい学習指導要領を受けて，平面図を書くといった技術的なことから，より防災等の安全の視点からの記述が強調されている。また，バリアフリー，ユニバーサルデザインといった言葉が使用され，高齢社会，共生社会がより意識されているともいえる。

　高等学校は，10種類以上もの教科書が発行されており，それぞれ特色ある教科書づくりが試みられている。特に，小・中学校にはみられない新しい視点も積極的に採用されており，環境共生の視点からの住まいづくりやまちづくり，バリアフリーやユニバーサルデザインの視点からの住まい，まちづくりにまで内容の発展が見られる。高等学校では，住まいから地域へという視点が鮮明になっているといえる。さらに，コーポラティブハウジング，コレクティブハウジングといった，血縁でつながった家族との暮らしだけでなく，価値観を共有する人々の協同の住まい方にまで広がりがみられるなど，従来の家庭科のイメージを大きく転換させるものになっているといえる。また，室内の化学物質汚染による健康被害の問題や集合住宅の管理の問題なども，より詳しく取り上げられるなど，時代や社会の状況を反映した内容が取り入れられているところに特長がみられる。

教育現場での現状と可能性／住教育は大きな可能性を持ち変化しつつある分野であるが，現実にはあまり時間をとらない教師が多い。その理由としては，住居関連学科出身の教師が非常に少ないこと，教員養成系大学での住居関連の授業が少なく，教える側に学習経験，中身が少ないことがある。また，学習したことが実生活にすぐに生かされにくい，個人の住宅事情に差が大きく，プライバシーの問題などを考えると，どのように扱えばいいのかわからない，といったことも教師の悩みとしてあげられている。

しかし，一方では住居分野の学習のおもしろさや重要性を指摘する声も高まっている。これからの生活を考える上で，総合的な内容を持つ住居，住環境学習から学ぶべきことは多い。環境教育，消費者教育，福祉教育の視点からも組み立てることができる。

たとえば，深刻なシックハウス症候群や化学物質過敏症の問題は，その原因や内容について学んだうえに，問題の解決策として住まい方を考え，さらにどんな材料でどんな住まいを作っていけばよいのか考えていく学習が考えられる。バリアフリーやユニバーサルデザインの学習では，高齢社会の問題から住まいづくり，まちづくりへと学習を発展させることができる。また，環境との共生を考えた住まいと住環境についての学習では，実際の住まいやまちの観察から調べ，学習に発展させることもできる。

小・中・高校の教育現場と，大学等の研究機関や地域の専門家が連携した教材研究や授業実践も少しずつみられるようになっており，今後の広がりが期待されている。

6-2-2　住環境教育と社会教育

住環境の水準を上げ，生活の質的向上を図るには，学校教育の充実が欠かせないことは明らかである。しかし，住環境教育は，時代の変化に対応した社会的課題を取り扱う領域でもあるため，学校教育で学習が充たされることはなく，生涯学習，社会教育にもつながっているといった視点から考えていくことも求められる。現実に発生する諸問題に対処できるひとりひとりの社会人としての能力の向上もまた，重要な課題であろう。

成人の学習活動を支援するものとしては，各種の生涯学習講座などがあげられよう。公民館や消費者センター等で開催される講座は，その一つとして機能している。また，最近では社会人の受け入れに力を入れる大学，大学院の存在も目立ち始めている。

さらに，最近では，コンピューターの普及に伴って大量の情報を家庭や学校，オフィスに居ながらにして入手することが可能になった。問題意識さえ持っていれば，情報の確保は以前とは比較にならないほど容易になったといえる。しかし，その一方で，インターネット等から発信される大量の情報をどう取捨選択していくか，その情報の正誤，真偽を確認する能力はどのように養成すればよいのか，といった新たな課題も発生している。

これからの時代を生きていくには，情報とのつきあい方，意思決定のあり方が大きく問われる。主体的により質の高い満足できる住生活を営むためには，ひとりひとりが生涯学び続けるのだという意識をもち，実際に行動していくことが欠かせないものであるということができよう。

---

*1　学習指導要領は，平成20年（小・中学校），平成21年（高等学校）に改訂・告示されている。詳細は文部科学省のホームページを参照のこと。各教科書においても，併せて改訂されている。

6-3　海外の住環境教育

　日本における住環境教育の理論や実践及び方法論等の向上のために，その先進国とされるイギリスとアメリカの教育理念や方法について紹介しておく。

6-3-1　イギリスの住環境教育
理念と背景／イギリスは，伝統文化や伝統的生活様式を大切にする国として日本人のあこがれの対象である。ヨーロッパでは石造りの建築という伝統もあって，全般に住まいは100年以上使われることも珍しいことではない。中でもイギリスは，産業革命による発展に伴って環境破壊が進み，荒廃した国土の保全に立ち上がった人々のボランタリーな組織活動が盛んであり，その伝統を受け継いで，環境学習の一部分として都市を対象とした学習の伝統がみられる。特に，1970年代から1980年代にかけては，英国の都市における住環境教育の黄金期ともいえる時期で，Front Door Project（1974〜1976）や Art and the Built Environment Project（1976〜1982）等の，教師と専門家の連携によるデザインを通して学ぶ環境教育の実践が展開された。その実践においては，専門家との協力，デザイン過程への参加，諸機関の教育へのサポートなど，多様な活動が行われた。これらにより，都市における住環境教育への関心が高まり，カリキュラム開発も注目されるようになった。先のようなプロジェクト活動は，①科学や技術の知識を注意深く，責任を持って使うための教育であり，②場所や建物の視覚的な質にかかわるものであり，場所の持つ意味にかかわるものである。③美的感覚を養うと同時に精神的価値をもつものであるとされ，さらに，これら幅広い基礎の上に，④将来，人がその環境をつくるにあたり，より創造的に参加できるように保障すべきであるとされる。また，子どもたちに対しては，「環境に対する批判的（critical）な態度（評価能力）を養うこと」が求められている。

学習のスタイルと方法／上記のような理念のもと，英国では多くの環境保全団体が学校と連携した教育活動に取り組んできた。たとえばその一つであるNAW（Newcastle Architecture Workshop は現在この名称での活動は実施していないが，数多くの学校と地域が連携した環境学習をプロジェクトで実施しており，多くの報告書を発行している。以下の4点がNAWの学習活動の特徴である。①活動のねらいが明確であり，活動を評価する観点として位置付けられている。②環境にかかわる専門家と教師が学習プロセスにおいて協働していることで，単発的なイベントとしてでなく学習活動が成立している。③子どもの主体的な体験活動を重視しており，異年齢間の協同学習が行われている。④保護者ら地域の大人をも巻き込んだ生涯学習にもつながっている。これらは，日本における「総合的な学習の時間」の学習実施にあたって多くの示唆が得られるものということもできる。

具体的な活動内容としては，地域の開発計画に子どもたちを参加させながら学習を行う等がみられる。そのプロセスは，たとえば①地域の住環境について好きなところ嫌いなところをシートにチェックし，地域の大人たちと自分たちの気づいたところについて話し合う。②実際のまちの開発計画について専門家の説明を受ける。③将来を予想して絵地図をつくる。④実際に地域に出かけ，討論し提案するなどで計画に参加する。⑤さらに専門家から具体的な植栽や彫刻などの計画について話を聞き，自分たちでデザインを考える。⑥アイデアを具体化して発表し，実行に移す等である。

　以上のような活動が地域の実状に応じて取り組まれてきたところが，イギリスの都市環境学習として注目されるべきところであろう。

6-3-2　アメリカの住環境教育

総合的方法の導入／アメリカの家政学会が高校生のカリキュラム開発のために提案したハウジングの内容は，大きく次のように分かれている。

　①　ハウジングの人間への影響——物的・心理的影響，社会的影響
　②　住生活様式に影響する要因——個人や家族の住要求，社会的・分化的影響あるいは科学や技術の進歩
　③　住居所有のプロセス——設計，選択，建設，家計，家具と設備，管理，維持

この内容は
○住まいの物的条件が人間の肉体や精神ばかりでなく，近隣や環境とのかかわりにおける社会的影響を与えること
○住生活様式は家族の住要求やその変化を反映したものである。したがって人々は意識的あるいは無意識に住まいを通して自分たちの価値観を表現していること
○個人や家族の価値観，生活様式，生活水準が近隣の環境に影響をおよぼすこと
○住まいは社会的制度によって形づくられること，すなわち国や地方公共団体の条令等の影響を受けて，形，デザイン，構造や立地が規制されていること
○科学や技術の進歩によって人工的環境や環境の制御が可能になったこと

など，人間にかかわる要因，人と人を取り巻く周辺環境，文化的，社会的制度との相互の関係から成り立つハウジングを概念化し，カリキュラムを構成している。

　日本のこれまでのカリキュラムでは個別的な知識や技術は習得できても，住宅問題の背景となる要因の相互関係や社会的制度との関連を全体的・総合的に判断していく能力の育成は困難であった。今後はさらに，そのような能力育成のための方法を検討していく必要がある。

教育の方法／アメリカのGEE（Group for Environmental Education Inc.）が作成した高校生用の副読本「私たちの生活環境」には，指導方法上示唆される点が多い。

　この副読本では，①生活環境とは何か，②なぜ人々は環境をつくるのか，③環

境の形態を決定するのは何か，④生活環境をどのように変えていくのか，という四つのフレームワークにもとづく問題提起があり，その問題の枠組みごとに関連した数個ずつの節で構成している。各節ごとに演習問題が付いており，生徒自らその演習問題を考え，解き，その後に付いている詳しい解説で自らの考えや選好の妥当性を確かめ，理解を深めていくというプロセスで学習が展開される。

このような方法の学習の目標は，生徒に，
- 日常生活における人間と生活環境との相互作用を意識的に認識させること
- 生活環境に関する価値判断や意思決定を行う能力について自信をもたせること
- 生活環境の将来に対する展望をもたせること

にある。

具体的な内容では，立場の異なる（職業，家族数，所得など）世帯の住居の選択，ライフサイクルの違いによる家族の住要求の処理を，費用を無視する場合と費用を考慮する場合に分けて考えさせ，トレード・オフの概念を導入する教材となっており，参考とすべき点は多い。さらに問題解決型の学習方法によって自分なりの答えを発見していく過程が重視されているが，主体的認識や態度に寄与する点が大きい効果的な方法といえる。

6-4　これからの住環境教育

指導内容／家庭科教育は，発達段階に応じた領域の系統性・一貫性の欠如等，まだ問題は残るが，大きく変化しつつあるといえよう。表-2に小・中・高校の各段階で指導したい内容を構成したものを示す。これは，少ない領域で，住まいとそれを取り巻く環境を構成する要素や，その基本原理を，認識の順次性を考慮して指導していく，という視点から作成している。項目の設定にあたっては，発達段階に対応して「自分の身の回り→家庭→居住地域→都市」へと住生活にかかわる諸事象を展開していく過程と，「未分化的表層把握→文化的原理的把握→総合的相互関連的把握」へと認識していくものとして構成している。

すなわち，低学年においては身の回りのことや知識を現象的に把握する能力の育成に重点を置き，高学年に進むにしたがって，諸要素の原理，原則を総合的に把握していく，という内容構成となっている。

① 人と住まい——生活の器としての住まいは，家族の住要求やその変化が反映されており，その機能，形態，および起居様式が異なること，さらに気候風土や文化の違いも住生活様式に反映されていること，健全な住生活を行うための就寝と食事の条件，バリアフリーデザイン，ユニバーサルデザイン，プライバシーと団らん，集住のルールのあり方を考えさせる。

② 住まいと社会——生活は住まいという器の中だけではなく，住まい，地域（近

隣），都市といった生活空間の段階的広がりにおいて展開される。したがって快適な住まいの形成のためには，間取りや広さだけではなく，住まいを取り囲む良好な環境の条件，さらには，まちづくりの視点からも考えさせる。また，諸外国の住宅事情との比較から，健康で文化的な住生活に必要な水準やその実現化のための方策についても考えさせる。

　③　住空間の形態と構成──住生活にかかわる物や空間に対するイメージや認識を，形と大きさ，空間と大きさ，空間と材質，色彩と雰囲気というように，二次元の寸法から立体構成へと，物理的空間の認識と，さらに心理的，感覚的（視覚的）なものへと順次展開していく。

　④　住まいの環境──快適で能率の良い生活を営むためには，外界の影響を遮断して人間の生理，感覚に対応した住空間の環境をつくり出すための調整が必要である。そのための条件を熱，光，空気，音の面からとらえ，その科学的原理を住空間との関連で理解させ，その住建築的，設備的構成要素のあり方を考えさせる。

　⑤　住まいの管理──住み良さは，日々の生活の営みとして作りあげられるものであるので，特に住まいの物的性能維持のための知識と技術を身につけることが不可欠である。維持管理に要する費用，管理の仕方や住み方が及ぼす経済的負担等について，生活管理も含めて考えさせる。

研修制度の充実／各種の調査を見ても，小・中・高校の家庭科教師の多くが，大学において住領域を十分には学んでいないことの問題が指摘されている。そこで，専門知識や技術の不足を補うためには，教員になったあとの研修，再教育の場の提供が重要な役割を果たすことになる。現在は地方自治体の実施する研修会や民間教育研究団体の研究会等があるが，そこで行われるテーマにおいて，住領域の研修の機会は決して多くはないのが実情である。さらなる研修の場の充実が求められよう。

資料・情報センターの設置／イギリスやドイツ等欧米の教育にかかわる取り組みで注目されるのが，教育現場で求められる情報や資料を提供してくれるリソース・センターの存在である。住領域の指導をより効果的に行うためには優れた視聴覚教材や資料などが不可欠であるが，教師個人がすべてを自力で準備するのは非常に困難である。したがって，教材開発，情報と資料提供のための機関(センター)の設置による教師援助サービスの存在は，住環境教育の充実において効果があることといえよう。また，専門家も交えた研究会，教師同士のネットワークを作り交流していくことも，物心両面での支え合いという点から意味があるといえよう。

表-1　学習指導要領（文部科学省）における家庭科の目標と，住居関連項目の内容

科目	小学校 家庭	中学校 技術・家庭	高等学校・家庭 家庭基礎	高等学校・家庭 家庭総合	高等学校・家庭 生活技術
目標	第5学年および第6学年 (1)衣食住や家族の生活などに関する実践的・体験的な活動を通して，家庭生活を支えているものが分かり，家庭生活の大切さに気付くようにする。 (2)製作や調理など日常生活に必要な基礎的な技能を身に付け，自分の身の回りの生活に活用できるようにする。 (3)自分と家族などとのかかわりを考えて実践する喜びを味わい，家庭生活をよりよくしようとする態度を育てる。	家庭分野 実践的・体験的な学習活動を通して，生活の自立に必要な衣食住に関する基礎的・基本的な知識と技術を習得するとともに，家庭の機能について理解を深め，課題をもって生活をよりよくしようとする能力と態度を育てる。	人の一生と家族・福祉，衣食住，消費生活などに関する基礎的・基本的な知識と技術を習得させ，家庭生活の充実向上を図る能力と実践的な態度を育てる。	人の一生と家族，子どもの発達と保育，高齢者の生活と福祉，衣食住，消費生活などに関する知識と技術を総合的に習得させ，生活課題を主体的に解決するとともに，家庭生活の充実向上を図る能力と実践的な態度を育てる。	人の一生と家族・福祉，消費生活，衣食住，家庭生活と技術革新などに関する知識と技術を体験的に習得させ，生活課題を主体的に解決するとともに，家庭生活の充実向上を図る能力と実践的な態度を育てる。
内容（住居関連内容）	●住まい方に関心をもって，身の回りを快適に整えることができるようにする。 ア　整理・整とんや清掃を工夫すること。 イ　身の回りを快適に整えるための手立てや工夫を調べ，気持ちよい住まい方を考えること。 （内容の取扱い） ●上記のイについては，暖かさ，風通し，明るさなどから選択して取り上げること。	A 生活の自立と衣食住 ●室内環境の整備と住まい方について，次の事項を指導する。 ア　家族が住まう空間としての住居の機能を知ること。 イ　安全で快適な室内環境の整え方を知り，よりよい住まい方の工夫ができること。 B 家族と家庭生活 ●家庭生活と地域とのかかわりについて，次の事項を指導する。 ア　地域の人々の生活に関心をもち，高齢者などの地域の人々とかかわることができること。 イ　環境や資源に配慮した生活の工夫について，課題をもって実践できること。 （内容の取扱い） 室内環境の整備と住まい方のアについては，住空間の計画，平面図は扱わないこと。	家族の生活と健康 家族の食生活，衣生活及び住生活に必要な基礎的な知識と技術を習得させ，家族の生活を健康で安全かつ快適に営むことができるようにする。 ウ　住生活の管理と健康 　住居の機能，住生活と健康・安全などに関する基礎的な知識と技術を習得させ，家族の住生活を健康で快適に営むことができるようにする。	生活の科学と文化 衣食住の生活を科学的に理解させるとともに，衣食住に関する先人の知恵や文化を考えさせ，充実した衣食住の生活を営むことができるようにする。 ウ　住生活の科学と文化 　住居の機能，住空間の計画，住環境の整備などについて科学的に理解させるとともに，住生活の文化に関心をもたせ，必要な技術を習得して充実した住生活を営むことができるようにする。 エ　生活文化の伝承と創造 　衣食住にかかわる生活文化の背景について理解させるとともに，生活文化に関心をもたせ，それを伝承し創造しようとする意欲をもたせる。	住生活の設計とインテリアデザイン 住居の機能，設計，管理などに関する知識と技術を習得させ，充実した住生活を営むことができるようにする。 ア　家族の生活と住居 　住居の機能，家族の生活と住空間および住環境と地域社会について理解させ，快適な住生活と周囲の環境や地域社会とのかかわりについて考えさせる。 イ　住居の設計とインテリア計画 　快適で機能的な住生活を営むために必要な条件について理解させ，家族の形態や暮らし方を想定した住居の平面計画やインテリア計画ができるようにする。 ウ　住宅生活の管理 　住居の選択と維持管理及び住居の安全と衛生について理解させ，健康や安全に配慮した住生活の管理ができるようにする。 エ　生活と園芸 　草花や野菜の栽培と利用に関する基礎的な知識と技能を習得させ，園芸を用いて生活環境を豊かにする工夫ができるようにする。

小学校学習指導要領：平成10年12月告示，平成14年4月1日施行
中学校学習指導要領：平成10年12月告示，平成14年4月1日施行
高等学校学習指導要領：平成11年3月告示，平成15年4月1日以降，漸次移行（1学年より施行）

表-2 住生活領域で指導したい内容の構成

大項目	中項目	小項目 小学校	小項目 中学校	小項目 高校
人と住まい	住まいの機能 住まいの形式と変遷 住生活様式	●住まいの働き ●住まいの形式 （戸建とアパート，木造とコンクリート造） ●起居様式 （イス坐とユカ坐）	●文化の違いと住まい ●気候風土と住まい方 ●農村住宅と都市住宅 ●だんらんとプライバシー ●就寝と食事の条件 ●集住のルール	●バリアフリーデザイン　ユニバーサルデザイン ●伝統的な住まい方と新しい住まい方 ●家族像と住まい方，住要求
住まいと社会	地域環境 住宅水準，住宅事情 住宅の需要と供給 住宅政策	●まちと生活 ●美しいまち ●安全なまち	●住宅地の環境 （密度，道路，緑地，施設，騒音，大気汚染，水質汚染，日照） ●住宅の型 ●住居の水準 （住宅規模）	●わが国の住宅事情 ●外国の住宅事情 ●まちづくり ●望ましい居住水準 ●住宅政策
住空間の形態と構成	人，物，空間の寸法 室，住まいの規模と構成 仕上げと色彩	●使いやすい寸法① （人体寸法，家具，建具，階段寸法） ●家具の種類と安全性 ●室の構成と働き ●へやのイメージ	●使いやすい寸法② （動作寸法） ●住生活行為と規模 （就寝，食事，だんらん時） ●材質・色彩による空間感覚の違い	●空間の構成 ●空間の雰囲気
住まいの環境	住居衛生 室内気候 住宅の設備	●健康な住まい （日照，採光，通風，換気，冷暖房）	●住居の設備 （個別各種設備と公共供給サービス） ●住宅の安全性 （耐震，耐熱，耐風，防犯）	●熱・光・空気・音環境 ●地域の設備
住まいの管理	生活管理 住まいの維持管理 （工法，建材，設備） 住まいの経営，管理	●身の回りの整理 （整理・整とん，清掃とごみ処理）	●住空間の共同利用 ●住宅のつくり （軸組構造と壁構造）	●建物の維持管理 （工法，建材部材，設備の理解とその管理，点検，補修，欠陥） ●住居費 ●住居の取得費 ●住居の維持経費と改修・改善

資料

法　規

1．住宅政策に関係する主な動き（1940年代後半～2000年代前半）

年	国
1945（昭和20）	・罹災都市応急簡易住宅建設要綱閣議決定 ・戦災復興院 ・住宅緊急措置令
1946（昭和21）	・地代家賃統制令（改定）
1947（昭和22）	
1948（昭和23）	・建設省発足（建設院廃止） ・全国住宅調査（現住宅・土地統計調査）（総理府）
1949（昭和24）	
1950（昭和25）	・住宅金融公庫 ・建築基準法
1951（昭和26）	・公営住宅法 ・土地収用法
1952（昭和27）	・第一期公営住宅建設三箇年計画（全国18万戸，東京都3万戸） ・宅地建物取引業法
1953（昭和28）	
1954（昭和29）	・土地区画整理法
1955（昭和30）	・第二期公営住宅建設三箇年計画（全国15万5千戸，東京都2万3千戸） ・日本住宅公団発足
1956（昭和31）	・首都圏整備法
1957（昭和32）	
1958（昭和33）	・第三期公営住宅建設三箇年計画（全国15万7千戸，東京都2万4千戸）策定
1959（昭和34）	
1960（昭和35）	・住宅需要実態調査（建設省）（以後5年ごとに実施） ・住宅地区改良法
1961（昭和36）	・第四期公営住宅建設三箇年計画（全国17万1千戸，東京都2万5千戸） ・防災建築街区造成法 ・宅地造成等規制法
1962（昭和37）	・建物の区分所有等に関する法律（区分所有法）
1963（昭和38）	・新住宅市街地開発法 ・不動産の鑑定評価に関する法律
1964（昭和39）	・第五期公営住宅建設三箇年計画（全国20万戸，東京都3万1千戸）
1965（昭和40）	・地方住宅供給公社法
1966（昭和41）	・住宅建設計画法 ・第一期住宅建設五箇年計画（66～70年度）（一世帯1住宅を目標） ・日本勤労者住宅協会法
1967（昭和42）	
1968（昭和43）	・都市計画法（旧法廃止）
1969（昭和44）	・都市再開発法（防災建築街区造成法廃止） ・地価公示法
1970（昭和45）	
1971（昭和46）	・第二期住宅建設五箇年計画（71～75年度）（一人一室を目標）
1972（昭和47）	・公有地の拡大の推進に関する法律
1973（昭和48）	・優良住宅部品（BL部品）認定制度
1974（昭和49）	・地方自治法改正（公営住宅の供給主体として特別区を追加） ・国土利用計画法
1975（昭和50）	・大都市地域における住宅及び住宅地の供給の促進に関する特別措置法（大都市法） ・宅地開発公団
1976（昭和51）	・第三期住宅建設五箇年計画（76～80年度）（最低居住水準，平均居住水準設定） ・建築基準法改正（日影規制新設） ・過密住宅地区更新事業
1977（昭和52）	
1978（昭和53）	・住環境整備モデル事業

年	国
1979（昭和54）	・エネルギーの使用の合理化に関する法律（省エネ法） ・特定住宅市街地総合整備促進事業
1980（昭和55）	・都市計画法，建築基準法改正（地区計画等新設，新耐震基準設定） ・宅地建物取引業法改正（クーリングオフ制度新設） ・住宅性能保証制度
1981（昭和56）	・第四期住宅建設五箇年計画（81～85年度）（住環境水準の設定） ・住宅・都市整備公団（日本住宅公団，宅地開発公団解散）
1982（昭和57）	・木造賃貸住宅地区総合整備事業
1983（昭和58）	・地域住宅計画（HOPE計画）推進事業
1984（昭和59）	・住宅の省エネルギー基準施行 ・優良再開発建築物整備促進事業
1985（昭和60）	
1986（昭和61）	・第五期住宅建設五箇年計画（86～90年度）（誘導居住水準設定） ・地代家賃統制令廃止 ・長寿社会対策大綱閣議決定
1987（昭和62）	・国際居住年 ・シルバーハウジング・プロジェクト
1988（昭和63）	
1989（平成元）	・土地基本法 ・コミュニティ住環境整備事業
1990（平成2）	
1991（平成3）	・第六期住宅建設五箇年計画（91～95年度）（豊かさを実感できる住生活の実現） ・借地借家法（建物保護に関する法律，借地法，借家法廃止）（定期借地権新設）
1992（平成4）	・都市計画法，建築基準法改正（用途地域見直し，中高層階住居専用地区新設，準耐火建築物規定） ・生活大国五箇年計画閣議決定（年収の5倍での住宅取得）
1993（平成5）	・特定優良賃貸住宅の供給の促進に関する法律 ・街なみ環境整備事業
1994（平成6）	・高齢者，身体障害者等が円滑に利用できる特定建築物の建築の促進に関する法律（ハートビル法） ・住宅市街地総合整備事業 ・総合住環境整備事業 ・密集住宅市街地整備促進事業 ・優良建築物等整備事業
1995（平成7）	・大都市地域における住宅及び住宅地の供給の促進に関する法律改正（都心共同住宅供給事業新設） ・住宅宅地審議会「21世紀に向けた住宅・宅地政策の基本的体系について」答申 ・建築物の耐震改修の促進に関する法律 ・長寿社会対応住宅設計指針
1996（平成8）	・第七期住宅建設五箇年計画策定（96～2000年度）（21世紀初頭に向けた国民の住生活の質の向上） ・公営住宅法改正（買取り・借上げ方式導入，種別区分廃止，応能・応益家賃制度導入）
1997（平成9）	・密集市街地における防災街区の整備の促進に関する法律 ・都市計画法，建築基準法改正（高層住居誘導地区新設，共用部分の廊下等の容積不算入措置）
1998（平成10）	・建築基準法改正（建築確認等の民間開放，性能規定化，中間検査制度導入，連担建築物設計制度新設） ・特定非営利活動促進法（NPO法） ・高齢者向け優良賃貸住宅制度 ・住宅市街地整備総合支援事業
1999（平成11）	・住宅の品質確保の促進等に関する法律（瑕疵保証制度充実，性能表示制度新設，紛争処理体制整備） ・都市基盤整備公団発足（住宅・都市整備公団解散） ・良質な賃貸住宅等の供給の促進に関する特別措置法（定期借家制度新設）
2000（平成12）	・住宅宅地審議会「21世紀の豊かな生活を支える住宅・宅地政策について」
2001（平成13）	・第八期住宅建設五箇年計画（01～05年度）

2．建築基準法

(1) 敷地の衛生及び安全（法第19条）	1　建築物の敷地は，これに接する道の境より高くなければならず，建築物の地盤面は，これに接する周囲の土地より高くなければならない。ただし，敷地内の排水に支障がない場合又は建築物の用途により防湿の必要がない場合においては，この限りでない。 2　湿潤な土地，出水のおそれの多い土地又はごみその他これに類する物で埋め立てられた土地に建築物を建築する場合においては，盛土，地盤の改良その他衛生上又は安全上必要な措置を講じなければならない。 3　建築物の敷地には，雨水及び汚水を排出し，又は処理するための適当な下水管，下水溝又はためますその他これらに類する施設をしなければならない。 4　建築物ががけ崩れ等による被害を受けるおそれのある場合においては，擁壁の設置その他安全上適当な措置を講じなければならない。	
(2) 居室の採光及び換気（法第28条）	1　住宅，学校，病院，診療所，寄宿舎，下宿その他これらに類する建築物で政令で定めるものの居室（居住のための居室，学校の教室，病院の病室その他これらに類するものとして政令で定めるものに限る。）には，採光のための窓その他の開口部を設け，その採光に有効な部分の面積は，その居室の床面積に対して，住宅にあつては1/7以上，その他の建築物にあつては1/5から1/10までの間において政令で定める割合以上としなければならない。ただし，地階若しくは地下工作物内に設ける居室その他これらに類する居室又は温湿度調整を必要とする作業を行う作業室その他用途上やむを得ない居室については，この限りでない。 2　居室には換気のための窓その他の開口部を設け，その換気に有効な部分の面積は，その居室の床面積に対して，1/20以上としなければならない。ただし，政令で定める技術的基準に従つて換気設備を設けた場合においては，この限りでない。 3　特殊建築物の居室又は建築物の調理室，浴室その他の室でかまど，こんろその他火を使用する設備若しくは器具を設けたものには，政令で定める技術的基準に従つて，換気設備を設けなければならない。 4　ふすま，障子その他随時開放することができるもので仕切られた2室は，前3項の規定の適用については，1室とみなす。	
(3) 地階における住宅等の居室の技術的基準（令第22条の2）	住宅の居室，学校の教室，病院の病室又は寄宿舎の寝室で地階に設けるものは，壁及び床の防湿の措置その他の事項について衛生上必要な政令で定める技術的基準に適合するものとしなければならない。 （地階における住宅等の居室の技術的基準） 一　居室が，次のイからハまでのいずれかに該当すること。 　イ　国土交通大臣が定めるところにより，からぼりその他の空地に面する開口部が設けられていること。 　ロ　技術的基準に適合する換気設備が設けられていること。 　ハ　居室内の湿度を調節する設備が設けられていること。 二　直接土に接する外壁，床及び屋根又はこれらの部分（以下この号において「外壁等」という。）の構造が，次のイ又はロのいずれかに適合するものであること。 　イ　外壁等の構造が，次の(1)又は(2)のいずれかに適合するものであること。ただし，外壁等のうち常水面以上の部分にあつては，耐水材料で造り，かつ，材料の接合部及びコンクリートの打継ぎをする部分に防水の措置を講ずる場合においては，この限りでない。 　　(1)　外壁等にあつては，国土交通大臣が定めるところにより，直接土に接する部分に，水の浸透を防止するための防水層を設けること。 　　(2)　外壁又は床にあつては，直接土に接する部分を耐水材料で造り，かつ，直接土に接する部分と居室に面する部分の間に居室内への水の浸透を防止するための空隙を設けること。 　ロ　外壁等の構造が，外壁等の直接土に接する部分から居室内に水が浸透しないものとして，国土交通大臣の認定を受けたものであること。	
(4) 長屋又は共同住宅の各戸の界壁（法30条）	長屋又は共同住宅の各戸の界壁は，小屋裏又は天井裏に達するものとするほか，その構造を遮音性能（隣接する住戸からの日常生活に伴い生ずる音を衛生上支障がないように低減するために界壁に必要とされる性能をいう。）に関して政令で定める技術的基準に適合するもので，国土交通大臣が定めた構造方法を用いるもの又は国土交通大臣の認定を受けたものとしなければならない。	
(5) 遮る音技術性能的に関す基準（令第22条の3）	法第30条の政令で定める技術的基準は，次の表の上欄に掲げる振動数の音に対する透過損失がそれぞれ同表の下欄に掲げる数値以上であることとする。 | 振動数（単位 ヘルツ）	透過損失（単位 デシベル）
---	---
125	25
500	40
2000	50		
(6) 便所（法第31条）	1　下水道法第2条第八号に規定する処理区域内においては，便所は，水洗便所以外の便所としてはならない。 2　便所から排出する汚物を下水道法第2条第六号に規定する終末処理場を有する公共下水道以外に放流しようとする場合においては，屎尿浄化槽を設けなければならない。	
(7) 建築するための建築物の必敷地，構造設備又は建築補足基準（法36条）	居室の採光面積，天井及び床の高さ，床の防湿方法，階段の構造，便所，防火壁，防火区画，消火設備，避雷設備及び給水，排水その他の配管設備の設置及び構造並びに浄化槽，煙突及び昇降機の構造に関して，この章の規定を実施し，又は補足するために安全上，防火上及び衛生上必要な技術的基準は，政令で定める。	
(8) 居室の天井の高さ（令21条）	居室の天井の高さは，2.1m以上でなければならない。	
(9) 居室の床の高さ及び防湿方法（令第22条）	最下階の居室の床が木造である場合における床の高さ及び防湿方法は，次に定めるところによらなければならない。ただし，床下をコンクリート，たたきその他これらに類する材料で覆う場合及び当該最下階の居室の床の構造が，地面から発生する水蒸気によって腐食しないものとして，国土交通大臣の認定を受けたものである場合においては，この限りでない。 一　床の高さは，直下の地面からその床の上面まで45cm以上とすること。 二　外壁の床下部分には，壁の長さ5m以下ごとに，面積300cm²以上の換気孔を設け，これにねずみの侵入を防ぐための設備をすること。	
(10) 階段幅及び踏面並びにその踊場の寸法（令23条）	3　階段及びその踊場に手すり及び階段の昇降を安全に行うための設備でその高さが50cm以下のもの（以下この項において「手すり等」という。）が設けられた場合における第1項の階段及びその踊場の幅は，手すり等の幅が10cmを限度としてないものとみなして算定する。	

(11) 階段の手すり等（令第25条）	1　階段には，手すりを設けなければならない。 2　階段及びその踊場の両側（手すりが設けられた側を除く。）には，側壁又はこれに代わるものを設けなければならない。	(12) 道路の定義（法第42条）　この章の規定において「道路」とは，次の各号の一に該当する幅員4m（特定行政庁がその地方の気候若しくは風土の特殊性又は土地の状況により必要と認めて都道府県都市計画審議会の議を経て指定する区域内においては，6m。次項及び第3項において同じ。）以上のもの（地下におけるものを除く。）をいう。

(13) 用途地域・形態規定（建ぺい率・容積率・壁面後退・高さ制限・斜線制限（法第48・52・53・54・55・56条））

表-2　用途地域ごとの形態制限

項目	用途地域	第一種低層住居専用地域	第二種低層住居専用地域	第一種中高層住居専用地域	第二種中高層住居専用地域	第一種住居地域	第二種住居地域	準住居地域	近隣商業地域	商業地域	準工業地域	工業地域	工業専用地域	都市計画区域内で用途地域の指定のない区域
容積率(%)		50, 60, 80, 100, 150, 200		100, 150, 200, 300			200, 300, 400			200, 300, 400, 500, 600, 700, 800, 900, 1000	200, 300, 400			50, 80, 100, 200, 300, 400
建ぺい率		30, 40, 50, 60					60			80	60		30, 40, 50, 60	30, 40, 50, 60, 70
外壁の後退距離(m)		1, 1.5												
絶対高さ制限(m)		10, 12												
斜線制限	道路斜線 適用距離(m)			20, 25, 30				20, 25, 30, 35		20, 25, 30				20, 25, 30
	勾配			1.25						1.5				1.5
	隣地斜線 立上がり(m)			20						31				31
	勾配			1.25						2.5				1.25, 2.5
	北側斜線 立上がり(m)	5		10										
	勾配			1.25										
日影規制	対象建築物	軒高7m超又は3階以上				10m超				10m超				10m超
	測定値(m)	1.5				4				4				4
	規制値(5mラインの時間)	3, 4, 5				4, 5				4, 5				4, 5
敷地規模規制の下限値		200m²以下の数値												

表-3　用途地域の規制について

用途地域	用途規制
第一種低層住居専用地域	住宅のほかは，学校，公衆浴場，診療所，50m²以内の兼用住宅等に限って建築を許容。
第二種低層住居専用地域	第一種住居専用地域適格建築物のほか，150m²以内の店舗等に限って建築を許容。
第一種中高層住居専用地域	第二種低層住居専用地域適格建築物のほか，病院，児童厚生施設，500m²以内の店舗等に限って建築を許容。
第二種中高層住居専用地域	第二種住居専用地域不適格建築物のほか，一定の運動施設の建築を禁止。
第一種住居地域	住居地域不適格建築物のほか，ぱちんこ屋，カラオケボックス，300m²超の事務所，店舗等の建築を禁止。
第二種住居地域	50m²超の工場，火災危険性，公害発生等のおそれが商業地域，近隣商業地域禁止工場に次いで大きい工場，300m²超の自動車車庫，倉庫業を営む倉庫等の建築を禁止。
準住居地域	住居地域不適格建築物のほか，木材の粉砕工事等の建築を禁止，旧法の住居地域不適格建築物のうち，自動車車庫，150m²以内の自動車修理工事等の建築を許容。
近隣商業地域	近隣商業地域不適格建築物のほか，個室付浴場に類する一定の建築物の建築を禁止。客席部分200m²未満の劇場，映画館等の建築を許容。
商業地域	商業地域不適格建築物のほか，コンクリートの粉砕工場等の建築を禁止。
準工業地域	準工業地域不適格建築物のほか，石綿含有製品の製造工事等，個室付浴場に類する一定の建築物の建築を禁止。
工業地域	工業地域不適格建築物のほか，個室付浴場に類する一定の建築物の建築を禁止。
工業専用地域	工業専用地域不適格建築物のほか，老人ホーム，一定の運動施設等の建築を禁止。

表-4 用途地域内の建築物の用途制限

例示	第一種低層住居専用地域	第二種低層住居専用地域	第一種中高層住居専用地域	第二種中高層住居専用地域	第一種住居地域	第二種住居地域	準住居地域	近隣商業地域	商業地域	準工業地域	工業地域	工業専用地域
住宅，共同住宅，寄宿舎，下宿	○	○	○	○	○	○	○	○	○	○	○	●
兼用住宅のうち店舗，事務所等の部分が一定規模以下のもの	○	○	○	○	○	○	○	○	○	○	○	●
幼稚園，小学校，中学校，高等学校	○	○	○	○	○	○	○	○	○	○	●	●
図書館等	○	○	○	○	○	○	○	○	○	○	○	●
神社，寺院，教会等	○	○	○	○	○	○	○	○	○	○	○	○
老人ホーム，身体障害者福祉ホーム等	○	○	○	○	○	○	○	○	○	○	○	●
保育所，公衆浴場，診療所	○	○	○	○	○	○	○	○	○	○	○	○
老人福祉センター，児童厚生施設等	1)	1)	○	○	○	○	○	○	○	○	○	○
巡査派出所，公衆電話所等	○	○	○	○	○	○	○	○	○	○	○	○
大学，高等専門学校，専修学校等	●	●	○	○	○	○	○	○	○	○	●	●
病院	●	●	○	○	○	○	○	○	○	○	●	●
床面積の合計が150 m²以内の一定の店舗，飲食店等	●	○	○	○	○	○	○	○	○	○	○	4)
床面積の合計が500 m²以内の一定の店舗，飲食店等	●	●	○	○	○	○	○	○	○	○	○	4)
上記以外の物品販売業を営む店舗，飲食店	●	●	2)	3)	○	○	○	○	○	○	○	●
上記以外の事務所等	●	●	2)	3)	○	○	○	○	○	○	○	○
ボーリング場，スケート場，水泳場等	●	●	●	3)	○	○	○	○	○	○	○	●
ホテル，旅館	●	●	●	●	3)	○	○	○	○	○	●	●
自動車教習所，床面積の合計が15 m²を超える畜舎	●	●	●	●	3)	○	○	○	○	○	○	○
マージャン屋，ぱちんこ屋，射的場，勝馬投票券発売所等	●	●	●	●	●	○	○	○	○	○	○	●
カラオケボックス等	●	●	●	●	●	○	○	○	○	○	○	○
2階以下かつ床面積の合計が300 m²以下の自動車車庫	●	●	○	○	○	○	○	○	○	○	○	○
営業用倉庫，3階以上または床面積の合計が300 m²を超える自動車車庫（一定規模以下の付属車庫等を除く）	●	●	●	●	●	●	○	○	○	○	○	○
客席の部分の床面積の合計が200 m²未満の劇場，映画館，演芸場，観覧場	●	●	●	●	●	●	○	○	○	○	●	●
客席の部分の床面積の合計が200 m²以上の劇場，映画館，演芸場，観覧場	●	●	●	●	●	●	●	○	○	○	●	●
キャバレー，料理店，ナイトクラブ，ダンスホール等	●	●	●	●	●	●	●	●	○	○	●	●
個室付浴場業に係る公衆浴場等	●	●	●	●	●	●	●	●	○	●	●	●
作業場の床面積の合計が50 m²以下の工場で危険性や環境を悪化させるおそれが非常に少ないもの	●	○	○	○	○	○	○	○	○	○	○	○
作業場の床面積の合計が150 m²以下の自動車修理工場	●	●	●	●	●	○	○	○	○	○	○	○
作業場の床面積の合計が150 m²以下の工場で危険性や環境を悪化させるおそれが少ないもの	●	●	●	●	●	●	●	○	○	○	○	○
日刊新聞の印刷所，作業場の床面積の合計が300 m²以下の自動車修理工場	●	●	●	●	●	●	●	○	○	○	○	○
作業場の床面積の合計が150 m²を超える工場または危険性や環境を悪化させるおそれがやや多いもの	●	●	●	●	●	●	●	●	●	○	○	○
危険性が大きいかまたは著しく環境を悪化させるおそれがある工場	●	●	●	●	●	●	●	●	●	●	○	○
火薬類，石油類，ガス等の危険物の貯蔵，処理の量が非常に少ない施設	●	●	2)	3)	○	○	○	○	○	○	○	○
〃　　少ない施設	●	●	●	●	●	○	○	○	○	○	○	○
〃　　やや多い施設	●	●	●	●	●	●	●	●	●	○	○	○
〃　　多い施設	●	●	●	●	●	●	●	●	●	●	○	○

□ 建てられる用途　■ 建てられない用途

1) については，一定規模以下のものに限り建築可能
2) については，当該用途に供する部分が2階以下かつ1,500 m²以下の場合に限り建築可能
3) については，当該用途に供する部分が3,000 m²以下の場合に限り建築可能
4) については，物品販売店舗，飲食店が建築禁止

(14) 敷地等と道路との関係（法第43条）	建築物の敷地は，道路（次に掲げるものを除く。次条第1項を除き，以下同じ。）に2 m以上接しなければならない。ただし，その敷地の周囲に広い空地を有する建築物その他の国土交通省令で定める基準に適合する建築物で，特定行政庁が交通上，安全上，防火上及び衛生上支障がないと認めて建築審査会の同意を得て許可したものについては，この限りでない。
(15) 建築協定（法第69条）	市町村は，その区域の一部について，住宅地としての環境又は商店街としての利便を高度に維持増進する等建築物の利用を増進し，かつ，土地の環境を改善するために必要と認める場合においては，土地の所有者及び借地権を有する者が当該土地について一定の区域を定め，その区域内における建築物の敷地，位置，構造，用途，形態，意匠又は建築設備に関する基準についての協定（以下「建築協定」という。）を締結することができる旨を，条例で，定めることができる。

4．用語の説明

(1) 建築面積

下図のように，建物を真上から見たとき，柱や外壁などの中心線で囲まれた範囲の最も大きい面積をいう。一般的には建坪という。はね出し縁やひさし，軒など，建物から突き出た部分の長さ（L m）が1m以上ある場合には，$L-1$ mの部分（ハッチ部分）を建築面積に加えて算定する。

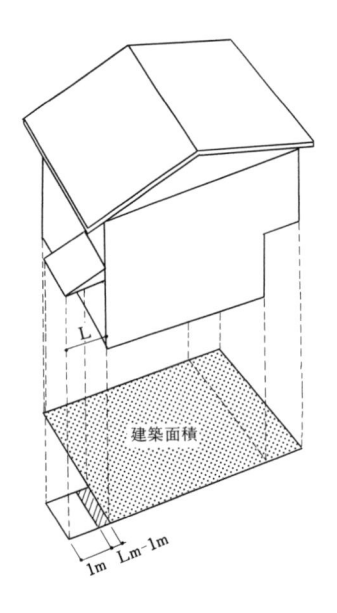

(2) 敷地面積

原則として，一棟の建物が建つ敷地の面積をいう。ただし2棟以上の建物がある場合で，用途上きりはなせないような工場の事務所，倉庫，作業所などは，一つの敷地に考える。

(3) 建ぺい率

建築面積の敷地面積に対する割合のことで，

$$建ぺい率 = \frac{建築面積}{敷地面積} \times 100 = ○○\%$$ で表す。

(4) 床面積

建物の各階またはその一部で，壁や柱などの中心線によって囲まれた，最も大きい面積をいう。

(5) 容積率

建物の各階の床面積を合計したものを**延べ面積**というが，敷地面積に対するこの延べ面積の割合を**容積率**といい，

$$容積率 = \frac{延べ面積}{敷地面積} \times 100 = ○○○\%$$ で表す。

(6) 市街化区域と市街化調整区域

市街化区域は，すでに市街地になっている区域とおおむね10年以内に優先的，計画的に市街化を図るべき区域をいう。

これに対し，**市街化調整区域**は，市街化を抑制すべき区域をいい，市街化調整区域には住宅は建てられない。

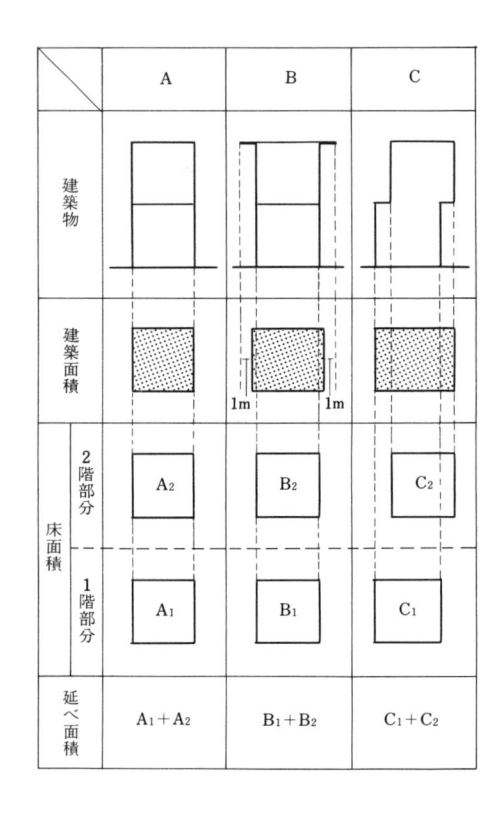

	A	B	C
建築物			
建築面積			
床面積 2階部分	A_2	B_2	C_2
床面積 1階部分	A_1	B_1	C_1
延べ面積	A_1+A_2	B_1+B_2	C_1+C_2

5.「住宅の品質確保の促進等に関する法律」
（平成 11 年）

欠陥住宅の社会問題化，震災等を契機とする住宅の性能に関する関心の高まりなどを受け，制定されたのが「住宅の品質確保の促進等に関する法律」（平成 11 年）である。

その柱は，以下のとおりである。

1　住宅性能表示制度の創設
① 住宅の性能（構造耐力，遮音性，省エネルギー性等）に関する表示の適正化を図るための共通ルール（表示の方法，評価の方法の基準）を設け，消費者による住宅の性能の相互比較を可能にする。
② 住宅の性能に関する評価を客観的に行う第三者機関を整備し，評価結果の信頼性を向上する。
③ 評価書に表示された住宅の性能は，契約内容とされることを原則とすることにより，表示された性能を実現する。

2　住宅に係る紛争処理体制の整備
性能の評価を受けた住宅に係る裁判外の紛争処理体制を整備し，紛争処理を円滑化，迅速化する。

3　瑕疵担保責任の特例
① 新築住宅の取得契約（請負，売買）において，基本構造部分（柱，梁など住宅の構造耐力上主要な部分等）の瑕疵担保責任（修補請求権等）を 10 年間義務づける。
② 新築住宅の取得契約（請負，売買）において，基本構造部分以外も含めた瑕疵担保責任の 20 年までの伸長も可能にする。

「日本住宅性能表示基準」項目（平成 12 年制定，平成 17 年に(10)を追加）

(1) 構造の安定に関すること———柱や梁，壁，基礎などの構造躯体の強さを評価し，併せて基礎や地盤に関する情報の表示

(2) 火災時の安全に関すること———「安全な避難を確保するための対策」と「延焼を防止するための対策」に関連する事項について評価・表示。

(3) 劣化の軽減に関すること———住宅に使用される材料の劣化の進行を遅らせるための対策がどの程度講じられているかを評価。

(4) 維持管理への配慮に関すること———比較的耐用期間が短い給排水管とガス管に着目して，点検や清掃，補修のしやすさを評価。

(5) 温熱環境に関すること———省エネルギーのために，住宅の構造躯体の断熱化の工夫など講じること。

(6) 空気環境に関すること———住宅室内の水蒸気や代表的な化学物質の濃度を低減するための対策がどの程度講じられているかを取り上げ，ここでは基本的な対策と考えられる建材の選定と換気方法を評価して表示。

(7) 光・視環境に関すること———居室の開口部の面積と位置についての配慮を評価して表示。

(8) 音環境に関すること———共同住宅の床・壁の遮音性や住宅の外壁に設ける窓の遮音性を高める対策が，どの程度講じられているかを評価して表示。

(9) 高齢者等への配慮に関すること———バリアフリーということであり，「移動時の安全性」と「介助の容易性」という二つの目標を達成するための対策が評価の対象。

(10) 防犯に関すること———侵入可能な開口部に，侵入防止策上有効な措置が講じられているかどうかについて評価する。

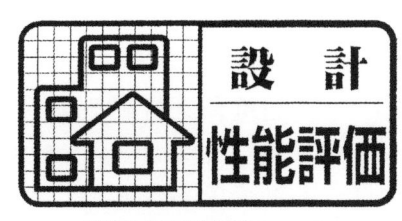

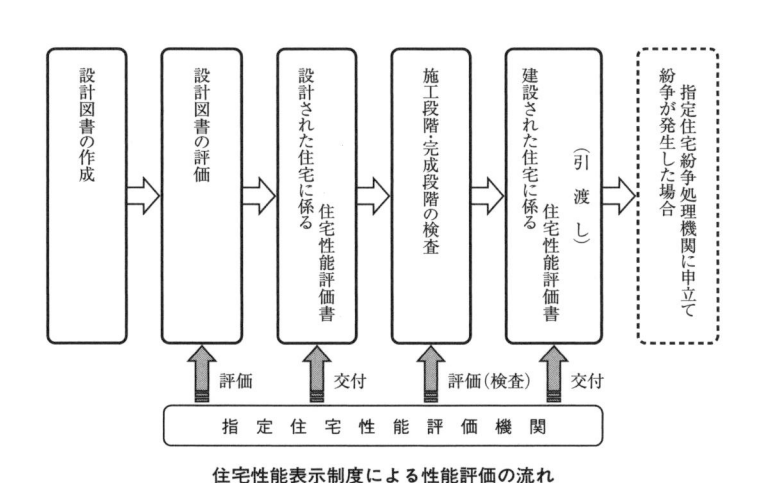

住宅性能表示制度による性能評価の流れ

設計住宅性能評価書のマーク

建設住宅性能評価書のマーク

設計製図

1 図面の大きさ

図-1 図面の大きさと輪郭外の余白(mm)

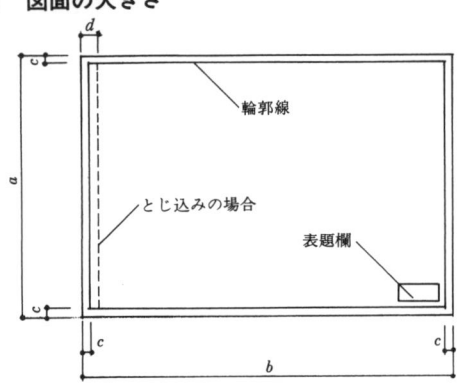

図面	a 図面の寸法	b 図面の寸法	c 輪郭外の余白	d とじこみ余白
A 0	841	1189	10	25
A 1	594	841	10	25
A 2	420	594	10	25
A 3	297	420	5	25

2 線の種類と用法

表-1 紙加工仕上げ寸法

番号	A 列	番号	B 列
A 0	841×1189	B 0	1030×1456
A 1	594×841	B 1	728×1030
A 2	420×594	B 2	515×728
A 3	297×420	B 3	364×515
A 4	210×297	B 4	257×364
A 5	148×210	B 5	182×257
A 6	105×148	B 6	128×182

表-2 図面の大きさと輪郭外の余白(mm)

線の種類	線の太さ	かきかた	表わしかた	使用区分
実線	太, 中, 細	連続した一様の太さ		輪郭線, 外形線, 破断線, 断面線
	中, 細			寸法線, 寸法補助線, 引出し線, ハッチング(中心線), (基準線)
破線	中, 細	線の部分は2〜5mm程度, 間隔は1mm程度	-----	かくれ線
点線	中, 細	短線の長さと等間隔にあけて連続して並べた線	-----	運動の道を示す線
鎖線	太, 中	適当な長さの線と点を交互に並べた線		基準線, 切断線, 想像線
	細			中心線

3 文字の大きさと線の引き方

太ゴシック長体 製図投影床柱軸形状
　　　　　　　アイウエオカキクケ
太明朝体　　　製図投影床柱軸形状
太明朝平体　　アイウエオカキクケ
中ゴシック　　製図投影床柱軸形状平角丸線面点
地図文字体　　アイウエオカキクケコサシスセソ
細明朝体　　　製図投影床柱軸形状平角丸線面点大中小建築設
細ゴシック　　アイウエオカキクケコサシスセソタ

図-2 文字の大きさ

大きさ 9mm　1234567890

大きさ 4.5mm　1234567890

大きさ 6.3mm　ABCDEFGHIJ
　　　　　　　KLMNOPQR
　　　　　　　STUVWXYZ

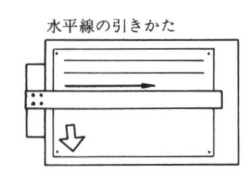

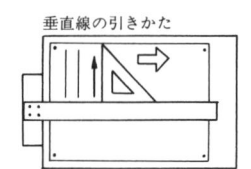

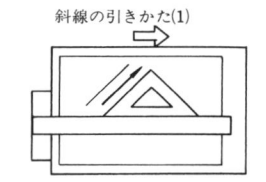

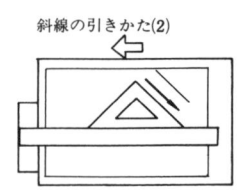

図-3 線の引き方

矢印方向へ鉛筆を動かす　　線をひく方向　　定規の移動方向

4 製図用具

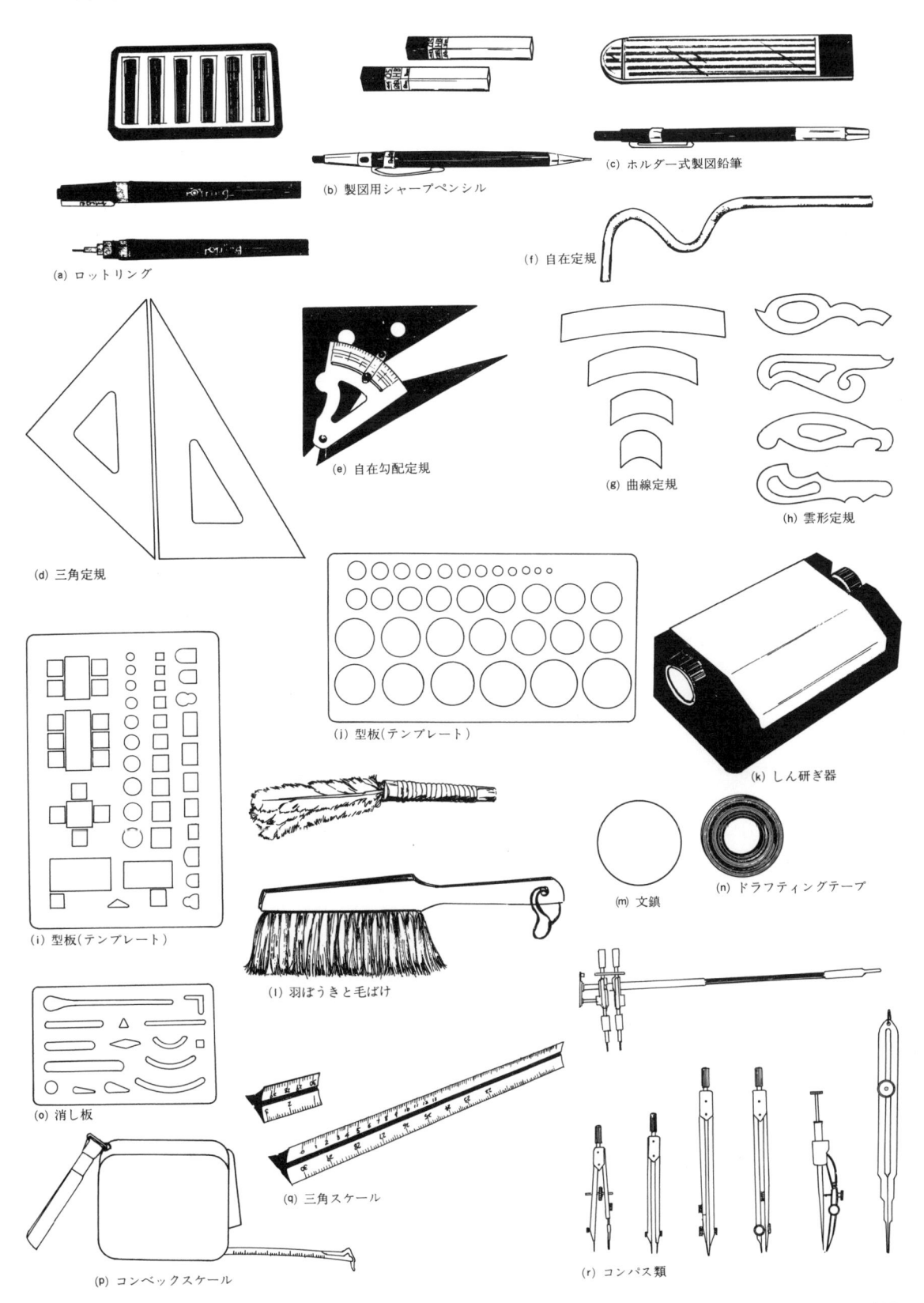

(a) ロットリング
(b) 製図用シャープペンシル
(c) ホルダー式製図鉛筆
(d) 三角定規
(e) 自在勾配定規
(f) 自在定規
(g) 曲線定規
(h) 雲形定規
(i) 型板(テンプレート)
(j) 型板(テンプレート)
(k) しん研ぎ器
(l) 羽ぼうきと毛ばけ
(m) 文鎮
(n) ドラフティングテープ
(o) 消し板
(p) コンベックスケール
(q) 三角スケール
(r) コンパス類

5 製図記号

図-1 平面表示記号, 材料・構造表示記号

- 出入口一般
- 片開きとびら
- 両開きとびら
- 自由とびら
- 回転とびら
- 折りたたみ戸
- 伸縮間仕切り (材質, 様式を記入)
- 引違い戸
- 片引き戸
- 引込み戸
- 雨戸
- シャッター
- 窓一般
- はめ殺し窓 回転, すべり出し, 突出し窓 (開閉方法を記入)
- 両開き窓
- 片開き窓
- 引違い窓
- こう子付き窓
- シャッター付き窓
- 階段上がり表示 上ル
- 壁一般
- コンクリート および鉄筋 コンクリート
- GL 地盤
- 木材の化粧材
- 木材の構造材

図-2 家具設備表示記号

- ダブルベッド
- 流し台
- テーブル
- ガスレンジ
- いす類(一般)
- ナイトテーブル または コーナーテーブル
- ソファ
- 二段ベット
- シングルソファ (安楽いす)
- 食卓と食堂いす
- シングルベット

図-3 衛生器具表示記号

- 流し類
- 手洗い器, 洗面器
- QH 瞬間湯沸かし器
- 和風大便器
- 小便器
- 洋風大便器
- 浴そう
- シャワー

図-4 給水・給湯・排水設備用図示記号

- 給水管(一般)
- 上水管
- 汚水管
- 給湯送り管
- 給湯返り管
- 排水管
- 通気管
- 消火管
- M 量水計
- 私設汚水ます
- 床排水受け口
- 公設汚水ます

コンセント・点滅器		配電盤および分電盤		配線	
	2口壁付き コンセント		配電盤または 分電盤		天井いんぺい 配線
	アース付き コンセント		電灯用		露出配線
	防水 コンセント		動力用		床いんぺい 配線
	3路 スイッチ		電力または 電熱用		立上がり
	単極 プルスイッチ		けい蛍灯は容量の前にFをつける F40W×2		立下がり
					接地
				2mm	露出2mm 3線引き
				1.6mm (3/4)	3/4"管 天井 いんぺい1.6mm /線引き

〈電灯〉

- 天井灯
- コードペンダント
- はとめ
- CL シーリングライト
- P パイプペンダント
- CH シャンデリア
- 埋込み器具
- 非常用天井灯
- 壁灯 (ブラケット)

図-5 屋内配線用図示記号(1)

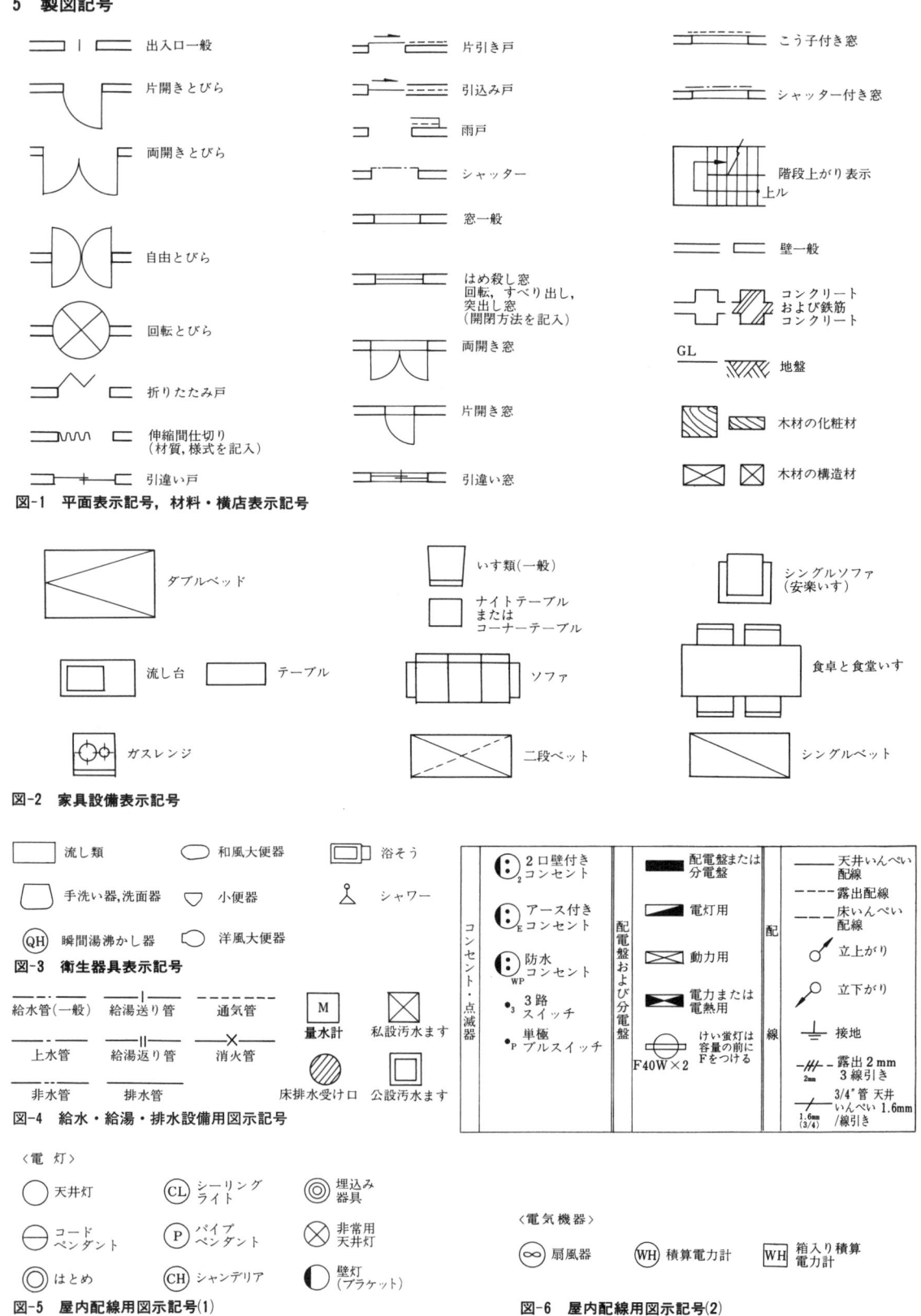

〈電気機器〉

- 扇風機
- WH 積算電力計
- WH 箱入り積算電力計

図-6 屋内配線用図示記号(2)

統　計

表-1　都道府県別住宅水準（平成10年度住宅統計調査）

	持家率 (%)	非木造 住宅率 (%)	共同住宅率 (%)	一住宅当た り居住室数 (室)	一住宅当たり 延べ床面積 (m^2)	持家延べ 床面積 (m^2)	最低居住 水準未満 (%)	都市居住型 誘導居住水 準未満(%)	一般型誘導居 住水準未満 (%)
全　　国	60.3	35.6	37.8	4.7	89.6	112.0	5.1	13.2	28.8
北 海 道	55.7	27.0	37.6	4.5	86.4	115.1	1.4	14.3	21.9
青 森 県	70.9	9.2	18.3	5.6	117.6	145.4	2.0	9.4	27.6
岩 手 県	70.7	11.5	19.3	5.7	117.3	146.7	2.3	11.1	28.7
宮 城 県	60.4	25.0	34.2	4.9	97.6	133.3	3.6	20.9	28.5
秋 田 県	77.5	10.0	15.0	6.1	135.3	160.3	1.5	8.3	24.3
山 形 県	76.4	12.1	16.6	6.0	133.6	160.4	1.8	10.1	31.8
福 島 県	68.7	18.1	21.2	5.4	111.8	141.4	3.0	12.8	32.9
茨 城 県	70.4	20.5	21.5	5.1	102.1	125.6	3.5	12.6	39.2
栃 木 県	69.1	22.3	21.0	5.1	101.0	127.4	3.7	12.2	38.8
群 馬 県	70.3	18.4	19.8	5.1	101.6	125.8	3.2	11.1	38.2
埼 玉 県	63.1	34.8	39.9	4.5	81.4	103.5	4.8	22.6	33.7
千 葉 県	62.2	35.0	40.9	4.5	84.4	108.5	4.7	23.0	30.1
東 京 都	41.5	53.5	66.6	3.4	59.4	92.6	11.4	44.2	18.8
神奈川県	53.9	43.3	53.6	4.0	71.9	98.4	6.9	32.7	25.5
新 潟 県	75.2	14.3	19.6	6.0	131.2	159.1	1.3	11.2	25.5
富 山 県	80.6	17.6	15.9	6.8	151.7	177.2	1.3	9.6	22.0
石 川 県	68.0	24.1	27.0	5.7	124.4	161.7	2.1	15.6	21.7
福 井 県	75.5	21.0	17.4	6.2	137.1	165.5	2.0	9.6	30.7
山 梨 県	67.3	24.0	23.1	5.1	104.6	134.8	3.4	13.9	33.0
長 野 県	71.5	19.2	18.2	5.7	123.1	152.7	2.4	10.8	28.6
岐 阜 県	73.5	25.5	19.7	6.2	116.5	142.7	2.7	11.3	26.7
静 岡 県	64.9	30.0	28.1	5.0	97.3	125.8	3.9	16.4	34.3
愛 知 県	57.9	45.4	41.8	4.9	91.0	124.5	4.1	22.1	24.2
三 重 県	76.4	23.9	16.6	5.9	111.1	130.1	2.6	9.3	32.4
滋 賀 県	73.9	31.7	23.7	6.3	118.1	142.7	2.3	12.7	27.1
京 都 府	59.4	38.1	37.0	4.6	80.4	108.4	5.1	23.9	31.1
大 阪 府	49.6	51.5	52.5	4.1	68.9	98.7	8.8	33.6	27.6
兵 庫 県	60.9	45.5	43.6	4.9	88.9	116.4	5.2	24.3	26.6
奈 良 県	71.0	30.7	26.2	5.7	105.2	127.3	3.1	14.0	31.8
和歌山県	72.1	27.0	17.1	5.3	98.0	117.9	4.5	10.3	42.3
鳥 取 県	72.4	19.2	17.2	6.1	123.1	150.7	2.6	9.3	34.4
島 根 県	71.8	17.0	17.9	5.8	120.6	149.1	3.3	11.9	36.4
岡 山 県	67.2	26.6	22.6	5.5	104.3	134.1	3.2	14.1	33.6
広 島 県	60.0	35.9	34.7	5.0	91.9	123.0	3.7	20.0	28.5
山 口 県	65.2	32.5	24.6	5.2	98.6	124.9	3.0	13.7	33.2
徳 島 県	70.1	31.5	21.9	5.4	102.9	128.4	3.2	13.0	35.0
香 川 県	69.0	28.3	23.4	5.7	108.0	134.6	2.3	13.0	28.8
愛 媛 県	65.4	28.3	22.5	5.1	94.2	119.6	3.2	13.1	36.0
高 知 県	67.7	24.5	20.8	5.1	90.3	110.3	3.8	11.3	38.6
福 岡 県	53.9	44.3	43.5	4.5	83.8	115.8	4.4	23.8	28.0
佐 賀 県	69.7	20.8	19.5	5.5	112.1	139.7	3.4	12.2	39.3
長 崎 県	65.5	24.8	24.8	4.9	93.2	116.4	4.8	14.9	39.6
熊 本 県	66.0	24.6	24.6	5.0	95.5	120.6	3.5	14.5	36.2
大 分 県	64.2	31.7	28.4	5.1	96.0	123.1	3.6	15.8	31.6
宮 崎 県	68.3	25.1	21.6	4.8	91.7	111.3	3.6	12.5	42.1
鹿児島県	67.7	24.7	21.9	4.6	83.7	100.9	4.7	13.4	42.7
沖 縄 県	55.3	89.5	45.6	4.3	74.9	98.1	9.2	25.7	34.5

居住水準の目標 (第八期住宅建設五箇年計画)

住宅建設計画法（昭和41年法律第100号）第4条第1項の規定により，平成13年度から平成17年度までの第八期住宅建設五箇年計画を次のとおり定める。

第1　住宅建設の目標

21世紀の豊かな居住を実現するため，国民一人一人が多様な選択肢の中からそれぞれの人生設計にかなった住まい方を選択し，実現できるよう，国民の住生活の質の向上を目指した住宅政策を積極的に推進する。

具体的には，良質な住宅ストックを形成し，それを適切に維持管理し，市場の中で円滑に流通させることができるよう，住宅市場の環境整備を図るほか，適切な市場の誘導，補完を行い，併せて福祉・医療施策等関連する分野との連携を強化しつつ，次の基本課題に重点的に取り組む。
(1) 国民の多様なニーズに対応した良質な住宅ストックの整備
(2) いきいきとした少子・高齢社会を支える居住環境の整備
(3) 都市居住の推進と地域活性化に資する住宅・住環境の整備
(4) 消費者がアクセスしやすい住宅市場の環境整備の推進

このため，平成13年度以降5か年間の住宅建設の目標を次のとおりとする。

1　居住水準

住居ストックの質の向上を誘導する上での指針となる**A 誘導居住水準**については，平成27年度を目途に全国で3分の2の世帯が，また，すべての都市圏で平成22年度を目途に半数の世帯がその水準を確保できるようにすることを目標とする。

このため，平成27年度を目途に，床面積100㎡以上（共同住宅の場合にあっては80㎡以上）の住宅ストックの割合を全住宅ストックの5割，床面積50㎡以上（共同住宅の場合にあっては40㎡以上）の住宅ストックの割合を全住宅ストックの8割と見込むものとする。

また，健康で文化的な住生活の基礎として必要不可欠な水準である**B 最低居住水準**については，特に，大都市地域の借家居住世帯に重点を置いて，その水準未満の世帯の解消に努めるものとする。

2　住宅性能水準

住宅に求められる基本的性能の指針である**C 住宅性能水準**に基づいて，住宅性能の質の向上に努めるものとする。特に，高齢者等への配慮については，平成27年度において，手すりの設置，広い廊下幅の確保，段差の解消等がなされた住宅ストックの割合を全住宅ストックの2割とするほか，同年度までに，居住者の個別の事情に応じたバリアフリーリフォームがなされた住宅ストックを新たに2割形成することを目標とする。

3　住環境水準

住宅市街地の基礎的な安全性を確保するため，住宅市街地の密集状況や住宅の延焼危険性等の観点から設定する**D 緊急に改善すべき密集住宅市街地の基準**に基づいて，地域の実情を勘案しつつ，密集住宅市街地の速やかな解消に努めるものとする。

また，**E 住宅市街地の改善等の指針**に基づいて，地域の実情を勘案しつつ，良好な住環境の確保に努めるものとする。

A　誘導居住水準

(a) 一般型誘導居住水準
(1) 一般型誘導居住水準は，年の郊外および都市部以外の一般地域における戸建住宅居住を想定したものである。
(2) 居住室等の構成および規模については，次の条件を満たすものとする。
　① 各居住室の構成および規模は，個人のプライバシー，家庭の団らん，接客，余暇活動等に配慮して，適正な水準を確保する。
　② 専用の台所その他の家事スペース，水洗便所，洗面所および浴室を確保する。
　③ 高齢者同居世帯については，②に加えて，高齢者専用の水洗便所および洗面所を確保する。
　④ 世帯構成に対応した適切な収納スペースを確保する。
(3) 上記の条件を満たす住戸の規模は，標準的な世帯構成の場合，世帯人員に応じて次のとおりとする。

世帯人員	居住室面積（内法）	住戸専用面積（壁芯）
1人	27.5 ㎡　(16.5畳)	50 ㎡
1人（中高齢単身）	30.5　　(18.5　)	55
2人	43.0　　(26.0　)	72
3人	58.5　　(35.5　)	98
4人	77.0　　(47.0　)	123
5人	89.5　　(54.5　)	141
5人（高齢単身を含む）	99.5　　(60.5　)	158
6人	92.5　　(56.5　)	147
6人（高齢夫婦を含む）	102.5　　(62.5　)	164

注）1. 標準的な世帯構成とは，世帯人員3人以上の場合，夫婦と分離就寝すべき子どもにより構成される世帯をいう。
　2. 居住室面積には，寝室，食事室，台所（または食事室兼台所），居間および余裕室のみを含む。
　3. 住戸専用面積には，寝室，食事室，台所（または食事室兼台所），居間，余裕室，便所，浴室，収納スペース等を含むが，バルコニーは含まない。

(b) 都市居住型誘導居住水準
(1) 都市居住型誘導居住水準は，都市の中心およびその周辺における共同住宅居住を想定したものである。
(2) 居住室等の構成および規模については，次の条件を満たすものとする。
　① 各居住室の構成および規模は，都市における利便性を考慮しつつ，個人のプライバシー，家庭の団らん等に配慮して，適正な水準を確保する。
　② 専用の台所その他の家事スペース，水洗便所，洗面所および浴室を確保する。
　③ 高齢者同居世帯については，②に加えて，高齢者専用の水洗便所および洗面所を確保する。
　④ 世帯構成に対応した適切な収納スペースを確保する。
(3) 共同住宅における共同施設について

① 中高層住宅にあっては，必要に応じてエレベーターを設置する。
② バルコニー，玄関まわり，共用廊下等の適正な広さを確保する。
③ 集会所，子どもの遊び場等の設置および駐車場の確保に努める。
④ 自転車置場，ごみ収集スペース等を確保する。
(4) 上記の条件を満たす住戸の規模は，標準的な世帯構成の場合，世帯人員に応じて次のとおりとする。

世帯人員	居住室面積（内法）	住戸専用面積（壁芯）
1人	20.0 m² （12.0畳）	37 m²
1人（中高齢単身）	23.0　（14.0　）	43
2人	33.0　（20.0　）	55
3人	46.0　（28.0　）	75
4人	59.0　（36.0　）	91
5人	69.0　（42.0　）	104
5人（高齢単身を含む）	79.0　（48.0　）	122
6人	74.5　（45.5　）	112
6人（高齢夫婦を含む）	84.5　（51.5　）	129

注）1．標準的な世帯構成とは，世帯人員3人以上の場合，夫婦と分離就寝すべき子どもにより構成される世帯をいう。
　　2．居住室面積には，寝室，食事室，台所（または食事室兼台所）および居間のみを含む。
　　3．住戸専用面積には，寝室，食事室，台所（または食事室兼台所），居間，便所，浴室，収納スペース等を含むが，バルコニーは含まない。

B　最低居住水準

(1) 居住室等の構成および規模については，次の条件を満たすものとする。
① 各居住室の構成および規模は，個人のプライバシー，家庭の団らん等に配慮して，自立した生活を営む上で最低限必要な水準を確保する。
② 専用の台所その他の家事スペース，便所，洗面所および浴室を確保する。
③ 世帯構成に対応した適切な収納スペースを確保する。
(2) 共同住宅における共用施設について，中高層住宅にあっては，必要に応じてエレベーターを設置する。
(3) 上記の条件を満たす住戸の規模は，標準的な世帯構成の場合，世帯人員に応じて次のとおりとする。

世帯人員	居住室面積（内法）	住戸専用面積（壁芯）
1人	7.5 m² （4.5畳）	18 m²
1人（中高齢単身）	15.0　（9.0　）	25
2人	17.5　（10.5　）	29
3人	25.0　（15.0　）	39
4人	32.5　（19.5　）	50
5人	37.5　（22.5　）	56
6人	45.0　（27.0　）	66

注）1．標準的な世帯構成とは，世帯人員3人以上の場合，夫婦と分離就寝すべき子どもにより構成される世帯をいう。
　　2．居住室面積には，寝室および食事室兼台所のみを含む。
　　3．住戸専用面積には，寝室，食事室兼台所，便所，浴室，収納スペース等を含むが，バルコニーは含まない。

C　住宅性能水準

この水準は，居住者ニーズおよび社会的要請に応える基本的性能を有する良質な住宅ストックを形成するための指針となるものであり，その内容は以下のとおりとする。

耐震性能等	想定される大規模地震，暴風等による加重，外力に対し，構造躯体が倒壊等に至らないように，耐震性能を含む構造強度について，適正な水準を確保する。
防火性	火災に対して安全であるように，延焼防止および避難のしやすさについて，適正な水準を確保する。
耐久性	長期の安定した居住を可能とする耐久性を有するように，構造躯体の劣化防止について，適正な水準を確保する。
維持管理への配慮	設備配管等の維持管理・修繕の容易性について，適正な水準を確保する。また，増改築・改装および模様替えの容易性について，適正な水準を確保する。
省エネルギー性	暖冷房等に係るエネルギーの使用の合理化が図られるように，結露の防止などに配慮しつつ，断熱性，気密性等について，適正な水準を確保する。
保健性	清浄な空気環境を保つため，内装材等からの汚染物質発生防止，換気等について，適正な水準を確保する。また，住戸内の室温差が少ないよう，適正な水準を確保する。
開放性	外壁の開口部からの採光等について，適正な水準を確保する。
遮音性	隣接住戸，上階住戸からの音等が日常生活に支障とならないように，居室の床共および界壁，外壁の開口部の遮音について，適正な水準を確保する。
高齢者等への配慮	加齢による一定の身体機能の低下等が生じた場合にも基本的にはそのまま住み続けることができるように，段差の解消，廊下幅の確保，手すりの設置等に関し，日常生活の安全性および介助行為の容易性について，適正な水準を確保する。
その他	家具等の転倒の防止，落下物の防止，ガス漏れ・燃焼排ガスによる事故の防止，防犯，防水性，雑排水の処理，解体処理・リサイクルの容易性について，適正な水準を確保する。

D　緊急に改善すべき密集住宅市街地の基準

この基準は，住宅市街地の基礎的な安全性を確保するための指針となるものである。その内容は，以下のとおりとする。

緊急に改善すべき密集住宅市街地は，住宅市街地の密集度の基準に該当するもののうち，倒壊危険性または延焼危険性等の基準に該当するもの（これらと同様の水準を規定すると認められる基準に該当するものを含む）とする。

住宅密集市街地	1ヘクタール当たり80戸以上の住宅が密集する一団の市街地であること（市街地の街区の特性を勘案して一戸当たりの敷地面積が著しく狭小な住宅（3階建て以上の共同住宅を除く）が大半（2／3以上）を占める街区を含むものに限る）
倒壊危険性	大規模地震による倒壊危険性の高い住宅が過半を占めていること
延焼危険性および避難消火の困難性等	耐火に関する性能が低い住宅が大半（2／3以上）を占めており，かつ，幅員4m以上の道路に適切に接していない敷地に建つ住宅が過半を占めていること

E　住宅市街地の改善等の指針

この指針は，住宅市街地の改善等を図ることにより，地域の実情に応じた良好な住環境の確保のための指針となるものである。その内容は，以下のとおりとする。

(1) 住宅市街地における住環境水準の項目について
住環境の現状，課題等を把握し，整備，誘導等の方向性を示すための要素となる住環境水準の項目は，次のとおりとする。
① 安全性について

イ　地震，大規模な火災に対する安全性について
　　　　地震による住宅の倒壊および大規模な火災に対して安全であること。
　　ロ　自然災害に対する安全性について
　　　　津波，高潮，出水，がけの崩壊等の自然災害に対して安全であること。
　　ハ　日常生活の安全性について
　　　　共同住宅については，道路から住棟内に至るまでの通路は，高齢者，身体障害者等をはじめ歩行者が安全に移動できるよう配慮されていること。
　　ニ　犯罪発生の防止について
　　　　犯罪の発生による住環境の阻害がないように，犯罪発生の防止に配慮されていること。
　　ホ　公害の防止について
　　　　騒音，振動，大気汚染，悪臭等による住環境の阻害がないこと。
　② 利便性について
　　イ　交通機関の利便性について
　　　　通勤，通学等において公共交通機関の利用が容易であること。
　　ロ　生活関連施設等の利便性について
　　　　教育，医療，福祉，購買等の日常生活に対応する各種生活関連施設や健康・文化施設，交流余暇施設等の利用が容易であること。
　③ 快適性について
　　イ　自然環境に関する快適性について
　　　　緑等の自然を確保し，自然環境に関する快適性を享受することができること。
　　ロ　市街地の空間のゆとりに関する快適性について
　　　　住戸，住棟の隣棟間隔，空地等を有し，日照，採光，眺望，プライバシー等が立地条件等に応じて適切に確保されていること。
　　ハ　美観的快適性について
　　　　地域の気候，風土，文化等に即して，良好な美観を享受することができること。
　④ 持続性について
　　イ　良好なコミュニティおよび市街地の持続性について
　　　　地域の良好なコミュニティを維持し，住宅の適切な建替え等により良好な住環境が維持できること。
　　ロ　環境への負荷の低減の持続性について
　　　　省エネルギー，省資源の取り組みにより環境への負荷の低減が持続できること。
(2) 住環境水準の指標について
　住環境水準の指標は，住宅市街地における住環境水準の項目を即地的に住宅市街地に適用するための具体的な尺度となるものであり，住環境水準の項目ごとに次のとおり例示する。
　なお，住環境水準の指標は，全国において共通の計測方法を用いる共通指標と地域の実情，住環境の改善の方向等に応じて地方公共団体が計測方法を選択できることとする選択指標から構成する。

項目	指標（共通指標，選択指標の別）
① 安全性	
イ 地震，大規模な火災に対する安全性	住宅の密度または狭小敷地の割合，倒壊危険性の高い住宅の割合，耐火に関する性能が低い住宅の割合，幅員4m以上の道路等に適切に接していない敷地の割合および消防活動が困難な敷地の割合（共通指標）
ロ 自然災害に対する安全性	津波，高潮，出水，がけの崩壊，土石流等の危険性のある区域の有無（共通指標）
ハ 日常生活の安全性	道路から住棟内に至るまで安全に移動できるよう配慮された通路を有する共同住宅の割合（共通指標）
ホ 公害の防止	騒音，大気汚染等に関する環境基準に適合しない区域の有無並びに振動および悪臭に関する規制基準等に適合しない事業場等の有無（共通指標）
② 利便性	
イ 交通機関の利便性	最寄りの公共交通機関（鉄道駅，バス停）までの距離（共通指標）
ロ 生活関連施設等の利便性	次に掲げる生活関連施設等のうち，地域の実情等に応じて選択した施設までの平均距離 1 教育，医療，福祉，購買等の生活関連施設 2 健康・文化施設，交流・余暇施設 （選択指標）
③ 快適性	
イ 自然環境に関する快適性	地区面積に対する緑に覆われた面積の比率（共通指標）
ロ 市街地の空間のゆとりに関する快適性	次に掲げる指標から，地域の実情等に応じて選択できるものとする。 1 人口一人当たりの空地面積 2 建築物の延べ面積に対する空地面積の比率 3 有効空地率 （選択指標）
ハ 美観的快適性	次に掲げる指標から，地域の実情等に応じて選択できるものとする。 1 風致地区，建築協定，地区計画等美観の形成，保全を目的とした区域の指定比率 2 建築物の壁面の位置，高さその他建築物等の形態もしくは意匠または垣もしくはさくの構造の統一性 （選択指標）
④ 持続性	
イ 良好なコミュニティおよび市街地の持続性	次に掲げる指標から，地域の実情等に応じて選択できるものとする。 1 幅員4m以上の道路等に適切に接していない敷地の割合 2 狭小敷地の割合 3 世帯規模と住宅規模の適合比率 （選択指標）
ロ 環境への負荷の低減の持続性	次に掲げる指標から，地域の実情等に応じて選択できるものとする。 1 地区面積に対する雨水の浸透性のある地盤面積の比率 2 地区面積に対する緑に覆われた面積の比率 （選択指標）

住宅地計画

図-1 千里ニュータウン住宅区構成ダイアグラム

凡例:
- ⊠ 地区センター
- ■ 近隣センター
- 小 小学校
- 中 中学校

区分:
- ニュータウン全域（150,000人）
- 地区（50,000人）
- 近隣住区（10,000人）
- 近隣分区（5,000人）

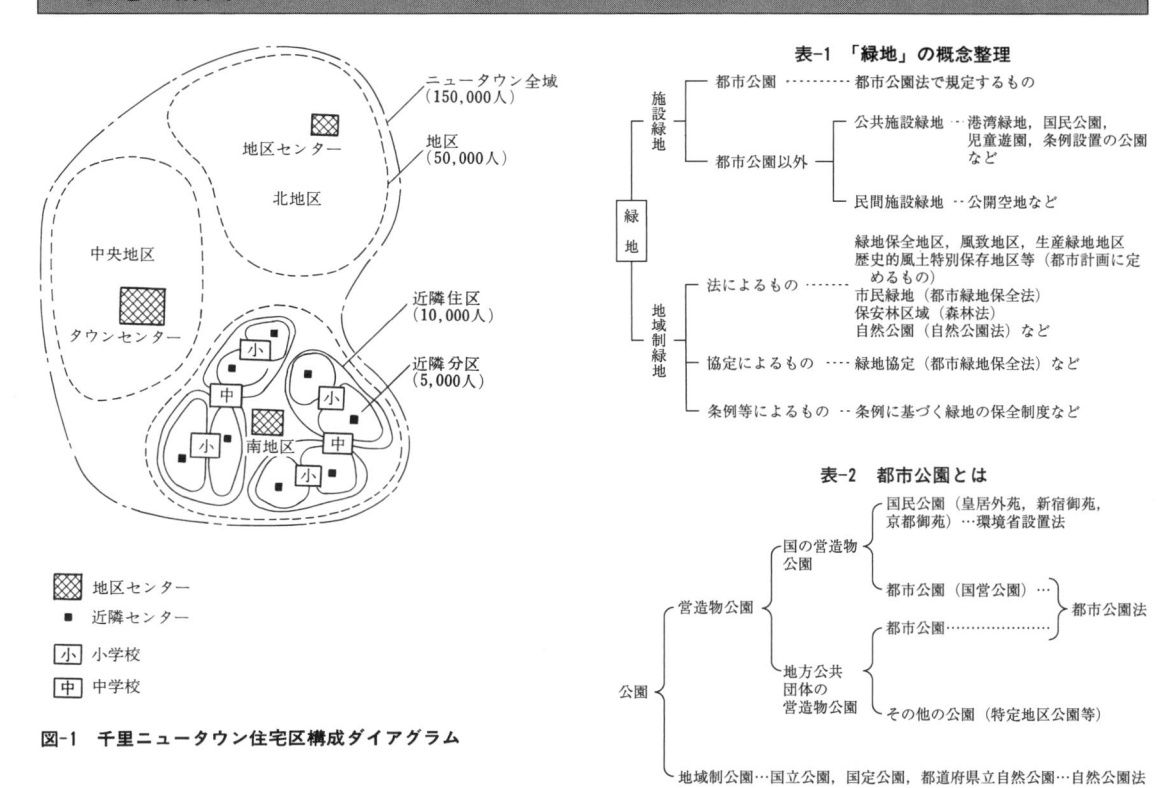

表-1 「緑地」の概念整理

```
緑地 ─┬─ 施設緑地 ─┬─ 都市公園 …… 都市公園法で規定するもの
      │            │
      │            └─ 都市公園以外 ─┬─ 公共施設緑地 … 港湾緑地，国民公園，
      │                              │                  児童遊園，条例設置の公園など
      │                              └─ 民間施設緑地 … 公開空地など
      │
      └─ 地域制緑地 ─┬─ 法によるもの …… 緑地保全地区，風致地区，生産緑地地区
                     │                    歴史的風土特別保存地区等（都市計画に定めるもの）
                     │                    市民緑地（都市緑地保全法）
                     │                    保安林区域（森林法）
                     │                    自然公園（自然公園法）など
                     ├─ 協定によるもの … 緑地協定（都市緑地保全法）など
                     └─ 条例等によるもの … 条例に基づく緑地の保全制度など
```

表-2 都市公園とは

```
公園 ─┬─ 営造物公園 ─┬─ 国の営造物公園 ─┬─ 国民公園（皇居外苑，新宿御苑，
      │              │                    │   京都御苑）… 環境省設置法
      │              │                    └─ 都市公園（国営公園）… 都市公園法
      │              └─ 地方公共団体の営造物公園 ─┬─ 都市公園 …… 都市公園法
      │                                           └─ その他の公園（特定地区公園等）
      └─ 地域制公園 … 国立公園，国定公園，都道府県立自然公園 … 自然公園法
```

表-3 住宅地の段階構成と生活施設（千里ニュータウン）

施設系統＼段階構成	近隣グループ G 50〜200戸	近隣分区 A=nG 5,000人	近隣住区 N=2A 10,000人	中学校区 C=2〜3N 20,000〜30,000人	地区 D=3〜5N 30,000〜50,000人	全地区 Z=3D 150,000人
学校教育		低学年小学校＋幼稚園	高学年小学校	中学校		高等学校
社会教育		集会所		図書館分室，クラブ	コミュニティセンター	
医療・保健		地区診療所		診療所，保健所出張所	地区病院，保健所支所	中央病院，保健所
社会福祉				託児所		
公園・レクリエーション	プレイロット 幼児公園	児童公園	近隣公園	スポーツクラブ	地区公園	周辺緑地
購買			マーケット，店舗群，公衆浴場		マーケットまたはデパート商店街	
娯楽					映画館，興行場	
業務					銀行，一般事務所	
行政・管理		警官派出所			市役所出張所，警察署，消防署	
公益サービス施設		住宅管理事務所 郵便局			住宅サービスセンター，郵便局，電話局，電力・ガス・水道サービスステーション	
交通	バスストップ（駐車場）				バスセンター，鉄道駅	バス車庫
サービス・工業						ホームインダストリー，建設業，その他

大阪府企業局編：千里丘陵住宅地開発計画より

表-4 生活施設の種類と利用圏

種類	含まれる施設	利用距離
教育施設	小学校 中学校	500 m以内 800 m以内
育児施設	保育所, 幼稚園等	300 m以内
医療施設	一般医診療所, 歯科診療所等	特例 500 m(800 m)
コミュニティ施設	集会所 公民館, 児童館, 図書館等	300 m(500 m) 500 m(800 m)
公共・サービス施設	管理事務所, 役所出張所, 巡査派出所, 郵便局, 銀行, サービスステーション等	500 m(800 m)
購買施設	店舗, 小型スーパー, 引き売りコーナー, 大型スーパー, 集積した店舗群	300 m(500 m) 500 m(800 m)
交通施設	バス停留所 鉄道駅	300 m(400 m) 1 km(1.5 km)
雑工作物	電話ボックス, 自転車置場, 駐車場, 公衆便所, 案内標識, 掲示板, 街灯等	特定せず

表-5 都市公園の種類

種類	種別	内容
基幹公園	住区基幹公園 街区公園	主として街区に居住する者の利用に供することを目的とする公園で誘致距離250 mの範囲内で1カ所当たり面積0.25 haを標準として配置する。
	住区基幹公園 近隣公園	主として近隣に居住する者の利用に供することを目的とする公園で1近隣住区当たり1カ所を誘致距離500 mの範囲内で1カ所当たり面積2 haを標準として配置する。
	住区基幹公園 地区公園	主として徒歩圏内に居住する者の利用に供することを目的とする公園で誘致距離1 kmの範囲内で1地区当たり1カ所面積4 haを標準として配置する。
	都市基幹公園 総合公園	都市住民全般の休息, 鑑賞, 散歩, 遊戯, 運動等総合的な利用に供することを目的とする公園で都市規模に応じ1カ所当たり面積10〜50 haを標準として配置する。
	都市基幹公園 運動公園	都市住民全般の主として運動の用に供することを目的とする公園で都市規模に応じ1カ所当たり面積15〜75 haを標準として配置する。
特殊公園		風致公園, 動植物公園, 歴史公園, 墓園等特殊な公園でその目的に則し配置する。
大規模公園	広域公園	主として一の市町村の区域を越える広域的なレクリエーション需要を充足することを目的とする公園で, 地方生活圏等広域的なブロック単位ごとに1カ所当たり面積50 ha以上を標準として配置する。
	レクリエーション都市	大都市その他の都市圏域から発生する多様かつ選択性に富んだ広域レクリエーション需要を充足することを目的とし, 総合的な都市計画に基づき, 自然環境の良好な地域を主体に, 大規模な公園を核として各種のレクリエーション施設が配置される一団の地域であり, 大都市圏その他の都市圏域から容易に到達可能な場所に, 全体規模1000 haを標準として配置する。
国営公園		主として一の都道府県の区域を越えるような広域的な利用に供することを目的として国が設置する大規模な公園にあっては, 1カ所当たり面積おおむね300 ha以上を標準として配置, 国家的な記念事業等として設置するものにあっては, その設置目的にふさわしい内容を有するように整備する。
緩衝緑地		大気汚染, 騒音, 振動, 悪臭等の公害防止, 緩和もしくはコンビナート地帯等の災害の防止を図ることを目的とする緑地で, 公害, 災害発生源地域と住居地域, 商業地域等とを分離遮断することが必要な位置について公害, 災害の状況に応じ配置する。
都市緑地		主として都市の自然的環境の保全ならびに改善, 都市景観の向上を図るために設けられている緑地であり, 1カ所当たり面積0.1 ha以上を標準として配置する。ただし既成市街地等において良好な樹林地等がある場合あるいは植樹により都市に緑を増加または回復させ都市環境の改善を図るために緑地を設けようとする場合にあってはその規模を0.05 ha以上とする。
都市林		主として動植物の生息地または生育地である樹林地等の保護を目的とする都市公園であり, 都市の良好な自然的環境を形成することを目的として配置する。
緑道		災害地における避難路の確保, 市街地における都市生活の安全性および快適性の確保等を図ることを目的として近隣住区または近隣地区相互を連絡するように設けられる植樹帯および歩行者路または自転車路を主体とする緑地で幅員10〜20 mを標準として, 公園, 学校, ショッピングセンター, 駅前広場を相互に結ぶよう配置する。
広場公園		主として商業・業務系の土地利用が行われる地域において都市の景観の向上, 周辺施設利用者のための休息等の利用に供することを目的として配置する。

環 境

1 軸組木造住宅の耐震・耐風性

軸組木造住宅の水平力（地震力，風圧力）に対する安全性は，壁の種類，長さ，建物の床面積，見付面積によって以下の(1)(2)のように検討される。

(1) 耐震上必要な壁の数値 C_e

各階ごとに，はり間方向，けた行方向別に，下式により数値 C_e を求め，表-2 の値以上であることを確認する。

$$数値\ C_e = \frac{\Sigma\ 倍率(e) \times 壁の実長(l)}{床面積(A)} = \frac{\Sigma el}{A} \cdots\cdots ①$$

(2) 耐風上必要な壁の数値 C_w

各階ごとに，はり間方向，けた行方向別に，下式により数値 C_w を求め，表-3 の値以上であることを確認する。

$$数値\ C_w = \frac{\Sigma\ 倍率(e) \times 壁の実長(l)}{見付面積(B)} = \frac{\Sigma el}{B} \cdots\cdots ②$$

なお，見付面積のとり方は，右図のとおりである。

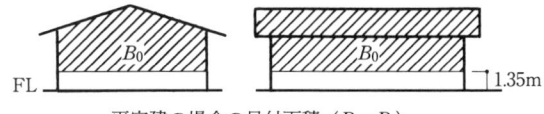

(C_e, C_w：cm/m²，e：比，l：cm，A, B：m²)

平家建の場合の見付面積（$B = B_0$）

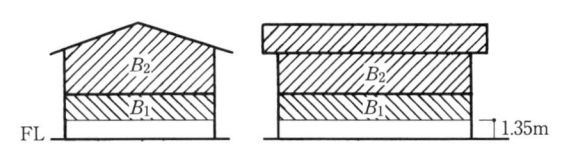

1階部分に対する見付面積（$B = B_1 + B_2$）
2階部分に対する見付面積（$B = B_2$）

図-1 見付面積の取り方

表-1 壁の種類に対する倍率（e）

	軸組の種類	倍率
(1)	土塗壁または木ずりその他これに類するものを柱および間柱の片面に打ち付けた壁を設けた軸組	0.5
(2)	木ずりその他これに類するものを柱および間柱の両面に打ち付けた壁を設けた軸組 厚さ 1.5 cm 以上で幅 9 cm 以上の木材または径 9 mm 以上の鉄筋の筋かいを入れた軸組	1
(3)	厚さ 3 cm 以上で幅 9 cm 以上の木材の筋かいを入れた軸組	1.5
(4)	厚さ 4.5 cm 以上で幅 9 cm 以上の木材の筋かいを入れた軸組	2
(5)	9 cm 角以上の木材の筋かいを入れた軸組	3
(6)	(2)から(4)までに掲げる筋かいをたすき掛けに入れた軸組	(2)から(4)までのそれぞれの数値の2倍
(7)	(5)に掲げる筋かいをたすき掛けに入れた軸組	5
(8)	その他(1)から(7)までに掲げる軸組と同等以上の耐力を有するものとして国土交通大臣が定めた構造方法を用いるものまたは国土交通大臣の認定を受けたもの	0.5 から 5 までの範囲内において国土交通大臣が定める数値
(9)	(1)または(2)に掲げる壁と(2)から(6)までに掲げる筋かいとを併用した軸組	(1)または(2)のそれぞれの数値と(2)から(6)までのそれぞれの数値との和

(注) 上表は建築基準法施行令第46条の規定に基づく。

表-2 地震力に対する壁の数値 (cm/m²)

建築物	平家建の場合	2階建の場合	
		1階部分	2階部分
土蔵造等の壁の重量が特に大きい建築物，下欄以外の建築物（屋根をかわら等の比較的重い材料でふいたものを含む）	15	33	21
屋根を金属板，石板等の軽い材料でふいた建築物等	11	29	15

(注) 上表は建築基準法施行令第43条および46条の規定に基づく。

表-3 風圧力に対する壁の数値 (cm/m²)

特定行政庁が過去の風の記録等を参考に指定する区域	50超〜75以下の範囲内で定める数値
上記以外の区域	50

(注) 上表は建築基準法施行令第46条の規定に基づく。

2 窓による明るさ（昼光率の求め方）

　天空光は，太陽高度と大気透過率に応じた明るさを地上に与える。さえぎる物のない敷地上で得られる全天空照度に対し，住宅，樹木，崖などがあればその分だけ割り引いた天空照度が得られる。

　室内の昼光照度は，窓の位置および寸法に応じた昼光率と天空照度から下式により求められる。

$$昼光照度 E = 天空照度(E_s) \times \frac{昼光率(D)}{100} \quad \text{③}$$

　図-2に示した窓の点Pにおける投射率は，図-3から求められる。この方法を応用すると，任意の位置の投射率を求めることができる。一般住宅では，投射率の60%を昼光率と仮定すると良い（E, E_s：lx，D：%）。

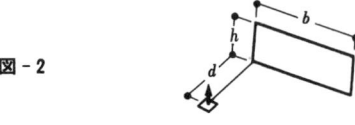

図-2

表-4　基準昼光率

段階	作業または室の種別例	基準昼光率(%)	左の場合の昼光照度(lx)			
			明るい日	平生	暗い日	非常に暗い日
1	時計修理，昼光のみの手術室	10	3,000	1,500	500	200
2	長時間の裁縫，精密製図，精密工作	5	1,500	750	250	100
3	短時間の裁縫，長時間の読書，製図一般	3	900	450	150	60
4	読書，事務，診察一般，普通教室	2	600	300	100	40
5	会議，応接，講堂平均，体育館最低，病室一般	1.5	450	225	75	30
6	短時間の読書（昼間），美術展示，自動車車庫	1	300	150	50	20
7	ホテルロビー，住宅食堂，居間一般，映画館	0.7	210	105	35	14
8	廊下階段一般，小型貨物倉庫	0.5	150	75	25	10
9	大型貨物倉庫，住宅納戸，物置	0.2	60	30	10	4
	想定屋外照度		30,000	15,000	5,000	2,000

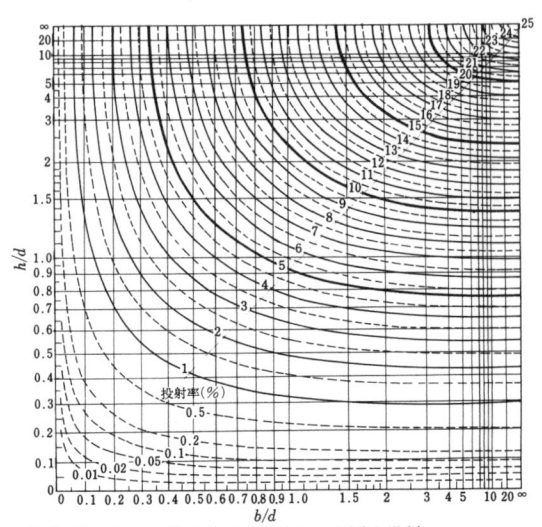

図-3　長方形光源の投射率（光源面と受照面が垂直な場合）
日本建築学会：建築設計資料集成1，丸善

表-5　主な光源の一般特性　日本建築学会編：建築設計資料集成1，丸善より抜粋

特性 \ 光源の種類	白熱電球	蛍光ランプ	水銀ランプ	メタルハライドランプ	ハロゲン電球
大きさ(W)	一般に30～200	予熱起動形　4～40 ラピッド スタート形　20～220	一般に100～1,000	一般に250～1,000	100～1,500
長さ(mm)	(100W－ガス入り単コイル－140mm以下)	直管(40W－1,198mm) 環形(外径380mm)	(HRF400W－350mm以下)	(400W－292mm)	(500W－両端子間118mm)
光束(lm)	(100W－1,600 lm)	直管(40W－3,300 lm) 環形(40W－3,000 lm)	(400W－24,000 lm)	(400W－鉛直点灯32,000 lm 水平点灯30,000 lm)	(400W－30,000 lm)
効率(lm/W)	15～20 (100W－16 lm/W)	60～ (40W白色－88 lm/W) (110W高出力白色－91 lm/W)	40～60 (400W－60 lm/W)	70～90 (400W－80 lm/W)	15.5～21 (400W－19 lm/W)
始動時間	瞬時	予熱形　2～3 s ラピッドスタート形　即時	5 min	5 min	始動時間 3min 再始動時間 10min
平均寿命(h)	1,000～1,500 (100W－1,000h)	3,000～10,000 (40W－10,000h)	6,000～12,000 (400W－12,000h)	6,000 (400W－6,000h)	2,000 (500W－2,000h)
演色性	良い	比較的良い。とくに演色性を改善したものは優良	赤色部の分光を含まないので良い演色性とはいえない	高演色形は非常に良い	良い
色の効果	赤みが加わり暖かい感じ	昼光色は青み，白色は黄み，温白色は赤みを含む光色	緑色の青白色，黄緑みの白色を呈し，緑を美しくする	高効率形は白色，高演色形は自然光に近く，良い感じ	赤みがかった白色
コスト	設備費は安いが，維持費は比較的高い	比較的安い	設備費はやや高いが，維持費は比較的安い	同左	設備費，維持費ともに比較的高くつく
用途	照明全般	同左	体育館・工場	ホール，ロビー	展示・アクセント照明

3 照明器具による明るさ（照明による照度の求め方）

照度は、単位面積に入射する光束により示されるが、理想的な点光源が垂直受光面に与える照度は、光源の光度に比例し、距離の自乗に反比例する。（1cdの光源は、4π lmの光束を発する）

$$照度 E = \frac{光束(F)}{受光面積(A)} = \frac{光度(I)}{距離(r)^2} \quad \cdots\cdots ④$$

一般に照明器具による明るさは、器具に応じた配光曲線により求めることができる。

また複数の光源による平均照度は、器具の種類、数と保守の程度から定まる床面積当り光束に、照明率を考慮して求められる。照明率は、器具から発した光束の床面に到達する比率で照明器具別に室寸法と内装材の反射率（明度）に応じて表-2～4および図-1から求められる。

$$照度 E = \frac{光束\left(\frac{FN}{D}\right)}{受光面積(A)} \times 照明率(U) = \frac{FNU}{AD} \quad \cdots\cdots ⑤$$

（E：lx、F：lm、I：cd、r：m、A：m^2、N：個、D：比、U：比）

表-6 照明率（U）と減光補償率（D）

照明方式 灯器の種類 （左下は最大取付け間隔）		減光補償率 D（保守の程度の良、中、否に応じ）	反射率 天井		0.75			0.5			0.3	
			壁		0.5	0.3	0.1	0.5	0.3	0.1	0.3	0.1
			室指数		照明率 U （%）							
間接 $S \leq 1.2H$	電球	1.5	J		16	13	11	12	10	08	06	05
		1.7	I		20	16	15	15	13	11	08	07
		2.0	H		23	20	17	17	14	13	10	08
			G		28	23	20	20	17	15	11	10
			F		29	26	22	22	19	17	12	11
	蛍光灯	1.7	E		32	29	26	24	21	19	13	12
		2.0	D		36	33	30	26	24	22	15	14
		2.5	C		38	35	32	28	25	24	16	15
			B		42	39	36	30	29	27	18	17
			A		44	41	39	33	30	29	19	18
全般拡散 $S \leq 1.2H$	電球	1.3	J		24	19	16	22	18	15	16	14
		1.4	I		29	25	22	27	23	20	21	19
		1.5	H		33	28	25	30	26	24	24	21
			G		37	32	29	33	29	27	26	24
			F		40	36	31	36	32	29	29	26
	蛍光灯	1.4	E		45	40	36	40	36	33	32	29
		1.7	D		48	43	39	43	39	36	34	33
		2.0	C		51	46	42	45	41	38	37	34
			B		55	50	47	49	45	42	40	38
			A		57	53	49	51	47	44	41	40
直接 $S \leq H$	電球	1.3	J		37	31	27	36	31	27	31	27
		1.5	I		45	41	38	45	40	37	40	37
		1.8	H		49	45	42	49	45	42	45	42
			G		53	49	46	53	49	46	48	46
			F		56	53	49	55	52	49	51	49
	蛍光灯	1.4	E		61	58	55	60	57	55	56	55
		1.7	D		66	63	60	64	62	60	61	60
		2.0	C		67	65	62	66	64	62	63	61
			B		71	68	67	69	67	65	67	64
			A		72	70	67	71	68	67	67	66
直接（埋込み） $S \leq 0.8H$	電球	1.4	J		32	28	25	32	28	25	28	25
		1.7	I		40	36	34	39	35	33	35	33
		1.5	H		43	39	37	42	39	37	39	36
			G		46	43	41	45	42	41	42	41
			F		48	45	43	47	45	43	45	42
	蛍光灯	1.4	E		52	50	48	51	49	47	49	46
		1.7	D		56	54	52	55	52	51	53	50
		2.0	C		57	55	53	56	54	52	54	51
			B		60	58	56	59	57	55	56	54
			A		61	59	57	60	58	57	57	56

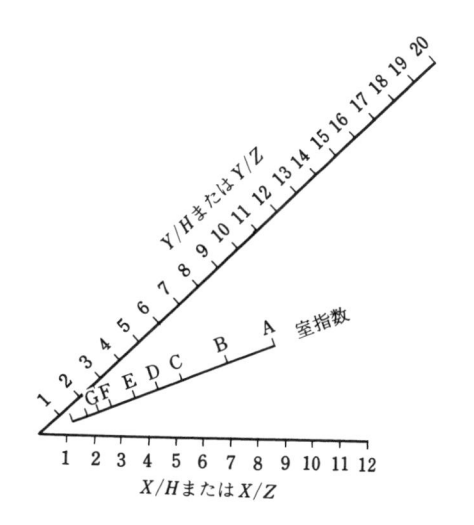

図-4 室指数

X……間口
Y……奥行
H……作業面からの光源の高さ

表-7 内装仕上材の反射率

色	反射率 %	色	反射率 %
白	85		
明 色		暗 色	
クリーム	75	灰色	30
灰色	75	赤	13
黄	75	茶	10
黄土	70	藍	8
緑	65	緑	7
藍	55		
中 間 色		木目仕上げ	
灰黄	65	かえで	42
黄土	63	くゆすぼく	34
黄 色	55	いぎりすかし	17
緑	52	くるみ	16
藍	35	マホガニー	12

表-8 マンセル明度と反射率

明度 V	規約反射率 (%)	反射率 (%)	明度 V	規約反射率 (%)	反射率 (%)
10.0	102.56	100.0	4.5	15.57	15.2
9.5	90.01	87.8	4.0	12.00	11.7
9.0	78.66	76.7	3.5	9.003	8.78
8.5	68.40	66.7	3.0	6.555	6.39
8.0	59.10	57.6	2.5	4.614	4.50
7.5	50.68	49.4	2.0	3.126	3.05
7.0	43.06	42.0	1.5	2.021	1.97
6.5	36.20	35.3	1.0	1.210	1.18
6.0	30.05	29.3	0.5	0.581	0.57
5.5	24.58	24.0	0.0	0.000	0.00
5.0	19.77	19.3			

4 部位の遮音性 （透過損失の求め方）

エネルギー密度 I の音の物理的強さは，最小可聴音 I_0（10^{-16} W/cm²）を基準とした音圧レベルで示し，また，音圧レベル差により住宅の部位または建物としての遮音性能（透過損失）を定義する。

$$音圧レベル SPL(I) = 10\log\frac{エネルギー密度(I)}{エネルギー密度(I_0)} = 10\log\frac{I}{I_0} \cdots ⑥$$

$$\begin{aligned}透過損失 TL &= SPL(o) - SPL(i) \\ &= 10\log\frac{I(o)}{I(i)} \cdots\cdots ⑦ \\ &= 10\log\frac{1}{透過率(\tau)} = 10\log\frac{1}{\tau} \cdots ⑧\end{aligned}$$

部位の透過損失は，単一材料で隙間がない場合には，その面密度と周波数により次の近似式から求められる。（垂直入射時の質量則）

$$TL = 20\log f \cdot m - 42.5 \cdots ⑨$$

なお，透過損失や吸音率は，一般に高音に対して大きく，低音に対して小さいため，その測定や計算には，周波数 125, 250, 500, 1,000, 2,000, 4,000（Hz）に対する値の平均値を用いる。
（SPL, TL：dB, I, I_0：W/cm², τ：比, f：Hz, m：kg/m²）

表-9 各種構造の透過損失 （TL：dB）

日本建築学会編：設計計画パンフレット4 建築の音環境設計，彰国社より作成

	材料名	仕様	125	250	500	1,000	2,000	4,000 (Hz)
単板	鉄板	t 1.0	.17	.19	.24	.28	.33	.38
	ラワン合板	t 6	.11	.12	.16	.21	.24	.22
	石膏ボード	t 9	.10	.14	.21	.27	.35	.38
		t 12	.15	.15	.22	.29	.35	.34
	フレキシブルボード	t 6	.24	.23	.27	.32	.36	.30
	硬質木片セメント板	t 12	.22	.25	.29	.32	.30	—
	ＡＬＣ板	t 100 (50 kg/m²)	.30	.31	.28	.35	.44	.46
	モルタル	t 30 （ラスシート下地）	.23	.23	.24	.27	.30	.26
		t 50 （ラスシート下地100kg/m²）	.34	.32	.33	.43	.52	—
	ガラスブロック	190×190 (83 kg/m²)	.27	.34	.38	.44	.47	.51
複合板	合板, SF, 合板		.16	.16	.20	.20	.25	.24
	合板, RW, 合板	3・45・3 （木造間柱タイコ張り）	.16	.18	.23	.35	.47	.57
	PB, SF, PB		.21	.25	.29	.33	.35	.26
中空壁	合板, AS, 合板	6・100・6 （木造間柱タイコ張り）	.11	.20	.29	.38	.45	.42
	RBP, AS, RBP	6+20・100・6+20	.30	.39	.45	.56	.62	—
	PB, RW, AS, PB	9・50・50・9 （木造間柱千鳥）	.23	.41	.50	.54	.58	.56
	ALC, AS, PB	100・40・9	.26	.36	.39	.51	.60	—
	PC, GL, PB	100・45・12	.30	.40	.51	.57	.61	.59
	ガラス	t 3 （ハメゴロシ）	.18	.20	.25	.30	.33	.29
		t 8 （ハメゴロシ）1,300W×1,500H	.26	.28	.31	.33	.26	.37
	（木造用アルミサッシ）	t 3	.15	.17	.19	.20	.19	.19
	（普及型アルミサッシ）	t 3	.19	.23	.23	.21	.22	.25
	（防音用アルミサッシ）	t 3	.22	.24	.27	.29	.30	.30
	二重サッシ	t 3・3 （普及型+木造用）	.26	.30	.29	.33	.32	.33

5 住宅の換気 （必要換気量の求め方）

室内において，ある汚染物質が発生する場合，その許容濃度と屋外濃度から，下式により必要換気量を求めることができる。

$$必要換気量 Q = \frac{汚染物質発生量(G)}{許容濃度(p) - 屋外濃度(q)} \cdots ⑪$$

室内で発生する汚染物質の量の目安を表-10に示し，その許容濃度と屋外濃度の標準的な値を表-11に示す。

なお，これら汚染物質の代表的指標として，二酸化炭素（炭酸ガス）が採用されている。

（Q：m³/h, G：ml/h または mg/h, p, q：ml/m³ または mg/m³）

表-10 室内で発生する主な汚染物の量

（藤井正一：住居環境学入門，彰国社）

発生源	汚染物	発生量			
	作業状態	静かに座っている	事務などの軽い作業をしている	ゆっくり歩いている	急いで歩いている
人体から放出されるもの	粉じん	1～2	10 mg/h	20 mg/h	30 (mg/h)
	CO_2	15 l/h	20 l/h	23 l/h	42 (l/h)
	H_2O（水蒸気）	40 g/h	60 g/h	80 g/h	200 (g/h)
	(O_2 消費量)	17 l/h	20 l/h	25 l/h	40 (l/h)
	体臭	人種や性別によって異なる。作業状態によって変化するが，ほぼ CO_2 発生量に比例すると考えてよい。			
たばこ	喫煙量	住居では在室者の喫煙状況による。会議室などでは在室者1人平均1時間に0.5本くらい。			
	粉じん	たばこの種類により異なる。約10 mg/本（たばこの長さの約1/2吸うとして）			
	CO_2	たばこの種類により異なる。約 2 l/本			
	CO	たばこの種類により異なる。約50 ml/本（たばこの長さの約1/2吸うとして）			
	NO_x	たばこの種類により異なる。約0.1 ml/本（たばこの長さの約1/2吸うとして）			
燃焼器具（発熱量1kJ当たり）	燃料の種類	都市ガス	LPガス	灯油	
	CO_2	26	31	36 (ml)	
	CO*	0.12～0.25	0.15～0.3	0.17～1.35 (ml)	
	H_2O（水蒸気）	38	34	26 (mg)	
	NO_2	0.4	0.5	6 (ml)	
	NO	0.03	0.04	9 (ml)	
	臭気	ほとんど出ない	ほとんど出ない	点火，消火時に少し出る	
	(O_2 消費量)	0.043	0.051	0.052 (l)	

＊この値は炊事用コンロの場合で，ストーブのときはこの値よりかなり小さい。

表 - 11　大気汚染の目安と環境基準　日本建築学会編：建築設計資料集成1, 丸善より作成　　　　　　　　　　　　　　　（単位：指示のないものはppm）

物　　質	測定例1 *1	測定例2 *2	環境基準（公害対策基本法）	
			1　時　間　値	1時間値の日平均
O_2　（％）	（標準組成20.99）*3	—	—	—
CO_2　（％）	（標準組成0.030）*3	—	—	—
CO	0.5〜2	3	（8時間平均20）	10
NO_2	0.02〜0.04	0.04〜0.06		0.02
SO_2	0.01〜0.03	0.02〜0.04	0.1	0.04
光化学オキシダント	—	0.04	0.60	—
粉じん　（mg/m³）	0.04〜0.08	0.04〜0.10	0.20	0.10

*1　東京都公害局監視部．大気汚染常時測定室測定結果報告（'75〜'76）より抜粋
*2　環境庁大気保全局大気規制課による測定値より抜粋

6　住宅の保温性（暖房負荷の求め方）

住宅の暖房機器の容量は、建物の断熱性や気密性に応じて求められる暖房負荷（熱損失）をもとに、立上り時負荷を考慮して決定される（定常負荷の2倍程度で、表-14に参考値を示す）。

貫流による熱損失は、各部位の面積、熱貫流率、室内外温度差の積で与えられる。部位の熱貫流抵抗は熱貫流率の逆数で、部位を構成する各層の熱貫流抵抗と部位の表裏での空気との熱伝達抵抗の和で与えられる。

熱　損　失　$H=$貫流による熱損失(H_t)
　　　　　　　　$+$換気による熱損失(H_v) ……⑫

$H_t = \Sigma$熱貫流率$(K) \times$部位面積$(A) \times$室内外温度差$(t_i - t_o) = \Sigma AK(t_i - t_o)$ ……⑬

熱貫流抵抗　$R = \dfrac{1}{K}$
　　　　$=$室内側熱伝達抵抗$(r_i) + \Sigma$層の熱貫流抵抗$(r) +$室外側熱伝達抵抗(r_o)
　　　　$= r_i + \Sigma r + r_o$ ……⑭

層の熱貫流抵抗 $r = \dfrac{厚さ(d)}{熱伝導率(\lambda)}$ ……⑮

換気による熱損失は、換気量と室内外温度差に比例する。
$$H_v = 0.29 \times 換気量(Q) \times 室内外温度差(t_i - t_o)$$
$$= 0.29 Q (t_i - t_o)$$ ……⑯

各種材料の熱伝導率を表-1に、各部位の熱伝達抵抗を表-2に示す。

$\left(\begin{array}{l} H, H_t, H_v : \text{kcal/h}, K : \text{kcal/m}^2\text{h}^\circ\text{C}, R, r, r_i, r_o : \text{m}^2\text{h}^\circ\text{C/} \\ \text{kcal}, t_i, t_o : ^\circ\text{C}, \lambda : \text{kcal/m h}^\circ\text{C}, d : \text{m}, A : \text{m}^2, Q : \text{m}^3/\text{h} \end{array} \right)$

なお、冷房機器の容量を求める場合には、暖房時と熱の流れが逆向きとなることのほか、次の要素をも考慮することが必要である。

1) 日射の負荷：ガラス窓から侵入する日射熱および屋根、外壁等の周辺が日射で相当温度差の分だけ熱せられる補正。
2) 内部負荷：照明器具等からの発生熱および人体からの発生熱。

表 - 12　建築材料の比重と熱伝導率　　　　　　　　　　　　　　　　　　　　　　　　　　　日本建築学会編：建築設計資料集成1, 丸善より作成

分　類	名　　称	比重量 ρ (kg/m³)	熱伝導率 λ 乾燥 (W/m·k)	分　類	名　　称	比重量 ρ (kg/m³)	熱伝導率 λ 乾燥 (W/m·k)
金属, ガラス	鋼　　材	7,860	45	繊維材	グラスウール保温板	20	0.041
	アルミニウム	2,700	210		岩綿保温材	40〜160	0.038
	板ガラス	2,540	0.78		岩綿吸音板	200〜400	0.058
セメント, 石	A L C	600	0.15	木質繊維	軟質繊維板	200〜300	0.046
	PCコンクリート	2,400	1.3		硬質繊維板	1,050	0.18
	モルタル	2,000	1.3		パーティクルボード	400〜700	0.15
	プラスター	1,950	0.62	木質材	合　板	550	0.15
	かわら, スレート	2,000	0.96		木材(軽量材)	400	0.12
	タ イ ル	2,400	1.3		〃 (中量材)	500	0.14
	赤れんが	1,650	0.62		〃 (重量材)	600	0.16
	岩　石	2,800	3.5				
土, 畳, プラスチック	京　壁	1,300	0.68	パーライト せっこう	せっこう板	710〜1,110	0.14
	畳	230	0.11		石綿セメントけい酸カルシウム板	600〜900	0.12
	カーペット類	400	0.073		石綿スレート	1,500	0.96
	断熱材薄層裏打塩化ビニルシート	600〜700	0.078	プラスチック フォーム	フォームポリスチレン保温板	20	0.041
	床用プラスチックタイル	1,500	0.19		ポリエチレンフォーム	30〜70	0.044
	F R P	1,600	0.26	その他(参考値)	空　気	1.3	0.022
	壁・天井仕上用クロス	550	0.13				

表 - 13　表面熱伝達抵抗の標準値

季　節	場　所	風速 (m/s)	r_o (m²K/W)
冬　季 (暖房時)	市　街　地	約5	0.03
	郊　　外	約7	0.02
夏　季 (冷房時)	市　街　地	約3	0.04
	郊　　外	約5	0.03

注）熱流方向にはほとんど関係しない。　表面反射率は0.8〜0.9

熱流方向	r_i (m²K/W)
水平（垂直壁）	0.11
上向（屋根, 床）	0.09
下向（屋根, 床）	0.14

注）表面反射率は0.8〜0.9

7 不快指数（温湿指数の求め方）

温度と湿度を組合わせた暑さに対する総合指標で，乾球温度 t_d，湿球温度 t_w より求められる。アメリカの J. F. ボーゼンにより考案された。

不快指数 $THI = 0.76 (t_d + t_w) + 40.6$

70：不快を感じる
75：半数が不快
80：全数が不快

$(t_d, t_w : ℃)$

表-14　暖房適室基準値　　　　　　　　　　　　　　　　　　(W/m²)（カッコ内は kcal/h・m²）

住宅の種類	木造住居		コンクリート造共同住居	
窓の構造	一重サッシュ	二重サッシュ	一重サッシュ	二重サッシュ
断熱材の厚さ (mm)	0	50	0	25
温　暖　地	245 (210)	140 (120)	175 (150)	—
寒　冷　地	—	230 (200)	—	150 (130)

※木造住居・二重サッシュ 断熱材厚 50mm、コンクリート造共同住居・一重サッシュ 断熱材厚 50

（藤井正一：住居環境学入門，彰国社）

8 住宅における日射と日影（日影図の描き方）

夏涼しく冬暖かい住宅をつくるためには，夏の日射を避け，冬の日射を採り入れることが大切である。住宅の各方位の窓（壁）が受ける日射量は，図-5 に季節別・時刻別に示されている。

住宅の南側に他の住宅，樹木，崖などがある場合には，その影の長さは，日影図により検討する。図-6 は，0点上に直立する単位長さの棒先端の軌跡を示し，北緯35度地点での任意の日時の影の方向と長さを知ることができる。

なお，南中時の太陽高度（北緯35°）は，図-7 に示すとおりで，この図から夏期（春分から秋分の間）に日射を避けるためのひさしの長さ等を検討することができる。

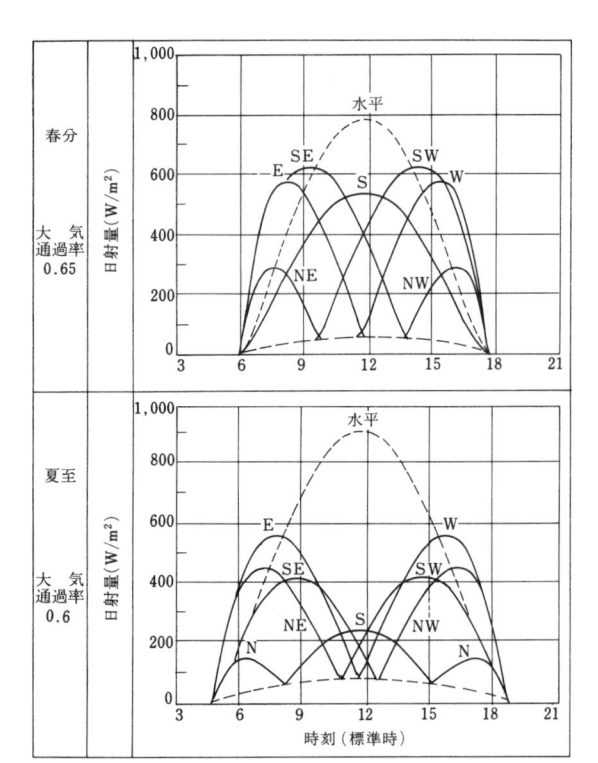

東京　緯度：35.7°N
　　　経度：139.8°E

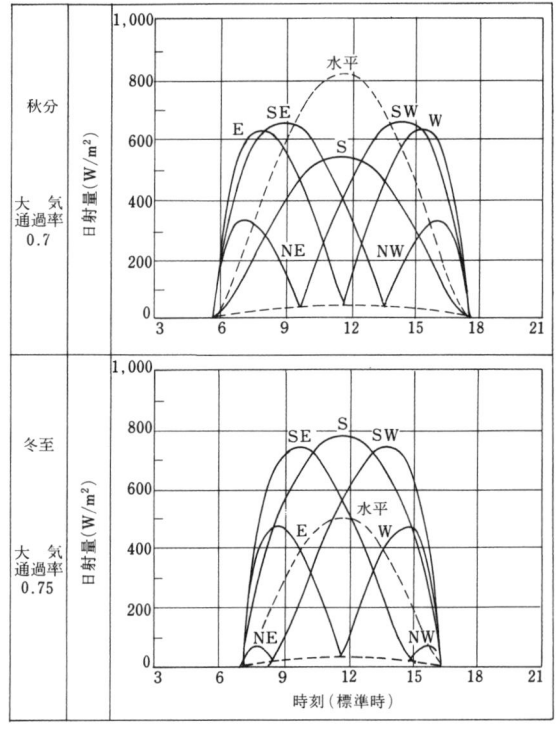

図-5　晴天日の日射量　　　日本建築学会編：建築設計資料集成 I，丸善

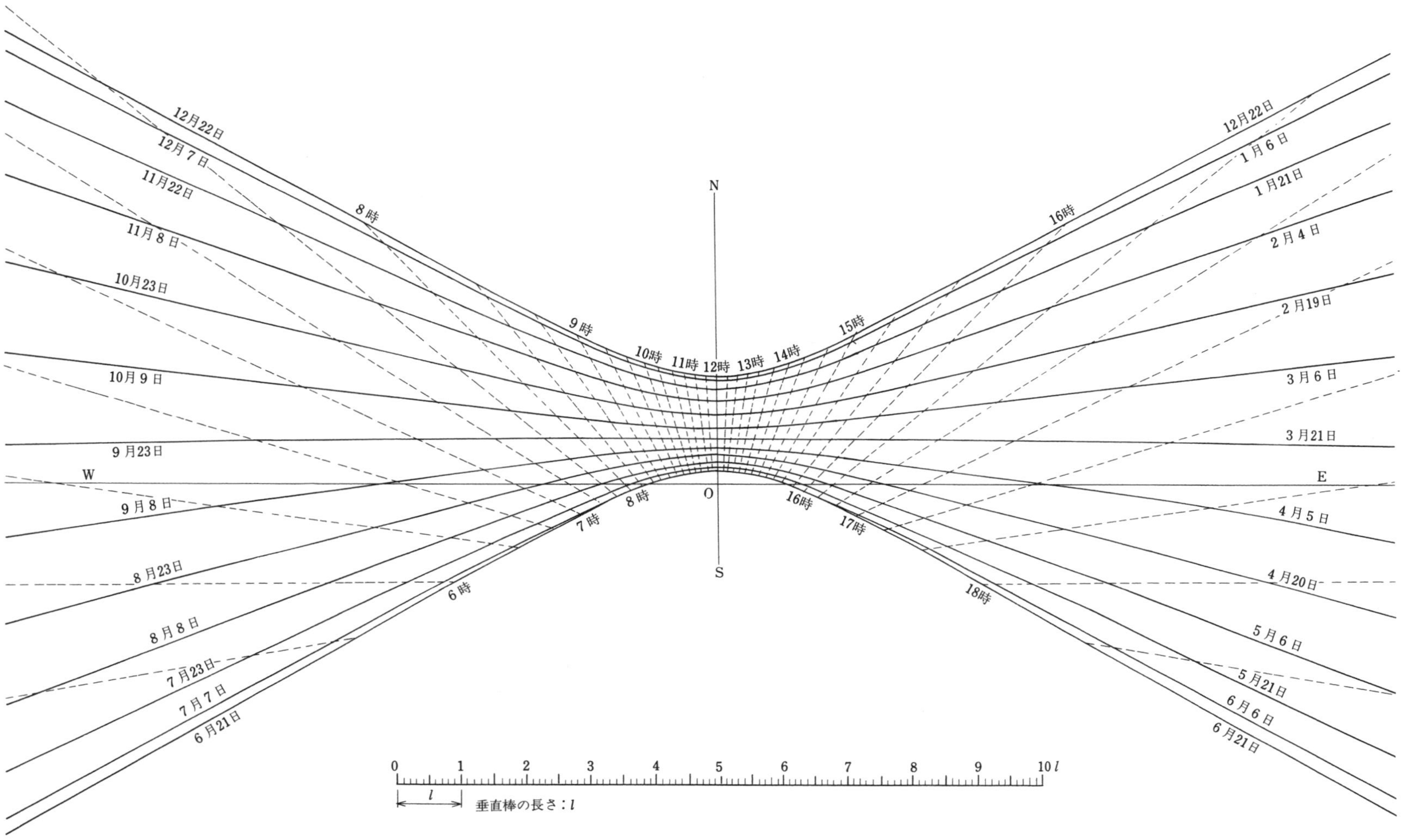

図-6 年間の水平面日影曲線（北緯35°）

主な計量単位

(＊印は基本単位との関係)

単位系	SI単位 (各称)	SI単位 (記号)	備考（工学単位）
＊時間	秒	s	1 h＝60 min，1 min＝60 s
＊長さ	メートル	m	地球の周長の約 1/40000
平面角	ラジアン	rad	孤 l＝半径 r×角 rad
立体角	ステラジアン	sr	
面積	平方メートル	m²	1坪≒3.3 m²
体積	立方メートル	m³	1 m³＝10³ l
＊質量	キログラム	kg	
重量	なし		kgf
＊物質量	モル	mol	
密度		kg/m³	
力	ニュートン	N	1 kgf＝9.8 N
圧力	パスカル	Pa	1 kgf/m²＝9.8 Pa
騒音レベル	デシベル（A）	dB（A）	dB（A）またはホン
＊絶対温度（差）	ケルビン	K	K＝℃＋273
摂氏温度		℃	華氏温度 ℉＝9/5 ℃＋32
熱量	ジュール	J	Wh＝3600 J
熱流	ワット	W	1 kW＝860 kcal/h
熱容量		J/K	1kcal/℃＝4.186 kJ/K
線膨張係数		l/K	
熱伝導率		W/mK	kcal/mh℃
熱貫流率		W/m²K	1kW/m²K＝860 kcal/m²h℃ （熱抵抗は逆数）
＊光度	カンデラ	cd	
光束	ルーメン	lm	1 cd の光源より 4πlm の光束
照度	ルクス	lx	1 lx＝1 lm/m²
周波数	ヘルツ	Hz	1 Hz）＝1/s
＊電流	アンペア	A	
電圧	ボルト	V	1 V＝1 A×1 Ω
抵抗	オーム	Ω	
消費電力	ワット	W	1 W＝1 A×1 V
消費電力量	ワット時	Wh	1 Wh＝1 W×1 h
接頭語	テラ	T	10^{12}　一兆倍
	ギガ	G	10^{9}　十億倍
	メガ	M	10^{6}　百万倍
	キロ	k	10^{3}　千倍
	ヘクト	h	10^{2}　百倍
	デカ	da	10　十倍
	デシ	d	10^{-1}　十分の一
	センチ	c	10^{-2}　百分の一
	ミリ	m	10^{-3}　千分の一
	マイクロ	μ	10^{-6}　百万分の一
	ナノ	n	10^{-9}　十億分の一
	ピコ	p	10^{-12}　一兆分の一

索　　引

あ〜お

アクセントカラー　54
アクティブ方式　82
アソートカラー　54
遊び時間　24
遊び集団　24
遊び場　24
遊び方法　24
アメニティ　36
アール・ヌーボー　48
安全性　36
イス坐　18
委託管理　96
一般型誘導居住水準　32
イニシャル　86
居場所　24
衣服の保温性　80
居間　50
居間中心型住宅　16
インテリアエレメント　54
インテリアスタイル　54
内法制（畳割り）　44
裏庭　58
NPO法　40
LDK型住宅　16
鉛直荷重　70
音の感覚的な強さ　76
音の物理的な強さ　76
温度感　46

か〜こ

介護保険　26
快適性　36
外部騒音　76
開放燃焼式　82
改良修繕　90
核家族化　8
学習指導要領　100
瑕疵　10
家事室　50
瑕疵担保責任　10
家事労働　20
カーテン　56

カビ　92
壁　54
壁式構造　68
換気　78
換気回数　78
環境共生住宅　86
関西間（京間）　44
関東間（田舎間）　44
管理組合　96
管理費　96
機械換気　78
起居様式　18
気候風土　14
基準昼光率　74
キッチントライアングル　84
揮発性有機化合物（VOC）　78
気密性　80
吸音率　76
共同空間　12
共同性　12
共有部分　96
共用部分の使用上の管理　96
居住水準　20,36
居住の権利　38
距離感　46
近居　26
均衡　48
空間　48
空白の恐怖　48
区分所有法　96
グループリビング　26
ケアハウス　26
計画修繕　90
ケ（内向き）　16
ケースメント　56
建築系家具　56
コアエレメント　54
コア型　52
公営住宅　20,38
工業材料　68
公庫住宅　38
公私室分離　16
公室空間　50

公団住宅　38
高齢者単身　26
高齢者夫婦のみ世帯　26
子ども室　50
子どもの参画　24
コ・ハウジング　40
個別式暖房　82
コーポラティブハウジング　40
コレクティブハウジング　26,40
コンポーネント式　84

さ〜そ

最低居住水準　20
座敷　16
サスティナブル　86
殺虫剤　92
サニタリースペース　84
色彩　46
色調（トーン）配色　54
資源化　94
私室空間　50
システムキッチン　84
システム式　84
自然エネルギー　86
自然換気　78
自然材料　68
市民参加　40
遮音性能　76
住環境　24,26
住環境教育　100
住環境の質　36
住居家構　14
住居費　34
住居法　38
集住生活　12,12
就寝分離　20,20
住生活　8
修正マンセル表色系　46
修繕費　90
住宅改良運動　16
住宅建設五箇年計画　20,38
住宅需要実態調査　32
住宅ストック　38

133

住宅性能表示　10
住宅宅地審議会　36
住宅統計調査　32
住宅の機能　68
住宅の性能　68
住宅の品質確保の促進等に関する
　法律　10
住宅紛争処理　10
住宅問題　30
住宅ローン　34
収納　94
重量感　46
主庭　58
主要部位　68
純色　46
照度　74
消費者教育　10
消費者啓発　10
照明器具　56
食寝分離　20
食寝分離論　16
食堂　50
シルバーハウジング　26
シロアリ　90
地割り　58
人口集中地区　30
寝室　50
心々制（柱割り）　44
人体系家具　56
水平荷重　70
スキップフロア　48
スキップフロア型　52
スケルトン・インフィル(SI)住宅
　86
寸法調整　44
生活関連施設　30
生活財（モノ）　94
生活の作法　14
生活様式　14
清色　46
清掃　92
設備空間　50
専有部分　96
相隣関係　12
相隣苦情　12,12
ゾーニング　50

た～と
耐久消費財　94

対称　48
台所　50
ダイドコロ　22
ダイニングキッチン(DK)型住宅
　16
対比　48
対比，補色配色　54
耐用年数　90
濁色　46
ダニ　92
単位動作空間　44
断熱性　80
団らん　22
団らん空間　22
地価の高騰　30
地球に優しい　86
地方性　32
茶の間　22
昼光率　74
鳥瞰図　10
長期修繕計画　90
墜落防止　72
定期点検　90
テクスチャー　46
dB(A)　76
dB(C)　76
テラスハウス型　52
天井　54
伝統的様式　16
転倒防止　72
転落防止　72
同一または類似配色　54
透過損失　76
同居　26
動線　50
動線空間　50
床の間　16
都市居住型誘導居住水準　32
都市マスタープラン　40
都市問題　30
ドレープ　56

な～の
内部騒音　76
中庭　58
中庭型　52
中廊下型住宅様式　16
日常災害　72
日射　80

日本色研配色体系 PCCS　46
庭　58
ヌック　48
熱損失（暖房負荷）　82
熱容量　80
農家　16
ノーマライゼーション　26

は～ほ
廃棄物　94
排水トラップ　84
はさまれ防止　72
柱梁式構造　68
パッシブ方式　82
バリアフリー設計　26
ハレ（外向き）　16
パンテオン　48
非常災害　72
ピット　48
必要換気量　78
ヒートポンプ方式　82
比例　48
ピロティ型　52
吹抜け（ボイド）　48
複合動作空間　44
武家　16
ぶつかり　72
不動産広告　10
不燃材料　70
プライバシー　22
ブラインド　56
フラット型　52
プリント　56
フレキシビリティー　52
プレーリーダー　24
分光　74
平均居住水準　20
ベーシックカラー　54
防火構造　70
冒険遊び場　24
防湿　90
放熱量　80
保健性　36
ホール型　52

ま～も
前庭　58
町家　16
窓　56

密閉燃焼式　82
ミニ開発　30
無彩色　46
ムーン・スペンサー　54
メゾネット型　52
面積感　46
メンテナンス　86
モデュラーコーディネーション
　　44,86
モデュール　44
持家志向　34
持家率　34

や〜よ
火傷防止　72
屋根型　14
有効採光面積　74

有彩色　46
誘導居住水準　20,32
床　54
ユカ坐　18
床暖房方式　82
ユニット式　84
ユニバーサルデザイン　26

ら〜ろ
ライフサイクル　8,52
ライフスタイル　52
ライフステージ　8
ライフライン　86
ランニング　86
リサイクル　86,94
立体　48
律動　48

リニューアル　90
利便性　36
隣居　26
ルイジ・コラーニ　48
レース　56
廊下型　52
老朽化　90
老人室　50
路地　58
ローラ・アシュレイ　48

わ
ワークショップ　40
和室のインテリア　54
ワンルーム型　52

参考文献

平井聖：日本住宅の歴史（NHKブックス），日本放送出版協会，1974

上田篤：日本人とすまい（岩波新書），岩波書店，1974

栄久庵憲司＋GK研究所：台所道具の歴史，柴田書店，1976

宮川英二：風土と建築，彰国社，1979

商品化学研究所＋CDI：生活賎生態学―現代家庭のモノとひと，リブロポート，1980

中村圭介：住まいの文化，新日本新書，1981

平井聖：図説日本住宅の歴史，学芸出版社，1980

イギリス政府編：湯川利和，相島裕子訳：老人のための居住空間，学芸出版社，1981

経済企画庁編：国民生活白書（昭和58年版），1983

住田昌二編著：現代住宅の地方性，勁草書房，1983

鈴木成文ほか：「いえ」と「まち」，鹿島出版会，1984

中島明子ほか：家族と住まい――新・住宅設計論，ドメス出版，1985

ドロレス・ハイデン著，野口美智子ほか訳：家事大革命，勁草書房，1985

嵐山ロイヤルハイツ・マナー集編集委員会：とびらの外も私たちの住まい，学芸出版，1983

木原啓吉：歴史的環境―保存と再生（岩波新書），岩波書店，1983

本間義人：現代都市住宅政策，三省堂，1983

仙田満：こどものあそび環境，筑摩書房，1984

岸本幸臣ほか：住まいを読みデザインする，彰国社，1985

テレンス・コンラン著，小野村正敏訳：ハウスブック，三洋出版貿易，1979

彰国社編：建築大事典，彰国社，1986

池辺陽：デザインの鍵，丸善，1979

長谷川堯：生きものの建築学，平凡社，1981

東京天文台編：理科年表，丸善

日刊工業新聞社編：現代日本インテリアコーディネイト大系，日刊工業新聞社，1984

藤井正一：住居環境学入門，彰国社，2002

延藤安弘：こんな家に住みたいな，晶文社，1983

住環境教育研究会編：住教育―未来へのかけ橋，ドメス出版，1982

ロジャー・ハート：子どもの参画，萌文社，2000

住宅総合研究財団：「住まい・まち学習」実践報告・論文集，2000，2001

妹尾理子・小澤紀美子：英国におけるbuilt environment educationの理念と実践，環境教育学研究，2001

特集「住教育」，住宅vol.51，日本住宅協会，2002

暉峻淑子：豊さとは何か，岩波書店，1989

内橋克人：共生の大地，岩波書店，1995

仙田満：子どもとあそび，岩波書店，1992

五十嵐敬喜，小川明雄：都市計画―利権の構図を超えて，1993

芦原義信：東京の美学―混沌と秩序，市ヶ谷出版社，1998

大野輝之，レイコ・ハベ・エバンス：都市開発を考える―アメリカと日本，岩波書店，1992

五十嵐敬喜，小川明雄：公共事業をどうするか，岩波書店，1997

田村明：まちづくりの実践，岩波書店，1999

内田青蔵編著：図説・近代日本住宅史―幕末から現代まで，鹿島出版会，2001

石東直子＋コレクティブ応援団：コレクティブハウジングただいま奮闘中，学芸出版社，2000

アイリーン・アダムスほか：まちワーク 地域と進める「校庭＆まちづくり」総合学習，風土社，2000

住宅会議関東地区会編：キッズプレイス―居ごこちよい子どもの住環境，萌文社，1990

住宅総合研究財団：これからの環境学習―まちはこどものワンダーらんど，風土社，1998

小林一輔・藤木良明：マンション―安全と保全のために―，岩波書店，2000

小菊豊久：マンションは大丈夫か 住居として資産として，文春新書，2000

小若順一・槌田博編著：住まいにひそむ「農薬」がわかる本，学陽書房，1995

小若順一・高橋元編著：健康な住まいを手に入れる本，コモンズ，1997

ひと・環境計画：健康な住まいづくりハンドブック，建築資料研究社，2001

日本建築学会：シックハウス事典，技報堂出版，2001

国民生活センター：くらしの豆知識2001，国民生活センター

壁装材料協会編：インテリア大辞典，彰国社，1998

川島平七郎監著：キッチンスペシャリストハンドブック，日本住宅設備システム協会，1999

川島平七郎監著：生活文化とインテリア1，2，3，インテリア産業協会，1997～9

直井英雄ほか：住まいと暮らしの安全，理工図書，1996

著者略歴

小澤 紀美子（こざわ きみこ）
1943年　北海道に生まれる
1971年　東京大学大学院工学系博士課程修了
2008年　東京学芸大学退職
現　在　東京学芸大学名誉教授　工学博士
主著書　「講座現代居住3　居住空間の再生」共著
　　　　「住宅問題事典」編著
　　　　「まちワーク」共著
　　　　「キッズプレース」編著
　　　　「くらしの科学としての人間環境学」共著
　　　　「子ども・若者の参画」共著
　　　　「シリーズ地球環境建築・専門編1　地域環境デザインと継承」
　　　　共著

荒川 千恵子（あらかわ ちえこ）
1936年　大連に生まれる
1960年　奈良女子大学家政学部卒業
1988年　茨城大学教育学部教授
2001年　茨城大学退職
現　在　茨城大学名誉教授　学術博士
主著書　「商品化計画のための市場調査」共著
　　　　「家政学シリーズ18　住まいと住み方」共著

川島 平七郎（かわしま へいしちろう）
1942年　横浜に生まれる
1970年　東京大学大学院工学系修士課程修了
2008年　東横学園女子短期大学退職
現　在　東横学園女子短期大学名誉教授
　　　　居住環境研究所代表
主著書　「インテリアコーディネート大系」共著
　　　　「暮らしとインテリア」監著
　　　　「住まいとインテリア」監著
　　　　「生活デザインとインテリア」監著
　　　　「図解　住まいとインテリアデザイン」共著
　　　　「キッチンスペシャリストハンドブック」監著

渡辺 彩子（わたなべ あやこ）
1943年　東京に生まれる
1964年　お茶の水女子大学家政学部卒業
2008年　群馬大学退職
現　在　群馬大学名誉教授
主著書　「主体的に生活をつくる」共著
　　　　「衣食住・家族の学びのリニューアル」共著

妹尾 理子（せのお みちこ）
1962年　岡山に生まれる
1999年　東京学芸大学大学院連合学校教育学研究科
　　　　（生活・技術系教育講座）修了
現　在　香川大学教育学部教授　博士(教育学)
主著書　「住環境リテラシーを育む─家庭科から広がる持続可能な未来
　　　　のための教育」単著
　　　　「家政学事典」共著
　　　　「学校の中の地球」共著
　　　　「エネルギー環境教育の授業づくり」共著
　　　　「テキストブック家庭科教育」共著

豊かな住生活を考える──住居学 第三版

1987年 8月10日	第1版 発　行
1996年 4月10日	第2版 発　行
2002年 4月10日	第3版 発　行
2017年 8月10日	第3版 第6刷

```
著作権者と
の協定によ
り検印省略
```

編　者　　小　澤　紀　美　子

著　者　　小澤紀美子・荒川千恵子
　　　　　川島平七郎・渡辺彩子
　　　　　妹　尾　理　子

発行者　　下　出　雅　徳

発行所　　株式会社　彰　国　社

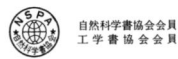

　　　　　162-0067 東京都新宿区富久町8-21
　　　　　電話　03-3359-3231（大代表）
　　　　　振替口座　00160-2-173401

自然科学書協会会員
工学書協会会員

Printed in Japan

©小澤・荒川・川島・渡辺・妹尾　2002年

装丁：長谷川純雄　　製版・印刷：真興社　　製本：中尾製本

ISBN 4-395-00625-6　C3052

http://www.shokokusha.co.jp

本書の内容の一部あるいは全部を、無断で複写（コピー）、複製、および磁気または光記録媒体等への入力を禁止します。許諾については小社あてご照会ください。